》》 数/学/家/传/奇/丛/书 《《

主编：杜瑞芝

数坛怪侠

——爱尔特希

$\lim_{x\to 0} x \sin\frac{1}{x} = 0$

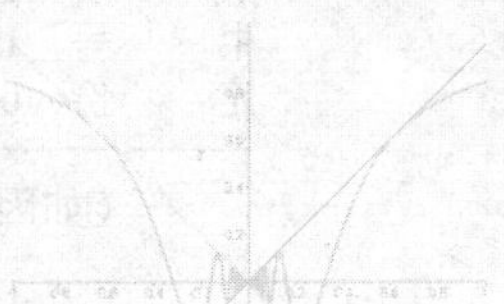

朱见平 ◇ 著

哈爾濱工業大學出版社
HARBIN INSTITUTE OF TECHNOLOGY PRESS

内 容 简 介

本书主要讲述了匈牙利著名数学家保罗·爱尔特希的传奇一生。他有着“现代欧拉”“数学莫扎特”之美称，对数论、图论、组合论等数学分支有杰出贡献，并对数学、数学美有着深刻见解。

本书史料翔实，写得深入浅出，通俗易懂，可供广大青年及对数学史感兴趣的读者阅读。

图书在版编目(CIP)数据

数坛怪侠——爱尔特希/朱见平著. —哈尔滨：哈尔滨工业大学出版社，2018.3(2020.9重印)
(数学家传奇丛书)
ISBN 978-7-5603-6954-9

Ⅰ.①数… Ⅱ.①朱… Ⅲ.①爱尔特希—传记
Ⅳ.K835.156.11

中国版本图书馆CIP数据核字(2017)第224437号

策划编辑　刘培杰　张永芹
责任编辑　张永芹　丁浩洋
封面设计　孙茵艾
出版发行　哈尔滨工业大学出版社
社　　址　哈尔滨市南岗区复华四道街10号　邮编150006
传　　真　0451-86414749
网　　址　http://hitpress.hit.edu.cn
印　　刷　三河市同力彩印有限公司
开　　本　787mm×960mm　1/32　印张12.75　字数179千字
版　　次　2018年3月第1版　2020年9月第4次印刷
书　　号　ISBN 978-7-5603-6954-9
定　　价　68.00元

序　言

我与杜瑞芝教授是多年的朋友。她受教于梁宗巨先生，专长为世界数学史研究，著作多多。她主编的一本《数学史辞典》，是我常用的工具书。进入新世纪，我们陆续退休，联系就少了。不久前，她打电话到我在上海苏州河畔的寓所，邀我为她主编的《数学家传奇丛书》(新版)作序。老友相托，深感荣幸。

数学，是人类文明的火车头。人类文明的第一个高峰是希腊文明。从泰勒斯、毕达哥拉斯到欧几里得，数学理性文明大放异彩。柏拉图学园的门口“不懂几何学者不得入内”的告示，彰显了数学文明的地位。欧几里得的《几何原本》是仅次于《圣经》的印刷量最大的欧洲出版物。我国把徐光启和利玛窦翻译的《几何原本》作为近代理性文明的开始。人类文明的第二个高峰,是以牛顿为代表的数学和物理学所开辟的科学黄金时代。接着,电磁学方程、热力学方程、流体力学方程、拉普拉斯方程书写了第三个现代文明,而爱因斯坦方程的基础则是黎曼几何。开启今日信息时代文明的仍然是一群数学家,其中有提出电子计算机结构方案的冯·诺依曼,信息论的创始人尚农,控制论的奠基人维纳等。展望未来,人类文明正在迈入“大数据、互联网、人工智能”的新时代,数学在其中依然起着引领的作用。未来的人类社会,许多体力和脑力工作都将被机器人所承担,但是数学智慧是机器人不可能全部掌握的。数学将越来越引人瞩目。

我在这里写数学之重要,是希望争取更多的读者,共同追寻数学的踪迹,研读数学家传记,汲取数学家人生的智慧经验,以迎接新时代的到来。在这套丛书里,展现了数学历史长河上一段又一段美妙的风景。丛书用 9 个数学家的传记,打开了从 19 世纪到 20 世纪数学发展的绚丽篇章。这些数学家的故事都是永恒难忘的经典，读后或令人掩卷深思，或令人拍案叫绝。总之，那会是一次领略数学智慧的阅读之旅。

康托尔的故事感人至深。他孤身一人，撞开了无限王国的大门。他给无限依大小排序，提出了基数论与序数论。那时，不但无人喝彩，倒招来一些非议。例如，无限集合中的部分可以等于全体，与常识相违。罗素提出的集合论悖论，让数学的天空布满乌云。“一切集合构成的集合”让人困惑不解。康托尔承受了重大的精神压力，抑郁大半生。但是，真理终于战胜了疑虑。时至今日，集合论的语言已经渗入到几乎所有的学科，包括中学相关学科。康托尔是人类精神世界里的战士、英雄和伟人，世人将会永远纪念他。

给我留下难忘印象的还有维纳的故事。这位控制论的奠基人，是一位神童。也许是因为思维过于敏捷，表述跟不上思维的速度，因而他讲课别人实在听不懂，不受欢迎。我醉心于他的是“反馈”概念的提出。原来他观察人去捡落在地上的铅笔，过程是脑指挥手接近铅笔，眼睛观察手与铅笔的距离和方向，并将数据反馈给大脑，大脑据此做出下一步给手的指令。反馈的概念，就这样成了控制论的基础。

如果说，康托尔的故事是告诉人们向未知进军需要巨大的勇气，那么维纳的故事则是教给人们如何获取科学灵感，展示科学智慧的来源。人物传记正是在"敢于"和"善于"向数学进军这样两个方面，用一些感人的细节给人以教育和启示。

数学史不能只局限于古代数学史，了解数学家也不能只局限于古代数学家。这套丛书除了有康托尔和维纳的传记之外，还包括了大家熟知的历史上最重要的数学家之一——高斯的传记。更令人瞩目的是收录了两位名垂青史的女数学家柯瓦列夫斯卡娅和埃米·诺特的传记：前者勇敢地与命运抗争，终于在男人称霸数坛的 19 世纪取得一席之地；后者大器晚成，一生专注数学，心无旁骛，以创立抽象代数学名垂数学史。本丛书还记录了两位命运坎坷的天才数学家阿贝尔和伽罗瓦，他们以短暂的生命为数学史留下了璀璨的光辉。还有以迷开始又以迷结束的电脑先驱图灵及游走全世界的、有"数学莫扎特"美称的数坛怪侠爱尔特希的传奇人生。

数学家传记出版得不是多了,而是少了。君不见,清华附小的小学生用大数据的排序算法,分析了苏轼诗词中用字用词的规律。大数据时代的数学正在渗透到日常生活的方方面面。可以预料,数学家传记的读者群也会越来越大。

写了一些感想,权作为序言。

张奠宙

2017 年 10 月

于沪上

原版序言

这是一套以传记文学形式介绍著名数学家生平的丛书。本来是要请家兄钱临照写个序言，他对科学史有研究，也热心支持科学家传记的写作，但是他已年逾九十，不便握笔写作。所以，他给我谈了些他的想法，勉励我代他写这个序言。

我对数学只有很肤浅的知识，但是我明白，数学这门学科对人类文明的发展实在是太重要了。在大多数学科里，一代人创造的或树立的东西，往往被下一代人所更新或推倒。只有数学，前人创造的成果都能为后人所用，而每一代人都是在以前的“建筑”上添砖加瓦。今天，像我们从事技术科学或工程建设的人，有谁能离开前人创造的数学知识呢？不仅如此，前辈数学家的治学精神、思维方法和奋斗经历对于从事科学技术工作的人来说，也是非常有教益的。

本丛书所展现的数学家，有的是开拓者，披荆斩棘，勇往直前；有的是继承发扬者，博采众长，继往开来。他们或少年早慧，头角峥嵘；或中年发愤，大器晚成；或天资聪颖，才华横溢；或天性鲁钝，以勤补拙；或步踏青云，皓首穷经；或屡遭坎坷，英年早逝；或生于名门，独树一帜；或出身贫寒，困苦玉成……总之，他们从不同侧面给我们以启迪、思考和奋发图强的力量。

本丛书的主编杜瑞芝教授是一位年富力强的数学史专业工作者，她在从事专业研究的同时，还有志于从事这种看似简单实则很不容易的数学史传播工作，是值得称道的。各分册的作者都是多年从事数学史和数学教育研究的高校教师。他们在研究数学家生平、学术贡献的基础上，注意探索数学家成才的因素、成功的契机，还特别记述了那些超出常人、能够动人心魄的事迹。各分册还配有数学家的肖像，以展示这些大师的精神风采。

本丛书具有较强的知识性、趣味性、可读性与普及性，对广大青年读者增长知识、开阔视野、陶冶情操，并立志献身科学是大有益处的。

1998 年 10 月

于大连

前　言

在数学发展的历史长河中，涌现出许多杰出的数学家。他们的发明创造是推动数学乃至科学技术发展的巨大动力，是人类文明的宝贵财富。没有数学家和广大人民群众的辛勤劳动，就不可能有今天高度发展的数学。然而，长期以来数学抽象的结构、艰涩的推理与枯燥复杂的算式，使得数学家好像与外界隔离开了。外界的人们，特别是年青的一代，觉得数学家是那样刻板而神秘，似乎远离尘世喧嚣。而数学家却很少受外界干扰，在数学王国里钻研得津津有味，自得其乐。著名数学家罗素（B. A. W. Russell，1872—1970）在学习欧氏几何时感慨道："我没想到世界上竟有如此有趣的东西。”数学大师陈省身说:“数学好玩。”可见学习和研究数学给他们带来了无穷的乐趣。这种数学家与外界相隔离的现象即使在数学高度发展、已几乎渗透到人类社会活动的一切领域的今天依然存在。

其实,数学家既是数学王国的主人,也是食人间烟火的凡人。怎样使人们走近数学家,了解他们的科学贡献、成长道路和个人品格,把数学家作为一个个活生生的、有血有肉的人,展现在读者面前,这应该是数学史家与数学教育工作者的任务。

经过认真的思考和多方的努力,我们尝试建立一条连通科学、历史与文学三者的纽带。在 20 世纪末,我们在哈尔滨出版社的支持下试图推出一套传记文学形式的《中外数学家传奇丛书》,以宣传数学家的事迹,激励年青一代投身科学。但是由于某些困难,仅在该社出版了三位中国数学家的传记,其余八位外国数学家的传记由山东教育出版社陆续出版,定名为《数学家传奇丛书》。该丛书问世后,颇受广大读者,特别是青年读者的欢迎,并很快售罄。为进一步满足广大读者的需要,同时也为传播数学文化做出新贡献，哈尔滨工业大学出版社决定推出新版《数学家传奇丛书》。新版除了对原丛书各分册做了适当的补充与修订外，又增加了《抽象代数之母——埃米·诺特》一册。

编写《数学家传奇丛书》是一种尝试，在国内还不多见。因此，难免会有这样或那样的不足，希望广大读者批评指正。同时，我们也十分热切地希望这项工作能得到广大数学工作者和科普工作者的关心和支持。让我们携起手来，为繁荣我国的数学事业，提高全民族科学文化素质而努力工作。

在新版丛书出版之际，我首先要特别感谢先师梁宗巨先生(1924—1995)。我于 20 世纪 70 年代末成为梁先生最早的研究生之一，是他引领我走上学习和研究数学史的道路，他严谨的治学态度始终影响着我。今年是先师去世 22 周年，愿以这套丛书聊表追思情怀。

原丛书的写作与出版曾得到中国数学会数学传播工作委员会以及中科院两位资深院士钱临照和钱令希的支持与帮助。钱令希先生在百忙之中亲笔为丛书作序，他关于数学科学的精辟见解，对于每一个数学工作者来说，都是一种激励。

新版丛书，很荣幸地请到了中国数学家、数学史家、数学教育名家张奠宙先生作序，令人感动和鼓舞。先生十分重视数学史知识的普及和数学文化的传播，他对数学重要性的阐述给了我们很大的启迪，在此对张奠宙先生表示衷心的感谢。

还要感谢哈尔滨工业大学出版社副社长刘培杰先生和编辑室主任张永芹同志的积极策划和鼎力支持，同时感谢为丛书付出大量辛勤劳动的各位编辑同志。

杜瑞芝

2017 年 10 月

于大连

目　录

引　子

一位老人，年逾古稀，头发花白，面容憔悴，螺旋状的连鬓胡子在脸上长成一个奇特的形状，一副式样普通的深度近视眼镜架在鼻梁上。他身材不高，穿着随便，毫不讲究。他经常上身穿一件灰色细挑的夹克衫，下身穿一条深色的裤子，足蹬一双匈牙利产的皮鞋。这双鞋式样独特，鞋底布满“蜂窝”，是为其平足和衰弱的腿部肌腱而特制的。他四处游历，行李仅是一只毫不起眼的手提箱，或许还外加一个印有“布达佩斯购物中心”字样的橙色塑料袋。手提箱里装着他的全部家当，其中一台硕大的收音机占据了箱内的大部分空间。

这位老人风尘仆仆，不辞辛劳，四处奔波，周游世界。以哈佛大学、麻省理工学院著称于世的文化中心波士顿，以《独立宣言》闻名遐迩的费城，密歇根湖畔“五一”国际劳动节的起源地芝加哥，枫叶红遍大地的加拿大第一都市蒙特利尔，到处留下了老人的足迹。他行色匆匆，也许在一个月内，他会马不停蹄地出现在英伦三岛的雾都伦敦、万里之外的澳大利亚、神秘莫测的宗教圣地耶路撒冷、多瑙河畔的璀璨明珠布达佩斯……

他既不是眼观六路、耳听八方、生财有道的商人，也不是流连于世界胜地、寄情于名山大川的游客。

有人称赞他是“现代的欧拉”。数学界公认有史以来对数学贡献最大的四位数学家是阿基米德（Archimedes）、牛顿（I. Newton）、高斯（C. F. Gauss）和欧拉（L. Euler）。欧拉的论著浩如烟海，研究面广，一生的著作多达 886 篇（部），平均每年写出 800 多页精湛深刻的学术著述。

有人情不自禁地将他比作“数学界的莫扎特”。世界著名作曲家莫扎特（W. Mozart）的音乐作品充满着诗情画意和一种难以企及的美。著名钢琴家傅聪说莫扎特的音乐是“无艺术的艺术”，每一个细节都是那么自然，天衣无缝，看不出剪接的痕迹，像是信手拈来。

有人敬佩地称他为“西方的拉马努金”。印度数学家拉马努金（S. Ramanujan）才华出众，数学思想独树一帜，经常凭借直觉获得许多掷地有声的数学结果。对于欧美数学家而言，他的思想代表着另一个流派、另一个世界，两者相得益彰，犹如强调整体综合特征的中国文化与以细节分析见长的西方文化的互补互融。

也有人为其非凡的数学才能、过人的解题技巧所折服，称其为“布达佩斯的魔术师”。

他的很多独创词，诸如“圣经”“SF”“ε”“布道”等不胫而走，被西方数学界传诵引用，人所共知。

他的座右铭“另一个房顶，另一个证明”，成为他几十年生活工作的生动写照，他深受同行的尊敬和爱戴。

他的合作伙伴遍及全球，多达500人，数学界称他的论文合作者为具有爱尔特希数1的人。

他和华裔数学家陈省身同时荣获1983—1984年度世界级数学大奖——沃尔夫奖（Wolf Prize）。

这就是匈牙利数学家保罗·爱尔特希(Paul Erdös)。他在1913年3月26日生于布达佩斯的一个数学教师家庭,犹太人。1996年9月,在华沙举行的国际数学会议上,他因心脏病发作,一代大师撒手而去,终年83岁。

数学家们研究抽象艰深的数学理论,甚至终身为解决一个问题而殚精竭虑。人们敬佩他们超群绝伦的聪明才智,赞叹他们经年累月的刻苦勤奋。可是,难免有人会随口发问:数学于经济何价?数学对人生何益?数学对社会何用?

许多数学家都淡泊名利,痴迷数学,其中不乏著作等身、硕果累累者,然而本书的主人公爱尔特希又是如何从众多数学家中脱颖而出?凭借什么被人们誉为“现代的欧拉”“数学界的莫扎特”“布达佩斯的魔术师”,数坛的一位“怪侠”?

他无职业、无家小,四处飘游,居无定所。每到一地,衣、食、住、行全靠接待者费心,却总受到当地数学家们的热情欢迎,这又是为什么呢?

在多年的学习思考,尤其是在编著本书的一年多的日日夜夜中,这些问题反反复复、不由自主地在我的脑海里浮现,相信读者会从本书的字里行间获得相应的答案。

我们希望将爱尔特希的才智、勤奋及献身数学的精神如实地展现在读者的眼前。我们尽量深入浅出、通俗易懂地介绍数论、图论、组合论等数学分支和爱尔特希所做出的杰出贡献。我们还讨论了爱尔特希及其好友对数学、数学美的深刻见解,以及他们的数学哲学观点。

我们相信,莘莘学子会从爱尔特希光辉的一生中汲取力量,为把中国建设成 21 世纪的数学强国而添砖加瓦。我们希望更多的读者能把数学作为一门科学、一门艺术、一种智慧、一种文化,从而学好数学,用好数学,力争成为新世纪的栋梁之材。

第一章 青春的步伐

有人类就有数学！

——陈省身

1. 少年数学梦

美丽的多瑙河发源于德国境内的黑林山，它起源于一条清澈见底的小溪，沿途逐渐汇入诸多支流，横穿欧洲，成为欧洲第二大河。在地势复杂的山区，河水穿越深山险谷，白浪滔滔，汹涌澎湃，怪石奇峰，蔚为壮观；在地势平坦的平原，河水潺湲，风景如画。古往今来，不知有多少人用动听的歌曲、迷人的诗画、神奇的传说歌颂它、赞美它。圆舞曲之王约翰·施特劳斯的一曲《蓝色多瑙河》，更令人心驰神往、浮想联翩。

多瑙河一水流八国，一河连三都。匈牙利首都布达佩斯就是多瑙河上的一颗明珠。多瑙河从布达佩斯穿过,西岸的布达山峦起伏,东岸的佩斯平坦开阔,两者之间以桥梁相连,构成了一幅奇特的景象,是世界上少有的美丽的双子城市。

15 世纪后成为匈牙利首都的布达,是名副其实的山城。向阳的山坡上有星罗棋布的别墅、绿树掩映的疗养院和幽雅静谧的科研机构;背阴的山坡上树木葱郁、曲径通幽,在银装素裹的冬季,这里是滑雪者的天堂。布达的城堡山是布达佩斯的发祥地,其古堡遗迹至今犹存。平坦的山顶上有许多教堂的古建筑,那些富有浪漫情调的小阁楼、别具一格的小庭院随处可见。有些小酒店、餐馆里古风犹存,有些店铺门前几百年前的铁制招牌依然如故,路边的铁铸灯柱托着菱形的玻璃路灯,古色古香,饶有情趣。城堡山上最大的名胜是布达皇宫,它曾是欧洲最辉煌的王宫之一,19 世纪修复扩建为一组富丽堂皇的新巴洛克式建筑群,充分展现了匈牙利的悠久历史和建筑艺术,现辟为博物馆。

流经此处的多瑙河上有著名景区玛尔吉特江心岛。岛上古木参天,泉水喷涌,风光迷人。玛尔吉特

(Margit)是古代匈牙利国王贝拉四世(IV. Béla)的公主,她曾向上帝许愿,如果父王出征能无恙生还,她甘愿出家修行。现在岛上还留有她当年苦度终生的修道院。

佩斯是匈牙利的政治、经济中心。宽阔平坦的繁华街道,花团锦簇的街心公园,处处车水马龙、行人如织。林荫道环绕的内城是佩斯的中心,这里是政府机关和议会的所在地,也是博物馆和高等学府的聚集区。

秀丽的多瑙河穿城而过,八座各具形态的大桥犹如长虹卧波,把隔河相望的布达与佩斯连接在一起。节日的夜晚,无数彩灯勾画出大桥的雄姿,倒映在河水中,与两岸万家灯火交相辉映,美不胜收。伊丽莎白桥东侧的广场上耸立着爱国诗人裴多菲(S. Petöfi)的塑像,神采奕奕,英气勃勃,仿佛正在朗诵追求自由的千古名句:生命诚可贵,爱情价更高,若为自由故,二者皆可抛。

1913年3月26日,春风吹绿了多瑙河两岸。布达佩斯一家医院里,一阵婴儿的啼哭意味着一个新生命的诞生。保罗·爱尔特希,这位20世纪的数学大师降临人世。母亲安娜(Anna)不顾产后的疲惫,睁大双眼爱怜地望着心爱的儿子。然而,天有不测风云,世事实难预料。爱尔特希的两个姐姐,3岁的克拉娜(Clara)和5岁的玛格达(Magda),因为感染上猩红热竟于爱尔特希出生的当天双双死去。此后,安娜一直不愿谈论两个爱女的事。

出生后的爱尔特希和成千上万个婴儿一样,饿了吃奶,困了睡觉,不满就哭,高兴就笑。他逐渐会爬、会坐、会站立,在大人的帮助下,渐渐学会了走路。与此同时,从喊妈妈开始咿呀学语,渐渐会说话了。小爱尔特希眼中的世界充满了母爱温情,到处是阳光鲜花,然而世界却不向爱尔特希微笑,灾难又一次无情地不请而至。

1914年6月,奥匈帝国大军进入波斯尼亚,举行酝酿已久的军事演习。奥匈皇储斐迪南(A. F. Ferdinand)大公亲临现场指挥演习,公然将塞尔维亚作为假想敌,决心有朝一日吞并塞尔维亚。演习结束后,斐迪南在波黑省首府萨拉热窝遇刺身亡。

德奥集团乘机推波助澜,挑起第一次世界大战。战争是政治的继续,经济力量增强的帝国主义要求重新瓜分殖民地。政治家们、统治阶级纷纷用冠冕堂皇的词句、激动人心的口号欺骗本国人民奔赴战场,“保卫祖国”“拯救民族”,真是“边庭流血成海水,武皇开边意未已”。

爱尔特希的父亲拉乔斯(Lajos)本是一介书生,却无端卷入了这场战争,穿上军装扛起枪,随军东进,与沙俄军队交战。岂料大战爆发没多久,在爱尔特希一岁半时,拉乔斯便在一场战斗中被俘,随即被遣送到人迹罕至的西伯利亚。1917 年,苏维埃红色政权夺取江山;1918 年,第一次世界大战以同盟国德奥集团的失败而告终。迟至 1920 年拉乔斯得以重见天日,返回故乡。

几经生死,久别重逢,一切仿佛在梦中。小爱尔特希平日里整天缠着妈妈要爸爸,今日相见,视同陌路。在妈妈的再三催促下,他才怯生生地喊了一声:“爸爸!”“好儿子,我们再也不分开了,这场该诅咒的战争!”拉乔斯弯腰抱起朝思暮想的儿子。一家三口互相依偎着,百感交集。久违的欢笑声又在家里响起。

爱尔特希的父母都是中学数学教师,其家庭可算是书香门第，且家境优裕，雇有仆人，父母很宠爱他。11 岁时，爱尔特希才生平第一次自己弯腰系鞋带；直到 21 岁，在赴英国曼彻斯特继续深造之前，他吃的面包还是由母亲或仆人替他涂上黄油。他从未尝试动手做饭炒菜，甚至连沏茶的水也未烧过，他的烹调技术仅是理论上的。他自己说："我能做出极好的冷麦片粥，也许还会煮鸡蛋，只是我从未试过。"真是饭来张口，衣来伸手，油瓶倒了也不扶。父母的万般宠爱无形之中导致爱尔特希日后缺乏生活自理能力。

爱尔特希是一个数学奇才，3 岁时就能心算三位数的乘法。4 岁时，他独立发现了负数。他曾津津有味地回忆起当时的情景："我告诉母亲，如果你从 100 里取出 250，就得到负 150。"由于希腊数学排斥负数，丢番图就只承认方程的正有理数解。负数自 15 世纪在欧洲被提出，当时的数学家大都持反对态度。韦达（F. Vieta）建议取消负数；帕斯卡（B. Pascal）则认为较小的数减去较大的数，特别是零减去一个数，纯属一派胡言；有人更振振有词地反对负数，$-1:1=1:-1$是不可思议的，因为 -1 小于 1，那么较小的数与较大的数之比，怎么能等于较大的数与较小的数之比呢？罪魁祸首就在负数。争议一直延续到19世纪，仍有人专门撰文反对使用负数，认为负数只会把原本明显简单的东西搞得晦涩难懂……列举这些史料，并无丝毫嘲笑这些千古留名的数坛英杰之意，只不过想说明人类探索真理、获取知识的艰难和循序渐进的过程。按照认知心理学的观点，一个人的认识过程与人类的认识历程有相似之处。让一个小学生过早地接触负数恐怕是不明智的，而爱尔特希在4岁时就发现了负数。这样的数学天赋是不多见的。

也许是一朝被蛇咬，十年怕井绳的缘故，母亲担心爱尔特希感染上儿童易患的传染病，重蹈爱女的覆辙，决意不让爱尔特希上学。匈牙利的学制是小学4年、中学8年。在上中学前，他一直待在家中，由父母给他传授知识。即使进了中学，母亲始终忧心忡忡，拿不定主意，他也是上一年停一年。当然，这并不意味着父母让爱尔特希在家里随心所欲，为所欲为。虽不在学校，但学习从未停止。直到他17岁进入大学之前，他所接受的教育主要是在家庭中完成的。爱尔特希本人曾宣称他从当数学教师的父母那里学习了大量的初等数学知识。

犹太人古称希伯来人,与阿拉伯人、迦南人同属西亚闪族人后裔,曾共同生息于迦南(即今巴勒斯坦),公元前11世纪末建立了最早的犹太人国家——希伯来王国。在大卫和所罗门执政时期,国力强盛,始建耶路撒冷城和犹太教圣殿。后来分裂为北面的以色列王国和南面的犹太王国。大卫王不但是一位骁勇多谋的军事领袖,也是一位雄才大略的政治家;他还多才多艺,相传《圣经·诗篇》中的不少诗歌就出自他手;他擅长韵律,琴技高超,扑克牌中的黑桃K便是大卫王。而"以色列"的名称则来自一则有趣的神话:希伯来人的祖先(酋长)是亚伯拉罕,其孙雅各有一次与天使摔跤,一整夜未分胜负,被耶和华赐名"以色列",即与神角力之意。

公元前8世纪,亚述大军的金戈铁马踏平以色列。公元前6世纪,战胜亚述人的巴比伦军队挥师南下,攻陷耶路撒冷,灭掉犹太王国,并把大批犹太人掳往巴比伦,史称"巴比伦之囚"。公元前141年,犹太人民举行起义,曾一度取得民族独立。公元6年,犹太王国毁于罗马强权,此后近2 000年的悠悠岁月中，犹太民族背井离乡，浪迹四方，成了没有家园的流浪民族。

犹太人在艰难的生活环境中始终保持着自己的文化和宗教，也许正是由于这种桀骜不驯、不易同化的民族性格，他们在各国时常遭受歧视而被驱赶，甚至被大量杀戮，许多国家不准他们拥有生产资料。种种遭遇和磨难使得犹太人既精明强干、善于经商，又爱动脑子、重视知识。犹太人为人类贡献了马克思(K. Marx)、爱因斯坦(A. Einstein)、弗洛伊德(S. Freud)等多位伟人。

爱尔特希不但在数学上是神童，而且很小就显露出远远超出同龄儿童的理解能力和推理能力。一般而言，儿童不会想到死亡，也不理解死亡的真正含义。爱尔特希回忆往事，他幽默地说："我的第二个伟大的发现是死亡(第一个是负数)。儿童不会想到他们会死，我在4岁前也是如此。一次我和母亲在一家商店里，我突然意识到我错了，蓦然哭出声来，我知道我也会死的。从那以后，我总是想要年轻些。"

当他刚刚能阅读书籍，漫步知识殿堂时，母亲曾有意无意地让他看医学书籍，爱尔特希也饶有兴致。

显然，母亲仍然痛心爱女的夭折，希望儿子当医生救死扶伤，妙手回春。

中学时代，爱尔特希曾被历史、政治和生物课吸引。犹太民族历史悠久，纵览古今，成王败寇，兴衰更替；政治得失，国家兴亡，纵横捭阖，世事如棋；生物世界，丰富多彩，林林总总，趣味无穷。尽管如此，最让爱尔特希迷恋的仍旧是数学。10岁时，父亲给他介绍了欧几里得关于素数无穷的证明，他被数学家巧妙而漂亮的证明所震撼，陶醉在素数的天地中。16岁时，父亲向他介绍了无穷级数和集合论的一些知识，这是爱尔特希一生中很喜爱的两个科目。他一心一意想搞数学，朝思暮想能成为一名数学家。

素数个数无穷无尽，欧几里得(Euclid)在《几何原本》中给出了一个漂亮而精彩的证明。千百年来，人们为此证明的构思拍案叫绝，用爱尔特希的话来讲，它是“直接来自圣经”的。古希腊人回避无穷，欧几里得的原话是：素数的数目比任何指定的数目都要多。即你给出 n 个，就有 $(n+1)$ 个。这种对待无穷的处理，称为“潜无限”，意指“此外永有”。而我们讲全体自然数、全体实数个数无限，已经尽数在此一览无余了，则称为“实无限”，意指“此外全无”。欧几里得的证明首创了非构造性方法，大数学家外尔(H. Weyl)妙趣横生地评价道：“奥妙在于，它仅对人类宣布有某一珍宝存在，但没有泄露它在什么地方。”

数学中有三个至关重要的基本问题：有没有？有多少？怎么样？有没有即指存在性，此问题不能等闲视之，连有没有尚未见分晓，就煞有介事地研究其性质(怎么样)，弄不好会白忙一场。在代数方程根的研究中，高斯就成功地运用非构造性方法，证明了代数学基本定理：n 次代数方程必定有 n 个复数根。他没有也不可能用方程的系数把根明白无误地表示出来。希尔伯特(D. Hilbert)高屋建瓴，用存在性方法一举解决了一般代数不变式的有限基问题(又称哥尔丹问题)，终生研究此类问题的“不变量之王”哥尔丹(P. A. Gordan)惊呼：“这不是数学，而是神学。”

苏轼有诗曰：“横看成岭侧成峰，远近高低各不同。”有时换个角度看问题，又会有一种新的认识。

运用调和级数的发散性及有关级数的知识，欧拉令人信服地证明了素数个数无穷，又给出一个“直接来自圣经”的证明。虽然这个证法远比欧几里得的证明复杂,但数学家们却赞赏有加,获益匪浅。犹如登山,从陡峭困难的一侧攀登到顶,比从另一侧拾级而上更富有魅力,更引人入胜,更风光无限。俄国彼得堡数学学派奠基人切比雪夫(P. Chebyshev)在整理欧拉手稿的过程中,为科学巨人深刻的思想和绝妙的技巧所震撼:欧拉利用调和级数证明了所有素数的倒数和发散,从而证明了素数个数无穷。才华横溢的黎曼(G. F. B. Riemann)则将 $\zeta(s)$ 中的 s 推广到复数,提出了著名的黎曼猜想。100 多年来,围绕黎曼猜想产生了不少出色的成果,运用 ζ 函数也取得了重大的进展。它还与数论中著名的素数定理的证明密切相关,爱尔特希日后也因该定理的证明而名闻天下。

关于素数个数无穷的存在性证明,在爱尔特希的脑海中留下了不可磨灭的印象。从事数学研究后,他得心应手地运用存在性证明方法获得了很多图论、组合论的结果,为世人所称道。

当时匈牙利有一份全世界独一无二的专门面向中学生的数学杂志《中学生数学报》(Középiskolai

Matematikai Lapok,创办于1894年),作为中学数学教师的父母自然也会经常翻阅、讨论这份杂志。有时,他们会挑选一些文章讲给爱尔特希听或让他自己想,也让他做做问题栏目中的题目。久而久之,数学杂志成了爱尔特希的亲密伙伴和良师益友,他从中学到了中学数学教科书以外的很多东西。每当他看到期刊上登出的同龄人的绝好解法时,他就激动万分,反复揣摩。夜晚在灯下,一家三口会对期刊上的某一问题讨论争执。每当爱尔特希解答出了征解问题时,父母是忠实的读者和苛刻的评论员。每当爱尔特希的名字出现在期刊公布的提供正确解答者之列时,全家人犹如过节一样高兴。现今保存在匈牙利波利亚数学会档案里当年杂志登印的最佳解法提供者的照片中,爱尔特希1927年(15岁)、1930年各有一幅。他还在此杂志上发表过平面几何问题解答的几篇文章。1962年,年方14岁的洛瓦斯(L. Lóvasz)偶然翻到其中一篇,便被深深地吸引住了,爱不释手,至少阅读了20遍。

转眼间,爱尔特希中学毕业,要考大学了。父母征求他的想法,他毫不犹豫地回答:"数学!"于是,妈妈的医生梦，爸爸的什么家统统被否定了。父母尊重了他的选择，知道这是儿子深思熟虑的结果，也是中小学阶段知识积累和兴趣培养的结果。感谢上帝，世界上又多了一位数学大师。

2. 布达魔术师

1930年，17岁的爱尔特希如愿以偿，进入了向往已久的布达佩斯大学。之前，他通过《中学生数学报》杂志见到过图兰(P. Turan)、加莱(T. Gallai)等优胜者的照片，他俩也进入该校，并成为爱尔特希的终身挚友。朝气蓬勃的学生们漫步在校园的林荫道上，憧憬着美好的明天。在数学系古老的大楼里，他们见到了景仰已久的数学前辈。过去只是从数学期刊上、从父母口中知悉的一个又一个人物，如今活生生地出现在眼前。费耶尔(L. Fejér)是这里的数学领袖。高年级学生告诉爱尔特希，他每次上课时间很短，总是不到一小时，却很精彩，就像一场演出。他下课后，由年轻的教师插补讲解有关的内容。有空时，他喜欢和学生去咖啡馆，一杯咖啡、一升啤酒，高谈阔论数学，那才叫过瘾！一想到就要在这些数学家的教育下研读心爱的数学，爱尔特希无比喜悦。回到家里，他把这一切都详详细细地告诉了父母，他们也感到很欣慰。新的大学生活就这样开始了。

在大学里，爱尔特希受到了严格、系统的数学训练，领悟到了数学研究的方法、实质，这为日后60余年的数学研究生活打下了坚实的基础。素数是爱尔特希的“莫逆之交”，他对素数的理解常常比别人高出一筹。人们敬佩地赞许道：“在素数的天地里，他首屈一指。”18岁时，爱尔特希作为布达佩斯大学的二年级学生，给出了贝特朗假设（即在任何一个大于1的整数和它的2倍数之间必定存在素数）的一个简单而巧妙的证明，发表了第一篇数学论文，一鸣惊人，轰动了匈牙利数学界。这个结果在1850年已由切比雪夫在其重要的论文《论素数》中给出了证明，相比之下，切比雪夫的证明过于烦琐，如果说他用一台蒸汽挖掘机移植了一株玫瑰，那么爱尔特希只用一把银匙就旗开得胜了，丝毫不亚于阿基米德轻摇手柄拉动一艘庞然大船。年轻的爱尔特希取得成功的消息被热心的同学编成小曲不胫而走：“切比雪夫说过了,我再说一遍,在 n 和 $2n$ 之间总有素数。”

一天课后,一位同学跑来告诉爱尔特希,有他的一封英国来信。自从论文发表以后,爱尔特希已是小有名气了。但国外何人来信呢?打开信封,方知他的生平第一个数学成果受到了国际数学界的关注,英国数学家莫德尔(L. J. Mordell)邀请他参加由莫德尔本人率领的一个数学家小组。

爱尔特希非凡的数学才华受到了人们的赞誉,柏林的舒尔(I. Schur)对其神奇出众的数学才能感叹不已,称其为“布达佩斯的魔术师”。当时,爱尔特希只不过是个 20 岁的大学生。

光阴似箭,日月如梭,4 年的大学生活一闪而过。爱尔特希遇见许多匈牙利数学家,沉浸在数学知识的海洋中,迅速成长。大学毕业时,他在费耶尔的指导下获得数学博士学位。

匈牙利现代数学之父费耶尔,是匈牙利早期数学竞赛的优胜者,他在复变函数论与傅立叶级数研究方面做了很多工作。1904 年,他成功地引进费耶尔求和法,首次考虑用部分和的算术平均代替级数的部分和,开创了傅立叶级数研究的新天地。他的费耶尔定理成为傅立叶级数求和的基本定理之一。1986 年 7 月,国际数学家大会在美国加利福尼亚大学伯克利分校举行,美国普渡大学教授德·布郎基(L. de Branges)应大会之邀做了一小时的大会报告,他成功地推广了插值上的卡拉西奥多里(C. Carathéodory)与费耶尔方法,一举攻克困惑数学界近 70 年的复变函数理论中的比伯巴赫猜想(Bieberbach's conjecture)。

在中学时代,费耶尔就成为中学数学杂志的勤奋而出色的解答者。拉兹(L. Rácz)——一位曾在布达佩斯主持一个问题研究班的中学教师,常常用这句话来作为他在讨论班上的开场白:"费耶尔又寄来了一份漂亮的答案。"1897 年,费耶尔年方 17 岁,在埃特沃斯大赛中获得二等奖,进入布达佩斯综合工业大学, G. 柯尼希(G. Konig)、屈尔沙克(J. Kürschák)、埃特沃斯(L. Eötvös)都当过他的老师。

1900 年 12 月,作为大学四年级学生,费耶尔发表了至今在傅立叶分析中仍占据重要地位的著名成果,并完成了他的博士论文的主体内容。然而,或许是由于犹太人的出身,他在此后的 5 年中未能找到一份持久的正式工作,其间他所担任的临时工作之一是在一处天文台观测流星。

1905 年,法国数学大师庞加莱(J. H. Poincaré)的一句话给他的命运带来了转机。时年,庞加莱到布达佩斯接受首届波尔约奖。也许因为他的堂兄 R. 庞加莱是一位著名的政治家,曾任法兰西第三共和国总统与第四任总理,庞加莱受到匈牙利官方的特殊礼遇,一下火车便受到政府高级部长与秘书们的热烈欢迎。庞加莱环顾四周,问道:“费耶尔在哪里?”众多官员面面相觑,诧异地问道:“费耶尔是谁?”庞加莱郑重地宣称:“费耶尔是匈牙利最伟大的数学家,也是世界上最伟大的数学家之一。”1 年之内,费耶尔成了大学数学教授。5 年之后,主要得力于埃特沃斯的安排,他在首都的大学里获得了本该属于他的席位。然而,1927 年,仍然由于犹太血统,在进入匈牙利科学院的角逐中,他未能如愿,直到他被选入格丁根、加尔各答科学院后,才于 1930 年成为匈牙利科学院院士。

图兰说:“在匈牙利,是费耶尔首创了一个有凝聚力的数学学派。”他的学生有 M. 里斯(M. Riesz)、费克特(M. Fekete)、沙兹(O. Szász)、波利亚(G. Pólya)、爱尔特希、图兰、雷德(L. Rédei)等。美国哥伦比亚大学的统计学教授伯杰(A. Berger)也是费耶尔的学生,他眼里的费耶尔好像是高高在上的大帝。他每次授课的时间都很短,总是不到一小时,却精彩纷呈,生动形象,设计周到,带有戏剧性的结局。波利亚则认为,费耶尔在课堂外的影响更为显著,“我的同龄群体中的几乎每一个人都是被费耶尔吸引到数学中来的”“他的授课被认为是一生的经验之谈”。课后,费耶尔常和学生们坐在布达佩斯的一家咖啡馆里,讨论引人入胜的数学问题,有时他也娓娓而谈他所知道的数学家们的故事。费耶尔思如泉涌,怡然自得,春风化雨,无愧于一代宗师之盛名。

第二次世界大战期间,匈牙利被希特勒视为卫星国,作为犹太人的费耶尔处境艰难。反犹排犹的浊浪铺天盖地,学校里也不得安宁。1944 年,土生土长在匈牙利的费耶尔被迫作为异国分子而退休。这一年的 10 月,一个冷气袭人的夜晚,月光惨淡,多瑙河畔的路灯昏暗不明,黑暗中传来一阵杂乱的脚步声,原来匈牙利的法西斯组织箭十字党徒正押送一批犹太人,准备进行惨无人道的大屠杀。费耶尔的家人尽在其内。所幸的是,一位正直勇敢的官员挺身而出,打了个电话替费耶尔求情,他的家人才幸免于难,而其他犹太人都被枪杀于多瑙河畔。战后,人们在一所环境恶劣、条件简陋的急诊医院里,找到了费耶尔。

随着战争的结束,多瑙河又恢复了昔日的宁静秀丽,匈牙利数学开始复苏。

3. 故国山河在

爱尔特希说,他的成长整个地沉浸于浓郁的数学氛围之中,并有幸碰见几位伟大的匈牙利数学家。良好宽松的学术环境令人振奋,催人上进。20 世纪的数学大师希尔伯特,大学时代经常在学校花园里与两位知心好友散步讨论,被誉为"苹果树下的三人行"。他们遨游在广阔的数学天地中,交换各自的想法与认识,日后均成为数坛显赫的人物。爱尔特希从中获益匪浅,终身坚持学术讨论,他主持格丁根大学的数学讨论会,教授和学生共聚一堂,宣读论文,自由发言。他们还习惯于三五成群地在咖啡馆轻松愉快的气氛中畅所欲言。一个思想可以形成众人的一致认识,各人的思想在碰撞的过程中得以提炼升华,也能产生出新颖的想法。正因为如此,世界上许多著名的数学学派、高等学府都有举办讨论班、召开讨论会的良好传统。相反,如果单枪匹马,孤军奋战,对外界动态一无所知,是很难搞出名堂的。首先,你只能通过刊物上发表的论文了解数学进展,你只能知道别人已经搞出了什么,而无从了解别人正在想什么。一篇论文从酝酿、思考、研究到成文、审核、发表,少则数月,多则几年,一个重大的突破、一门学科的开创更是经年累月。没有交流讨论,只是闭门造车,很难成大气候。其次,一个好的思想固然依赖于个人的创见,但同样需要在自由随和的气氛里,由别人来平心静气而又不讲情面地"吹毛求疵",哪怕争得面红耳赤。更何况,在群体攻关的气氛中,你追我赶,不甘示弱,往往加快了研究的进程。时至今日,数学已发展成为分支庞大的宏伟体系,像希尔伯特那样具有雄才大略,能够统领全局,对整个数学了如指掌,甚至影响整个数学发展的大师已不复存在。即使像后来的冯·诺伊曼那样的天才数学家，也只能在若干领域纵横驰骋，有些领域根本无暇顾及。然而数学是相通的，其他领域的思想概念说不定正是解决自己手上疑难问题的锐利武器，不了解数学全局的概况，不了解其他分支的动态，弄不好就会失之偏颇。于是，与他人交流，听其他分支的学术介绍、报告会，往往事半功倍、触类旁通。

在牛顿、欧拉甚至高斯的时代里，英、法、德是数学大国，匈牙利数学较为落后，能够提及的恐怕只有非欧几何的创始人之一波尔约（J. Bolyai）。他一生坎坷，郁郁寡欢，极不得志。他在对平行公理的研究中，产生了关于几何观念的革命性创见。其父 F. 波尔约在格丁根大学攻读时，与高斯过从甚密，他将儿子的发现寄给高斯，不料高斯态度暧昧，未加支持。身为数学家的父亲由于自己在平行公理的研究中虚掷了大半辈子的光阴，也坚决反对儿子坠入在他看来是前途渺茫的万丈深渊。1860 年，波尔约在疾苦中与世长辞。

1891 年，得克萨斯大学的霍尔斯特德（C. B. Halsted）出版了波尔约的双曲几何论著的英译本，探访了波尔约的墓地,并为波尔约的不平大声疾呼。

1894 年,是匈牙利数学史上值得大书特书的一年。这一年,著名的数学家、物理学家埃特沃斯男爵就任匈牙利文化大臣,在世界范围内首开先河,举办中学生数学竞赛。此项赛事最初被称为埃特沃斯国家考试,后来由于屈尔沙克的大力发展而改称为屈尔沙克国家考试,它即今日国际数学奥林匹克竞赛的前身。

同年,匈牙利数学物理学会在波尔约被人长久遗忘的荒凉墓地前设立纪念碑和雕像,以示永久的纪念。1905 年,匈牙利科学院颁发了以波尔约命名的数学奖,该奖每 5 年评选一次,奖励对数学进展贡献最大的数学家。1905 年,首次波尔约奖理所当然地授予法国的庞加莱;第二次是 1910 年,德国的希尔伯特众望所归,登上了领奖台。第一次世界大战期间,欧洲大地烽火连天,评奖之事被束之高阁;第一次世界大战后,由于通货膨胀,波尔约奖基金严重贬值,此奖遂不了了之。

波尔约奖首届评委会中,有匈牙利数学家 G. 柯尼希,他是匈牙利数学权威,统率匈牙利数学界达数十年之久,其主要工作在集合论方面。其子 D. 柯尼希即为图论之父。

埃特沃斯竞赛被后人称为匈牙利奥林匹克数学竞赛,每逢 10 月,如期举行,仅仅由于两次世界大战和匈牙利事件中断过 7 届。每次竞赛出 3 道题,限 4 小时交卷,允许使用任何参考书。参加者是完成普通教育的中学毕业生,比如升入大学或综合技术学院的学生。优胜者被授予埃特沃斯奖,他们的老师也将赢得极高的荣誉。第二次世界大战后,竞赛的规模大为扩张,每届参加者约 500 人,包括中学生,获得前 10 名的杰出人才被免试保送,昂首阔步进入大学校门。

埃特沃斯于 1919 年去世,为缅怀其不朽业绩,一所大学以他的名字命名。1929 年,为纪念他逝世 10 周年,屈尔沙克编辑了《数学竞赛问题集》。屈尔沙克是布达佩斯综合工业大学的教授、匈牙利科学院院士,他因把绝对值的概念推广到一般域上而广为人知。

值得提及的是,匈牙利设置了各类丰富多彩的数学竞赛活动。从 1923 年起举办“全国中学数学竞赛”，参加者是十一二年级的学生，而对于年级较低的七八年级的学生，则有一个特殊的三期竞赛。在师资培训学院还有属于自己的数学竞赛。各类生动有趣的课外活动吸收了成千上万的数学爱好者。科普协会组织低年级学生参加“少年数学友谊小组”。数学会组织了每月一次的“高中数学午后活动”，并从中选派大约60名优秀学生成立“青年数学小组”，该组织在西方传统的圣诞节和复活节还要举行全国会议，以“数”会友，其乐无穷。

数学竞赛中水平最高、难度最大的其实是“施韦特纪念数学竞赛”，参加者是大学生与高中生。每次竞赛出10～12道难题，可以带回家去，闭门攻关，潜心研究。数学界很看重这项活动，知名学者为拟好试题殚精竭虑，反复讨论。颁奖典礼并不仅仅是让优胜者名扬天下，它实际是波尔约学会的一次正规学术活动，所有的问题都在会上给予解答。有些解答思路巧妙，为人称道，会被公开发表。

匈牙利数学家图兰曾撰文介绍在第二次世界大战中遇难的本国数学家。施韦特（M. Schweitzer）于1941年中学毕业，同年在埃特沃斯数学竞赛中获二等奖。图兰用3页的篇幅,叙述了施韦特在古典分析中的发现。然而1945年,在施韦特朝思暮想的解放到来前几天,一颗罪恶的德国子弹却让他的雄心壮志永远终止。施韦特的生命短促,又生不逢时,但他生活得很充实。于是在数学史上名不见经传的他,却伴随着以他的名字命名的竞赛而名垂青史,这正是不屈不挠的匈牙利数学的缩影。

数学竞赛和活动极大地推动了数学的普及,发现并造就了大批年轻人才。匈牙利逐渐成为享有数学盛誉的国家。早期数学竞赛的优胜者中,日后成名者大有人在。

著名力学家冯·卡门(T. von Kákmán)在自传中如数家珍地回顾了自己的中学时光。他就读的中学从来不要求学生死记书本里的规则,教师循循善诱,引导学生自己去发现规律。例如,让学生查找匈牙利小麦的产量,然后列成表,画出图。学生无意中学会了什么是“变化率”,不知不觉来到了微积分的门前。学校里师生关系融洽,气氛和谐轻松,学生可以在课堂上与教师交谈讨论。最终冯·卡门在振奋人心的埃特沃斯数学竞赛中取胜。他注意到:“一半以上移居国外的著名匈牙利科学家，以及几乎所有在美国的知名人士，都曾获得过这项奖励。”

1929 年以前竞赛的优胜者中，以后声名显赫者包括：

费耶尔，匈牙利现代数学之父，爱尔特希的博士生导师。

冯·卡门，火箭与喷气技术研究先驱，现代航天事业的奠基人，研制成首架速度突破声障的飞机。

D. 柯尼希，著名的组合数学家，第一本图论专著出自其手。

哈尔（A. Haar），群上测度与积分论的创始人，以哈尔测度、哈尔积分闻名于世。

塞戈（G. Szegö），著名的分析学家。美籍匈牙利数学家波利亚与他合著的《分析中的问题与定理》是 20 世纪最为重要、最具特色的分析教科书，被译成多种文字，多次再版。

M. 里斯，著名的分析学家。1911 年应米塔－列夫勒（M. G. Mittag－Leffler）之邀赴瑞典，成为瑞典最具影响的数学家之一。

雷德，当代颇具影响的代数学家，专攻代数数论与佩尔方程。

特勒(E. Teller),物理学家,最早研究热核反应的科学家之一,发展了美国的热核武器。去美国后改名为爱德华,为人所知。

卡尔曼(R. Kalmán),出身于犹太世家,一位全能型的数学家,是 F. 里斯创办的塞格德学派的中坚。

1988 年 7 月,第 6 届国际数学教育会议在布达佩斯举行。与会专家百思不得其解的是:匈牙利的数学为什么这样突出?为什么在两次世界大战期间,在这样一个又小又穷的国度中,产生出如此众多的著名数学家?出于对匈牙利数学发展历程的强烈兴趣,赫希(R. Hersh)与斯坦纳(J. Steiner)调研了匈牙利数学活动的历史、教育与社会政治方面,会见并采访了很多数坛名家,结果形成《对匈牙利数学的一次采访》的精彩报告。就数学内部而言,诸多研究成果和数学家(包括爱尔特希)的见解主要集中于三点:

其一,卓有成效的各类竞赛,尤其是埃特沃斯竞赛。

其二,颇具匈牙利特色的三大学派,其中爱尔特希是离散数学方面当之无愧的“领头羊”。

其三，一份面向青年学生的中学数学杂志《中学生数学报》。它成功地普及数学，引发人们的兴趣与热爱，宣传数学竞赛，并在更大的范围内培养发现人才。匈牙利组合论、图论名家加莱自豪地宣称：“世界上没有其他地方有这样的中学期刊，而这件事情比其他任何事情更有效地造就了匈牙利数学的优势。”加莱认为，埃特沃斯功不可没。在与爱尔特希的会见中，问他的数学研究是否受到中学数学刊物的影响。他说：“当然是的，你从中可具体地学习如何解决问题。而许多优秀数学家很早就表现出他们是有才能的。”

这份杂志每月一期，设有问题征解栏目。创办初期，对每一个给出正确解答的人都在杂志上公布其姓名，并从中选择一个或几个最好的解答刊登出来，称之为模范答案。于是，学生不知不觉在鼓励竞争的气氛中，学到了很多课堂上和书本中没有的东西，明白了数学不仅探寻答案，还要追求解答的简捷、优美、机智、巧妙。而对于那些多次表现出众的人，年终还要登出照片。20 世纪 80 年代，匈牙利有更多的年轻人喜爱数学，以前只需登出几十个人的姓名，现在却高达600人，公布所有人的姓名已变得不可能了。

实事求是地分析，有些在数学上才华超群的青年学生在竞赛中可能会发挥欠佳，甚至大失水准，因而名落孙山，于是中学数学杂志更具有不可替代的培养、发现人才的作用。当年爱尔特希就在这些竞赛中“发挥得并不好”，而他自感深受这份刊物的影响，从中具体地学习了如何解决问题。几年后，他就崭露头角。更有趣的是波利亚，他还是学生时，曾在竞赛中拒绝交出自己的答卷，然而他充分肯定了竞赛和杂志的巨大作用。

关于匈牙利数学繁荣的独特的外部环境，爱尔特希认为，匈牙利是一个穷国，科研经费相对拮据，物理、化学这类自然科学不易从事，因此聪明人便去搞数学。

此外，由于来自社会的外部压力，知识分子要么做出非凡的成绩而站稳脚跟，要么因为平庸无能而面临淘汰。尤其是占匈牙利人口百分之五的犹太人，当他们终于获准从事智力劳动后，他们仍面对排犹主义或明或暗的压力。第一次世界大战后，海军上将霍尔蒂(M. Horthy)执掌大权，他虽然承认犹太人在匈牙利的合法地位，也与社会上层中的犹太人有来往，却明文规定犹太大学生不能超过百分之五。至于犹太人要当上教授，那更是难上加难了。在第二次世界大战以前，有的大学规定一个系里最多接纳一名犹太人。环境迫使犹太人必须奋力拼搏。

赫希和斯坦纳认为，匈牙利数学有三个领域最具匈牙利特色：费耶尔风格的古典分析；F. 里斯(F. Riesz)风格的泛函分析；爱尔特希和图兰风格的离散数学。

在两次世界大战期间，匈牙利的另一位数学领袖是F. 里斯，他也具有犹太血统，一生中的大部分时间在塞格德担任数学教授。塞格德是一座靠近前南斯拉夫和罗马尼亚的南部边境城市，距布达佩斯约100英里(1英里＝1.609 3千米)。F. 里斯和哈尔同在塞格德，共创波尔约学会。他的学生中，洛奇(E. R. Lorch)、纳吉(B. S. Nagy)、拉多(T. Radó)、雷尼(A. Rényi)均为一代名家。塞格德的这所大学成为匈牙利数学研究的中心之一。

F. 里斯的两卷《泛函分析》是经典的传世力作，几十年间畅销如初。F. 里斯担任测度论和泛函分析课的主讲，助教拉多负责做详细的笔记。每当暑假来临，F. 里斯会去一个较为凉爽的地方避暑休假，而拉多则需汗流浃背地忙上3 个月，给笔记补充上所有的材料，将其整理成适合出版的形式。9 月底要开学了，拉多充满自信地交上摞得整整齐齐的800 页稿纸。F. 里斯在赞许感激之余，不无歉意地表示暑假里他又有了新的想法，将按新的方法来讲课。于是，一切又从头开始。一晃大约过了18 年，最终 F. 里斯和他的学生纳吉合作写成此书，初为法文版，随后英文、德文、俄文、日文、中文版相继面世，真可谓一鸣惊人。

《泛函分析》教材可算是千锤百炼，它是以令人陶醉的优美风格写成的，该书"以少胜多"，用初等的、具体的工具：三角、平面几何、初等微积分等，获得既一般又清晰的结论。这就是真正的匈牙利风格。

费耶尔和 F. 里斯都生于1880 年，F. 里斯仅仅早出生两周多，他们常以此开玩笑，如费耶尔经常讲他实际上比 F. 里斯年长，因为 F. 里斯早产了一个月。他们都有很多重要而深刻的数学成果，但更重要的则是这种优美的匈牙利风格：利用简单而熟知的工具获得深刻而出人意料的结果。

爱尔特希更是淋漓尽致地发挥了这种传统的优美风格的特点，如他与塞尔伯格（A. Selberg）各自独立完成的素数定理的初等证明。他一生中令人惊叹的 1 500 篇论文，甚至他平生的第一个数学发现，都充分体现了这种匈牙利风格。

20 世纪 30 年代，离散数学学派在匈牙利渐成气候，并且后来居上。该学派的研究领域包括组合论、图论、数论、集合论以及泛代数。

这个学派发端于 D. 柯尼希（D. Konig），他是 G. 柯尼希之子。爱尔特希和图兰参加了他的讨论班。1936 年，D. 柯尼希出版了《有限与无限图的理论》，直至 1958 年，该书仍是图论方面独一无二的专著。权威的美国《数学评论》评价道："它堪称图论的经典之作……是这一主题许多分支的可靠的入门书，又是一种有价值的史料。"

早在 20 世纪 20 年代末 30 年代初，十几个志同道合的数学爱好者大约每周一次非正式地私下聚在一起聊天，谈论时事，搞离散数学。周日他们常去布达佩斯郊外爬山，并在布达佩斯的利格特公园聚会，地点靠近一座被人称为“贝拉王”的无名塑像，此人在历史上似乎无据可查，于是，这群数学爱好者戏称自己是“无名小组”。这既反映了他们当时默默无闻，毫无名气，又缘于该小组中无人有职业。此时正值第一次资本主义经济危机期间，匈牙利自然是在劫难逃，像布达佩斯其他失业的数学家一样，他们靠为预科学校学生做家教，挣一块面包糊口谋生。生存环境如此恶劣，而热爱数学痴情不改，精神的重要性于此可见一斑。当时处在霍尔蒂独裁统治时期严禁群众聚会。他们总觉得密探无处不在，根本不能畅所欲言。小组里就有坚决反对霍尔蒂政权的成员。也就是从那时起爱尔特希形成自己特有的词，比如用“长波人”来隐指共产主义者，因为红波的波长较长。反之，霍尔蒂的拥护者、法西斯主义的信徒则称为“短波人”。将小孩称为 ε，称孙辈为 ε^2……

无名小组的成员包括爱尔特希、图兰、加莱、塞克雷斯（G. Szekeres）、格伦沃尔德（A. Grünwald），以及后来成为塞克雷斯妻子的克莱因(E. Klein)。克莱因把一个关于有限集合的问题带到这个小组,并且解答了它。他们事后得知,这是远在英国的拉姆齐(F. P. Ramsey)业已考虑过的问题。然而,由此却引发了爱尔特希及同伴们投以极大热忱的拉姆齐理论的讨论。

塞克雷斯和克莱因喜结良缘后,鉴于第二次世界大战日趋严峻的形势,两人经我国上海逃亡至澳大利亚。在那里,他们想方设法搞起了在匈牙利已经深入人心的数学竞赛。1940 年 8 月,塞克雷斯从上海给图兰寄出一封信,叙述了为证明伯恩赛德猜想而做的一次不成功的尝试,其中涉及了拉姆齐定理。当时图兰生活困顿,主要靠做家教为生。但他仍然不由自主地思考信中的内容,产生了关于有限型的一个极值问题。不久,他被抓进劳动营搬运铁路枕木,所幸一位工程师出身的监工当过学术刊物的编辑,看到过图兰的手稿。便将其任务改为在木料场向搬动者指示尺寸不同的圆木堆放处。他又有精力思考依然念念不忘萦绕心中的问题,层层推进直至最后完全解决,并在数学的思考中体验难以形容的精神快乐。

爱尔特希凭借其对数学发展的贡献,对数学合作的有力推动,自然而然地成为无名小组的领袖。时至今日,匈牙利的离散数学研究在世界上名列前茅,很多匈牙利离散数学家活跃在美国及其他国家的数学研究阵地。

日本数学家一松信曾说:“近年来世界各国正在重新认真评价20世纪初匈牙利的数学英才教育。匈牙利学派的数学传统还通过波利亚、爱尔特希等著名前辈连绵不断地延续至今。”

美籍匈牙利数学家冯·诺伊曼(J. von Neumann)是20世纪最重要的数学家之一,在纯粹数学、计算数学、经济数学、气象数学、力学、计算机等众多领域建立了丰功伟绩。人们有时会议论为何冯·诺伊曼未能在匈牙利数学竞赛中金榜题名。据说,考试时他在国外,后来朋友把考题送给他,他只用半小时就尽数解完。

美籍匈牙利数学家波利亚是国际上享有盛誉的数学家、数学教育家。概率论中的中心极限定理这个名称源于他,组合论中有著名的波利亚计数定理。

他的名著《怎样解题》《数学与猜想》《数学的发现》，在我国数学界可谓尽人皆知。为表彰波利亚对数学不可磨灭的贡献，美国数学会于1976年设立波利亚奖，美国工业与应用数学会于1969年设立波利亚奖，波利亚逝世后，伦敦数学会于1987年设立波利亚奖。

当代著名的数学家哈尔莫斯(P. Halmos)，生于布达佩斯，比爱尔特希小3岁。20世纪80年代初曾担任美国数学学会副会长。他不仅是一位造诣深、成果多的学者，在遍历理论领域享有盛誉，是算子理论领域当之无愧的领袖，而且是一位杰出的数学作家和编辑家。他的著作行文优美，语言流畅，对数学专业术语的处理力求深入浅出，把问题讲得清楚易懂而又趣味盎然。

爱尔特希、哈尔莫斯等均为匈牙利科学院院士，对故国的数学关怀备至，爱尔特希几乎每年都要回匈牙利从事数学活动，培养后起之秀。

匈牙利数学家群体的存在，无疑为爱尔特希的研究增添了活力，爱尔特希置身其间，真可谓如鱼得水。

D. 柯尼希写出了世界第一本系统的图论专著，

无疑使匈牙利的图论研究处于得天独厚的有利位置。

爱尔特希与好友图兰在数论、图论、组合数学、逼近论等领域或有出色的合作,或以各自的成果遥相呼应,互相媲美。1986年,第一届图论国际会议在日本举行。8位大会特邀讲演者中,匈牙利科学院竟占两席,除爱尔特希外,还有赛姆雷德(E. Szemeréd)。赛姆雷德在报告中介绍自己工作的同时,也提到爱尔特希、图兰等人的研究成果。

图兰的妻子维拉·索斯(V. Sós)也是匈牙利数学家。在第一届图论国际会议上,8位大会特邀讲演者中,就有两人谈到她的工作,可见此人决非等闲之辈。

匈牙利曾举办一种别开生面的中学生数学竞赛,很多人通过电视兴致勃勃地观看竞赛,影响广泛。国内首屈一指的数学家,如图兰、哈约什(G. Hajos)等,组成专门小组评判胜负。哈约什是图论高手,曾因证明关于单位方体的格点填充的闵科夫斯基猜想而闻名遐迩。爱尔特希曾在哈约什猜想的研究中,做出了非凡的贡献。

图论专家西蒙维茨(M. Simonovits)是匈牙利埃

特沃斯大学教授,与爱尔特希合作谱写华章,他指导的博士生佩奇(J. Pach)也是具有爱尔特希数1的幸运者。

爱尔特希和雷尼开创了随机图论,与温特纳(A. Wintner)等人联手建立了概率数论。他和哈杰纳尔(A. Hajnal)在超限组合论方面联合发表论文50余篇,与沙柯兹(A. Sárközi)合作发表论文40多篇。

雷尼,1921年出生于布达佩斯的一个书香门第。自1950年起,29岁的他担任匈牙利科学院数学研究所所长,正是他使该研究所成为一个国际研究中心。他的研究领域涉及概率论、数论、组合分析、图论、积分几何及傅立叶分析,他发表的论文超过350篇,他的3本著作《关于数学的对话》《关于概率的信件》和《关于信息论的日记》,在匈牙利流传甚广。

此外,费耶尔的学生雷德曾主持匈牙利数学研究所的代数研究室,他专攻代数数论与佩尔方程,发表论文近150篇,还有5本著作,是一位颇具实力的代数学家。

波塞(L. Pósa)、洛瓦斯均是匈牙利数学专门学校——米切尔·法内克斯中学的佼佼者。在爱尔特希的精心培育下，他俩少年得志，崭露头角，均成为爱尔特希的合作伙伴。

到1993年为止，世界级数学大奖——沃尔夫奖得主中，至少有两人与匈牙利有关。除爱尔特希外，拉克斯也是美籍匈牙利数学家。匈牙利的数学实力于此可见一斑。

不仅如此，颇有影响的当代数学哲学家拉卡托斯（I. Lakatos）也是匈牙利人，后去英国。他提出数学理论的“可证伪性”和“拟经验主义”，在当代科学哲学、数学哲学领域占有一席之地。

匈牙利良好的数学氛围为爱尔特希的成长创造了优良的条件，也是他终身取之不尽的力量源泉。

4. 人生十字路

大学毕业后的爱尔特希站在人生的十字路口，默默地思考着新的去向。按早先的想法，他的头脑中首先浮现出来的去处必定是德国的格丁根大学。格丁根是位于汉诺威以南的一座城市，1734年在此设立大学后渐为人知。数学王子高斯曾在此执教，使其闻名于世。19世纪和20世纪之交，这里聚集了克莱因（C. F. Klein）、希尔伯特、闵科夫斯基（H. Minkowski）等著名的数学家，此后又增添了计算数学先驱龙格（C. Runge），人称高级教授团，声名鹊起。格丁根从此成为世界数学中心，全球的青年数学才俊心中的圣地，“打起背包到格丁根去！”爱尔特希理想中犹太人的祝酒词则为明年格丁根见！

爱尔特希对格丁根心驰神往，但又望而却步。1933年那个黑色的春天，无情地摧毁了他的美好愿望。纳粹狂人希特勒上台，狂热地鼓吹种族主义，疯狂排犹，大批犹太学者被逼无奈，纷纷流亡国外，格丁根大学日渐衰落，从此一蹶不振。爱尔特希重重地叹了一口气，深有感触地说：“明年格丁根的犹太面包该变味了！”

匈牙利属半法西斯国家，希特勒视其为卫星国。尽管匈牙利摄政霍尔蒂一直未全心全意地配合希特勒，按照纳粹的方案去“解决”犹太人的“问题”，同时对派军作战并不热心，议会领袖也小心翼翼地抵制着德国的一些压力，但是马扎尔人的国家里也出现了形形色色的匈牙利纳粹党，匈牙利政权本身的反犹并不仅仅停留在口头纸面上，政治形势对犹太人来说不容乐观，环境对数学研究也十分不利。多年后，爱尔特希回忆说："那一年在匈牙利已经很不安全了。"虽然爱尔特希十分留恋故国的数学环境，对父母双亲恋恋不舍，却终是"梁园"虽好，亦非久留之地。欧洲大陆黑浪翻滚，战云密布；法国朝不保夕，前景难测；大洋彼岸的美国虽然安全，但数学水平却远远落后于欧洲。

爱尔特希选择停留在英国。英国数坛高手如林，数学传统深厚绵长；英吉利海峡天堑横卧，纳粹铁蹄鞭长莫及。尤其是可敬的莫德尔教授，还有那封热情的邀请信。他的决心已下，不再犹豫："对！就是莫德尔，就是曼彻斯特大学！"

1934 年 10 月，他踏上征途，只身前往曼彻斯特，师从莫德尔，从事为期 4 年的博士后研究。

看着即将辞行的爱尔特希，父母亲友既高兴又担心：匈牙利环境恶劣，犹太人处境艰难，远走高飞，有一处安静之地研究数学当然是求之不得。然而爱尔特希从小到大从未出过远门，又过惯了饭来张口、衣来伸手的生活，缺乏起码的生活自理能力。亲人们尤其是母亲实在是牵肠挂肚、放心不下，自然是千叮咛、万嘱咐。父亲拍着爱尔特希的肩膀说："男子汉应该出去闯闯，天下大着哩！"火车发动，此去无期。望着慈母眼中强忍着的泪花，爱尔特希心里百感交集。

火车穿过了音乐之城维也纳，它和布达佩斯一样与多瑙河相伴相依，山清水秀，景色宜人。火车横穿德国，恰逢慕尼黑啤酒节，彩旗招展，热闹非凡，但一想到这里是希特勒的发迹之地，爱尔特希兴趣顿失。他的思绪飞向几百千米外的圣地格丁根，何日格丁根再度辉煌、风光依旧，他一定要亲身前往。经过几昼夜的奔波，爱尔特希终于来到曼彻斯特，见到了导师莫德尔。

莫德尔乃数论高手，曾因莫德尔方程研究的出色工作获剑桥大学的史密斯奖，并以莫德尔猜想而蜚声数坛。众所周知，几何中勾股定理意味着方程 $x^2+y^2=z^2$ 有无数组正整数解，如 $3n,4n,5n$。将方程两边同除以 z^2，意味着方程 $x^2+y^2=z^2$ 有无穷多组有理数解。用几何的语言讲，方程所定义的曲线有无穷多个有理(数)点。而举世闻名的费马猜想(费马大定理)则是说,当 $n>2$ 时,方程 $x^n+y^n=z^n$ 所定义的曲线上无有理点(除去一般的情况,如 $x=1,y=0$ 等)。1922 年,莫德尔提出较费马猜想更为广泛的一类问题,史称莫德尔猜想:在亏格大于 1 的代数曲线上仅有有限个有理点。他极大地扩展了曲线的种类,因而也随之相应地放宽了结论,即从没有有理点到可以有有限个有理点。1983 年,德国数学家法尔廷斯(G. Faltings)证明了这一猜想,并荣获 1986 年国际数学家大会颁发的菲尔兹奖。

莫德尔高兴地看着年轻的爱尔特希,大声地对周围的人介绍道:"这就是'布达佩斯的魔术师'! 愿你在曼彻斯特交上好运。""Thank you!"爱尔特希用英语表示感谢。从现在开始,他要用英语会话交谈了,真有些不习惯。爱尔特希的英语是跟他父亲学的。他父亲被关在西伯尼亚集中营时,为消磨时间,利用仅有的一本书自学了英语。因为他的父亲从来未听过地道的英语,所以爱尔特希的英语发音相当糟糕。

经过大学 4 年如饥似渴地学习,又有莫德尔等名师的培养指点,爱尔特希的数学研究能力与日俱增。他充满自信,一个丰收的季节即将来临。

第二章　英伦三岛谱新章

数学是无限广大的。数本身是无穷的。这就是数学何以真的成了我唯一兴趣所在的原因。

——爱尔特希

1. 曼彻斯特博士后

曼彻斯特地处英格兰北部，是英国棉纺织业中心、工业革命的故乡。曼彻斯特也是英国工人运动最重要的中心之一，恩格斯(F. Engels)曾经在此居住多年，马克思也常来此。曼彻斯特又是一座文化名城，著名的诗人和文学家拜伦(G. G. Byron)、狄更斯(C. Dichens)、夏洛蒂·勃朗特(Charlotte Bronte)等人,曾在此城居住,留下不朽篇章。

爱尔特希离开温馨的家,来到国外,开始了独立的生活,有些事情就不得不自己动手做了。英国人有饮茶的习惯,初到英国的爱尔特希便入乡随俗,也去吃茶点。他手拿面包,要坦言自己从未动手涂过黄油,未免太令人不可思议,实在无法开口,他鼓起勇气试了试,其实并不难,于是一道生活“习题”就迎刃而解了。但是并非每一道有关日常生活的“习题”,他都能对付。1948 年,在美国,爱尔特希的朋友斯特劳斯要移居加利福尼亚,为此举行了一个小型告别会。在聚会上,爱尔特希老是系不好鞋带,便毫不客气地伸出脚,请别人代劳。有人开玩笑,说斯特劳斯搬走就是为了摆脱他。

在曼彻斯特,他研究了更多的数学难题。读博士后的 4 年,是非常高产的 4 年。此时正值中国数学家柯召考取曼彻斯特大学公费留学生,两年同窗,两人结下了深厚的友谊,并合作发表了多篇重要论文。

1935 年,爱尔特希提出了猜想:$\triangle ABC$ 内部或边界上的任一点 I 到各个顶点的距离之和至少是 I 到各边的距离之和的两倍。而且他还进一步猜想:两倍的情况当且仅当△ABC 为等边三角形，I 是其外接圆的圆心时出现。

1937 年，莫德尔给出了第一个证明，这个证明不是初等的。1945 年，第一个初等证明问世，该证明的技巧很高，却显得不太自然。此后人们研究的兴趣不减，直到 1993 年，还有人在《美国数学月刊》上发表论文，提供新颖的初等证明方法。“爱尔特希问题”的魅力实在难以抗拒。

堆垒数论又称加性数论，是关于所谓加性问题的一个数论分支。华罗庚、陈景润在此领域均有举世公认的杰出工作。该领域主要研究如下类型的问题及其变形：设 N 是全体自然数的集合，$A_1, A_2, \cdots, A_S$ 是 N 的有限个或可数个子集合，试判定对 N 中的每一个数 n，方程 $n = a_1 + a_2 + \cdots + a_s$ 是否可解或其解数为$R(n)$，其中 $a_i \in A_i(1 \leqslant i \leqslant s)$。设 A, B 为 N 的子集，$A + B = C$意味着和集合 C 是由所有这样的自然数 c 组成的：$c \in A$ 或 $c \in B$ 或 $c = a + b(a \in A, b \in B)$。在属于 A 的数中，用 $A(x)$ 表示不超过正数 x 的数的个数，则 $\inf[A(x)/x]$ 称为 A 的密率。当 N 为 r 个 A 的和时，则 A 称为 N 的最高为 r 位的基。

1936 年,在攻读博士后的研究中,爱尔特希得到结果:设 A 的密率为 a,B 的密率为 0,如果 B 是 N 的有限位的基,则 $A+B$ 的密率比 a 大。

读博士后期间,他便几乎从未在一个地方连续待上一周,开始了伴其一生的数学漫游。爱尔特希经常访问伦敦、剑桥和牛津,显然,这并非是要观光游览,而是拜师访友、切磋交流。泰晤士河开阔的河面,河上雄伟的塔桥,两岸林立的建筑,古色古香的教堂,金碧辉煌的白金汉宫,热闹繁华的牛津街道……爱尔特希走马观花,匆匆而过。唯独在举世闻名的威斯敏斯特大教堂前,他不由自主地放慢了脚步,这里有牛顿和达尔文(C. R. Darwin)的墓室。

伦敦被称为雾都,在这里,不管天气多么晴朗,人们出门时必带雨伞。英国人见面最普通的话题就是谈论天气。雾都的天气确实令人难以捉摸,夏季时常薄雾蒙蒙,冬季则经常大雾迷漫,似雨非雨。于是,精明的保险商搞起了天气保险。比如露天戏剧演出,有雨则会影响主办者的票房收入,此时可向天气保险公司购买演出之夜的天气保险,如果当晚下雨,保险公司会迅即支付一定的保险费以补偿损失。

爱尔特希高兴地看到,数学上的概率统计知识在这里发挥了明显的作用。

牛津大学、剑桥大学创建于12~13世纪,是世界上历史最长、影响深远的大学之一。牛津大学的文科被公认为世界一流水平,培养出许多声誉卓著的政治家、法学家和文学家。剑桥大学的理科蜚声海内外,牛顿、达尔文均出于此,举世闻名的卡文迪许实验室已培养出20多位诺贝尔奖得主。

"剑桥"(Cambridge),因其名称的前半段Cam按中国粤闽方音读"剑"而得名,又名康桥。剑桥大学位于英格兰剑桥郡康河畔。20世纪20年代初,中国现代诗人徐志摩在剑桥研究生院读书。数年后出国讲学,又回剑桥,故地重游,那种眷恋之情、离愁别绪油然而生,写下了抒情佳作《再别康桥》:

轻轻的我走了,
正如我轻轻的来;
我轻轻的招手,
作别西天的云彩。
……

在剑桥大学宁静的校园里,爱尔特希漫步在科学巨星牛顿的雕像旁,“他几乎以神一般的思维力,最先说明了行星的运动及图像、彗星的轨道和大海的潮汐”。在伦敦的牛顿墓前所看到的墓志铭又清晰地浮现在脑海中。雕像北面不远处是牛顿的恩师巴罗(I. Barrow)的雕像。39 岁的巴罗年富力强,学识不凡,却坦诚宣布学生牛顿青胜于蓝,毅然将自己的“卢卡斯教授”职位拱手相让,甘为人梯,提携后生,成为千古佳话。后来,牛顿以巴罗为榜样,资助和指导天才少年马克劳林(C. Maclaurin)。马克劳林的墓碑上刻有“承蒙牛顿推荐”的字样。

爱尔特希默默无语,低头徘徊在巴罗、牛顿的雕像旁,想起恩师费耶尔、莫德尔的辛勤培养,很有感触。

爱尔特希留学期间,十分思恋故土,怀念亲人。一年之中,他在复活节、圣诞节和夏季探亲三趟。与图兰等人合作搞分析,与加莱联手涉足图论。见到了父母,自然免不了嘘寒问暖,拉拉家常。父母不仅关心他的研究,更关心这个“大孩子”的饮食起居等生活详情,乃至个人终身大事。无名小组的伙伴则充分利用这个机会,把各自思考的数学问题拿出来交流讨论。当然，爱尔特希总忘不了买些礼物或带上鲜花去看望费耶尔等师长。

这期间，爱尔特希和图兰在伦敦合作发表论文《论某些整数序列》，又与塞克雷斯合作发表论文《几何中的组合问题》。

1938 年 3 月，希特勒明火执仗、兵不血刃地吞并了奥地利，匈牙利危在旦夕。虽然此刻回匈牙利太担风险，爱尔特希仍然在夏天回去住了一段时间。法西斯得陇望蜀，又对捷克虎视眈眈，英法军队节节退让。眼看捷克由于臭名远扬的慕尼黑阴谋陷入危机之中，1938 年 9 月发生了捷克事件，捷克斯洛伐克被迫割让苏台德地区。那天爱尔特希正在布达佩斯，他连夜起程，返回英国，谁知一走就是整整 10 年。

2. 爱尔特希与柯召

中国数学家柯召具有爱尔特希数 1，这表示他是爱尔特希的合作者。他先后担任中国数学会副理事长、名誉理事长，四川大学副校长、名誉校长。

1910 年，柯召出生于浙江温岭县，在小学时就显示超常的数学天赋。1933 年毕业于清华大学数学系。这所名牌大学有严格的淘汰制，他所在班的原班同学到三年级竟然“全军覆没”，一个不剩都被淘汰。到毕业时，仅剩下两位学生——柯召和后来的数理统计学家许宝騄。柯召旋即受邀去天津南开大学任教。

1935 年，柯召考取了每年仅有两个名额的庚子赔款公费赴英留学生。与爱尔特希一样，他没有去著名的剑桥大学，而是义无反顾地选择了曼彻斯特大学，因为那里有不定方程方面的权威莫德尔。

不知是想试一试中国学生的才华，还是想来一个下马威，刚进校门，柯召的指导教师莫德尔就给他出了一道难题——解决“闵科夫斯基猜想”，并以英国人特有的绅士风度发话说：“请两个星期以后来见我。”两个星期过去了，两手空空的柯召硬着头皮去见莫德尔。莫德尔正在和力学家哈屈利（D. R. Hartree）研究问题，他问柯召：“怎么样？”柯召摇了摇头。哈屈利对莫德尔说：“这个问题你研究了 3 年都没解决，让人家两个星期去解决怎么行？”莫德尔哈哈大笑，说：“年轻人思想活跃，多给他们一些难题是锻炼思考能力的最好方式!”然而,这一难题直到今天也没有解决。

年轻的柯召并没有泄气,他一如既往,孜孜不倦,自找题目,埋头苦干,仅仅两个月,完成了论文《关于表二次型的平方和的问题》。此文成为他的博士论文。莫德尔意识到后生可畏,日后柯召必将大有作为。他高兴地对柯召说:“祝贺你!论文写得很好,两年后就可拿到博士学位。”在英国留学3年期间,柯召在数论中关于二次型和不定方程的3个难题上,对莫德尔的结论做出了进一步的发展,并用更为简洁漂亮的方法给予了证明。

1937年,柯召顺利地通过博士论文答辩。在答辩会上,他侃侃而谈,胸有成竹地回答答辩委员们提出的一个又一个问题。答辩行将结束,哈代(G. H. Hardy)教授提出了最后一个问题:“你知道柏克来吗?”柯召被问得迷惑不解。哈代哈哈一笑,说:“今天有一场精彩的足球赛,现在我就去看球赛。”博士学位拿到以后,留校指导一名英国研究生取得硕士学位。

柯召在英国期间,适逢爱尔特希随莫德尔做博

士后，两人结下了深厚的友谊，并合作发表了多篇重要的论文。不定方程中，有爱尔特希猜想

$$x^x y^y = z^z \quad (x, y, z > 1)$$

无整数解。1940年，在抗日烽火遍地的祖国，柯召一举攻克此问题。当 x, y 互素即 $(x, y) = 1$ 时，这一猜想成立；当 $(x, y) > 1$ 即不互素时，含有一个参数的偶数解。至于是否存在一组奇数解，迄今尚未解决。问题的结论虽部分否定了爱尔特希的想法，但一直视数学为人类共同事业的爱尔特希为柯召的工作而惊叹不已。

爱尔特希曾于20世纪60年代初期和80年代中期两次来华进行学术访问，并在中国科学院数学研究所做过数论方面的学术报告。1961年访华期间，他与老友柯召久别重逢，经过一个多星期的切磋交流，合作完成论文《论一组有限集的相交定理》，后经英国数学家拉多(T. Radó)润色，于1961年在牛津大学的《数学季刊》上发表。文中给出了著名的爱尔特希-柯召-拉多定理，影响久远。

1990年，四川大学为庆贺柯召教授80寿辰暨执教60周年，由《四川大学学报》出版了一本专辑，爱

尔特希热情洋溢地写了一篇题为《初等数论中若干问题和结果》的论文发表于该专辑，以示祝贺。柯召先生说："爱尔特希对中国很友好，他对我国或在我国出生的许多数学家，如陈省身、华罗庚、王元等，都甚熟悉，很有好感。"他还说："爱尔特希对数学真是着了迷，他总想将世界上的事物都与数学联系起来。例如，他把小孩叫作 ε，把桥牌打得不好的人称为 $O(M)$。"数学上用 $O(M)$ 表示一个数量的"量阶"，即它取值的范围与 M 大致相当，用在这里无非是讲其牌技平平。

1981 年，我国的《数学研究与评论》创刊，爱尔特希一直担任刊物的学术顾问。在他去世后，该刊物登载了纪念专文《回忆保罗·爱尔特希（1913—1996）》，文中说道："他在中国的影响与在世界其他地方一样大，他是个真正的世界公民。"

3. 抽屉原理巧妙用

俄罗斯伟大的化学家门捷列夫（D. I. Mendeleev）是一个酷爱分类、讲究秩序的人。十分熟悉他的拜柯夫(A. Bolotov)院士曾说过:“门捷列夫是一位无论如何也不能容忍杂乱无章现象的伟大人物。”无论是文摘卡片,还是友人来信,甚至每日的经济开支,他都要分门别类,整理得井井有条。他贡献给人类的化学元素周期表,正是从分类排序的角度出发,揭示了大自然中物质元素美妙神奇的秩序和令人激动的和谐。

日常生活中,放置物品多用抽屉,不同的物品放入不同的抽屉,于是随手可得组合论中一个重要而又基本的原理。

抽屉原理　$n+1$ 件物品放入 n 个抽屉里,则不管如何放,总有一个抽屉里至少有两件物品。

证明亦很简单,若不然,每个抽屉最多放一件物品,则 n 个抽屉最多放 n 件物品,这与假设矛盾。

于是,当你与12位新结识的朋友聚会时,完全可以大胆地宣布“惊人”消息;在座的必有两人同月出生。当你考入一所新的学校,你完全可以毫不迟疑地断言:班上至少有两人生日中的日数相同;学校里至少有两人同月同日出生。至于班级人数、学校人数的最低限度,读者恐怕早已胸有成竹,不必多言了。

抽屉原理又叫作鸽笼原理。将抽屉换为鸽笼,物品变为鸽子,一大群鸽子要飞入数量相对少的鸽笼,那么至少有一个鸽笼里要飞进相当数量的鸽子。抽屉原理还叫作狄利克雷原理,据说是德国数学家狄利克雷(P. Dirichlet)在研究用有理数逼近无理数时,首先明确地加以使用的。

波兰数学家斯坦因豪斯(H. D. Steinhaus)曾赴数学中心格丁根亲耳聆听一代宗师希尔伯特的教诲,他最出色的工作是泛函分析中的一致有界原理,他撰写的数学科普读物《数学万花镜》被译成多国文字,广为人知。他曾指出,$2^{257}-1$ 这个 78 位的大数是合数,可以证明它有因子,但这些因子等于多少尚不知晓。真是奇妙至极,没有找出因子却能“未卜先知”,预告其存在,证明的依据就是抽屉原理。然而,真要把因子找出来,即使借助电子计算机也并非易事。

爱尔特希和塞克雷斯借助抽屉原理解决了一个极为有趣的问题:不同身高的 n^2+1 个人,随便肩并肩地排成一行,则总能从他们之中挑选出 $n+1$ 个人,若让他们向前走一步,向右看齐后,他们的身高自左向右不是递增就是递减。

1935 年,爱尔特希运用抽屉原理证明了组合论中一个著名的结果:对于给定的正整数 n,存在一个正整数 $N(n)$,使得在一个平面上且没有三个点在一条直线上的任意 $N(n)$ 个点中,含有 n 个点,构成一个凸 n 边形。

同年,爱尔特希提出如下的问题:在不超过 $2n$ 的任意 $n+1$ 个正整数中,至少有一个数能被另一个数整除。

抽屉原理通俗易懂,但在解决问题时却往往要凭借过人的智慧和独到的技巧放置"抽屉",否则,面对难题将无从下手,一筹莫展。正因为如此,数学竞赛命题者乐于选用此类试题,着重考核参赛学生的智力水准和解题能力。

抽屉原理的合理运用,全凭独到的分析和精湛的技艺,即所谓的"戏法人人会变,各有巧妙不同"。有的人费尽九牛二虎之力,东拼西凑,得到了答案;有的人独辟蹊径,巧夺天工,轻松自如地达到目的。前者攻克了难题,固然精神可嘉,可喜可贺,但后者的工作更值得去细细品味,“此曲只应天上有”。

1978 年第 20 届国际奥林匹克数学竞赛有一道试题:一个国际社团,成员来自 6 个国家,共有成员 1 978 人,用 1,2,3,…,1 977,1 978 编号,请证明该社团至少有一个成员的顺序号数与他的两个同胞的顺序号数之和相等,或是一个同胞的顺序号数的两倍。

这道竞赛题实际上是组合数学、图论中舒尔定理的特例,舒尔就是称爱尔特希为“布达佩斯的魔术师”的那位德国数学家。

沿着抽屉原理顺流而下,便产生了拉姆齐理论、拉姆齐数,爱尔特希在此领域里神思飞动,佳作迭出,由此也开始了他更为辉煌的学术研究。

第三章 另一个房顶 另一个证明

爱尔特希追求知识、追求真理。确实有一股力量推着他去多解答一个问题，多攀登一座山峰。

——格雷厄姆

1. 普林斯顿站

1938—1939 年，爱尔特希接受美国普林斯顿高等研究所的聘请，担任研究员，为期一年，年薪 1 500 美元。1995 年，82 岁高龄的爱尔特希回忆往事，称这段时期是他一生中最美好的光阴，他不仅感慨有稳定的收入可以高枕无忧地搞数学，而且乐道一年中的“春种秋收”：他与卡茨（M. Kac）、温特纳关于可加函数值分布的研究，他与卡茨关于一类可加函数极限定理的探索，标志着概率数论的问世。此外，关于维数理论中著名的悬而未决的问题——希尔伯特空间中有理点集的维数，很多人鉴于它同胚于自身的平方猜测其维数是零或无穷。爱尔特希出乎意料地证明，其维数是1。在普林斯顿读书做学问，这是他取得显著成果的丰收年。

普林斯顿距繁华都市纽约不远，它是美国东部的文化古镇。20世纪30年代只有数千居民，80年代初期也不过两三万人。美国开国元勋、首任总统华盛顿(G. Washington)功成名就行将退休之际，就在这里向那些生死与共的部下和军队发表了动人的告别演说。纽约城内高楼林立，街道终年不见阳光，阴暗嘈杂。20世纪30年代的帝国大厦有102层，高达381米，雄居全球之冠几十年。普林斯顿却古风依旧，阳光灿烂，没有都市的喧闹，没有工业的污染。全城仅一条主要街道，一边是闻名天下的普林斯顿大学，另一边是一些商店。林荫道上行人稀稀落落，一些居民家的一两层楼精巧典雅，红色的屋顶，白色的墙壁，掩映在葱茏的绿树中，真是一个做学问的世外桃源。

1896 年,新泽西学院更名为普林斯顿大学,意在学术研究中后来居上。但是直至 20 世纪 20 年代仍以教学为主,经费拮据,科研几近空白。然而在 20 世纪 30 年代中期,普林斯顿扶摇直上,成为全球数学研究的中心。导致这一变化的人物首推数学系主任范因(H. B. Fine)和几何学家维布伦(O. Veblen)。范因支持校长引入导师制,减少班级规模,增加个别指导。他反对论资排辈,大胆起用年轻有为的数学家,极力为他们提供研究机会。与此同时,他四处奔波,多方筹集科研经费,包括发动校友捐款。几年下来,普林斯顿竟也获得几百万美元的资金,解了燃眉之急。维布伦则为设置研究机构大声疾呼,他反对设立"功勋教授"席位,担心那些声名显赫、巅峰已过的人占住位置就下不来。他力主建立研究机构,邀请卓越多产的数学家在宽松自在的环境里全身心地从事研究,并适当挑选数量相当的颇具潜力的初级学者,以老带新,以新促老,共同发展。

1928 年,范因意外去世。几周之后,乔恩家族提供基金用来建造并维持数学专用楼——范因讲堂,维布伦主管并设计了这一座“学院哥特式”的楼房。1931年范因讲堂竣工落成,数学家们有了称心如意的“家”。

1930年,班伯格(Bamberger)兄妹捐赠价值约1亿美元的产业作为基金,指定用于在新泽西或邻近地域建造一所高等研究机构。受托人选择了普林斯顿,一是看中了范因楼里收藏着丰富的研究用书,二是满意这里的宁静淡泊。维布伦收到了普林斯顿高等研究所的首张聘书,不久几位世界顶尖高手加盟研究所,其中有爱因斯坦、冯·诺伊曼、外尔等人。

普林斯顿高等研究所最初租借了普林斯顿大学附近的一幢贸易大楼里的部分房间作为办公用房,维布伦则“脚踏两只船”,继续使用他在范因讲堂里条件优越的书房。大学校长极为理解高等研究所的困难,加之范因讲堂尚有一些空闲的房间,便慷慨地同意租借给高等研究所使用,为期5年。研究所欢天喜地搬进了设备齐全的范因楼。1939年,研究所的数学家独立区——富尔德讲堂落成,但直到第二次世界大战结束,研究所才完全迁入独立区。由于双方联系紧密,一直可以自由交换教师。

当代极负盛名的26位沃尔夫奖得主中，有8位先后在普林斯顿高等研究所工作过，其中有与爱尔特希一样钟情于图论且造诣极深的惠特尼(H. Whitney)，与爱尔特希同年度共享沃尔夫奖的华人数学家陈省身，与爱尔特希分享素数定理初等证明惊人成就的赛尔伯格以及日本数学家小平邦彦、伊藤清。四年一度的国际数学家大会从全球一流青年数学家(40岁以下)中评选出佼佼者，颁发菲尔兹奖。该奖四分之三的获奖者在此做过访问学者。半个多世纪以来，已有3 000余位数学家在此工作过，杨振宁、李政道获诺贝尔奖的研究成果，也产生于他们在该所工作期间。

1938年，爱尔特希来到了普林斯顿，安顿好随身携带的简单行李，他顾不上旅途的疲劳，迫不及待地来到了范因讲堂。顶楼是数学与物理图书馆，中心大厅从早到晚24小时开放，大厅里光线柔和，安静舒适。爱尔特希分配到了带书架的专用阅览桌。尤其让他高兴的是，这里有全球主要的数学期刊。每个工作日的下午，研究所免费供应茶点，在英国养成的习惯使他信步来到了二楼的公共休息室。推开门来，只见访问学者、教师、研究生三五成群地喝茶聊天，讨论数学；也有人下棋、打桥牌，劳逸结合。爱尔特希发现公共休息室是老少咸宜的聚会场所，白天黑夜都有人光临，在无拘无束的环境里，大家随便就座切磋交流，侃侃而谈，一些新的思想、好的成果便逐渐产生了。

路过公共休息室时，他又看到了教授休息室。爱尔特希发现，普林斯顿的教授不像英国的教授那样喜欢找个地方避开学生，教授休息室里条件虽好，却几乎没有人使用过。二楼还有教师们各自的书房，房间宽敞豪华，内装壁炉、雕花橡木镶板、皮制沙发、东方地毯、隐蔽的黑板以及实用的大衣橱。

爱尔特希感慨万分，他想起了自己跟老师费耶尔在咖啡馆里讨论数学的难忘情景；他想到了昔日心中的圣地——格丁根，那里有数学界众所周知的讨论班以及弥漫于格丁根全城的数学气息。他很喜欢范因讲堂里数学研究的宽松氛围，他发自内心地赞叹道："这里就是美国的格丁根，世界的格丁根！"

在普林斯顿，他遇到了来自匈牙利的温特纳。他乡遇同胞，感觉十分亲切。他们经常用匈牙利语旁若无人地交谈，每当话题涉及欧洲故土，两个人总不免双眉紧皱，长吁短叹，昔日的和平和宁静、鲜花和阳光早已隐退，随之而来的是动荡与不安。当然，他们更多的话题是数学，唯有数学，才能给他们带来充实和愉悦。来自波兰的卡茨也加入了他们的行列，3 个人的研究主要集中于概率数论。这个数论分支发端于哈代和拉马努金，数学界公认是他们3 人合作在普林斯顿创建了这门学科。图兰在概率数论方面也有出色的工作。

卡茨与爱尔特希的合作颇富戏剧性。1939 年的一天，爱尔特希兴冲冲地参加了普林斯顿的一场演讲会，主讲人是南加州大学的卡茨，波兰数学物理学家，第二次世界大战期间对雷达的发展做出了贡献。在演讲的大部分时间里，卡茨神采飞扬地介绍着自己的研究成果，爱尔特希却低头打瞌睡，演讲的主题离他的兴趣太远。在报告接近尾声时，卡茨简要地说了说在处理素因数时遇到的困难。因为提到了自己熟悉异常的话题数论，爱尔特希便为之一振，瞌睡消失得无影无踪，他要求卡茨再解释一遍困难所在。在演讲结束前，他就急不可耐地打断了卡茨的话，宣布问题解决了，于是卡茨与爱尔特希就出现了合作。他们合作的领域不只是数论，在双方都感兴趣的概率论方面，他们两人联名发表了《论概率论中一些极限定理》。

卡茨对爱尔特希评价道："咱们姑且称他为怪人，他的生活方式奇特。他是个了不起的家伙，有着圣人的气质，包括人们难以相与为伍。"

爱尔特希与爱因斯坦的数学助手斯特劳斯（E. G. Straus）是好朋友。爱尔特希住在一座旧军营的宿舍里，9个人合住一间寝室，他称这些室友"是些不值一提的人"。其实是指他们不是数学家。当时斯特劳斯正在攻读数学学位，他们常讨论数学，一起做数学题。爱尔特希经常去斯特劳斯家，甚至自作主张住上几天。有时半夜里，一声巨响将斯特劳斯夫妇惊醒，原来是爱尔特希在开窗。由于上下拉窗没有曳绳，拔开窗户插销时，如果不用手扶着轻轻放下，窗户重重地砸下去，自然"惊天动地"。他甚至不会使用淋浴器，用完后不会把水龙头关上，以致"水漫金山"，一片狼藉。他还到街上公用电话亭彻夜不停地塞硬币，拨打电话，与世界各地的数学家讨论问题。他根本不懂需征得主人同意,就随意邀请附近的一些朋友到斯特劳斯家研讨数学。当然斯特劳斯也欣然接受他的做法,因为数学高于一切。

爱尔特希也曾有幸与爱因斯坦交往。有一次,在爱因斯坦家里吃午饭。爱尔特希把自己最钟情的素数理论讲给爱因斯坦听,爱因斯坦对这一理论评价甚高,但隔行如隔山,对细节并不感兴趣。爱尔特希曾问爱因斯坦:“40 年前你想到过你的质能方程会在你的有生之年得到应用吗?”后者答道:“我没料到。我曾想也许最终会得到应用,但没料到会那么快。”

普林斯顿研究所人才云集,在这里爱尔特希未必算得上天才,但总是显得与众不同,有时还很怪异。人们不止一次地看到他在大街上旁若无人地走来走去,舞动双手,胡乱地比画着。当时大数学家哥德尔(K. Gödel)似乎对自己的数学能力失去了自信,他的兴趣已从数理逻辑、数学基础转移到形而上学。爱尔特希则尽力想帮他重树信心,两个固执而又较真的人常争吵得不可开交。

哈尔莫斯曾记载过爱尔特希在普林斯顿的一个

数学故事。胡尔维茨(A. Hurwicz)曾提出问题:希尔伯特空间中有理点集的维数是多少?爱尔特希对此领域一无所知,他询问了希尔伯特空间和维数的定义,很快就给出了答案。神奇至极,也许他具备那种忽略细节,直抵核心的过人本领。

在普林斯顿的日子里,爱尔特希仍然与远在国内的图兰保持通信联系,互相交换数学研究的心得体会,共同讨论感兴趣的问题。在此期间,他们证明了逼近论中的一些重要结论。

爱尔特希与赫里维茨(W. Hurewich)合作,在维数理论方面做了一些工作。他对维数理论中当时的重要问题给出了一个意想不到的解。

1939 年,研究所的富尔德讲堂建成,数学家来到了小城近郊的独立区。它占地约 1 公顷,周围是大片森林、草地和湖泊,环境优美安静,办公楼和宿舍设施齐备,简而不陋。研究所内大部分研究者是临时成员,最多在该所滞留两年,这种人员配置方式使研究所充满活力。研究所内既不收研究生,也不开设课程,平时大部分时间各人根据自己的兴趣读书研究,各取所需,互不干扰。每天,这里都举办几个不同专题的讨论班,各人自由参加,工作日下午免费供应茶点。在这种宽松融洽的气氛中,一些苦思良久的重要思想方法不期而至,逐渐成熟。风华正茂的爱尔特希在这里真是如鱼得水,他的才思犹如泉水一样喷涌而出。

一天,爱尔特希感到有些疲倦,便外出散步。一个人走在宁静的湖边,风和日丽,湖边的草地上野花盛开,不远处的树林郁郁葱葱,宽阔的水面一碧万顷。他躺在草地上,闭上眼睛,沐浴在阳光、空气、大自然中,身体暖洋洋的,不知不觉就睡着了。他梦见自己仿佛腾云驾雾,飘飞在蓝天白云间,来到了数学王国,浩如烟海的数学典籍琳琅满目,他随手打开一本翻阅起来,书上尽是整整齐齐的公式定理,似曾相识,却又总是记不起来。正在着急,一不小心,书从手上滑落,他弯腰去拾,不知怎么书和人都从万丈高空直落水面。他大吃一惊,就醒来了,自己也感到好笑:“怎么搞的,做梦都在搞数学。”

2. 忙碌的岁月

普林斯顿一年的研究生涯告一段落，研究所仅和爱尔特希续签了6个月的工作合同，因为研究所方面觉得他为人笨拙，不循常规。而爱尔特希却在日后的回忆中很留恋这些日子，显然，与战乱动荡的欧洲相比，这里宁静自由的研究环境是令人心动的。当然，根据研究所的宗旨，为保持长盛不衰，要加强人员的流动性。爱尔特希也无意久留一地，其实不管是在曼彻斯特读博士后，还是在普林斯顿当访问学者，他开始习惯于四处访师问友。他的研究领域相当宽泛，数学能力又极强，经常感到可以思考的数学问题不少，这些问题面广量大，需要更多的合作者，互相取长补短。更为重要的是，他感到自己在与众多数学家的交流中获益匪浅，可以了解更多颇具研究价值的数学问题，而他又觉得在自己诸多的数学能力中，解题能力似乎略胜一筹，况且他从小就喜欢解决难题，提出猜想。爱尔特希隐隐约约地感到一个更大的数学天地在等待着他。

1939年,他离开了普林斯顿,便开始了独树一帜的数学旅行。他生机勃勃,到处游历,几乎没有在同一个地方连续待过7天。他每到一地,便直奔大学或研究中心,寻找有待解决的数学问题。他开诚布公地说:“我的头脑打开着。”绝少客套问候,而是直截了当地切入主题:“有什么需要讨论解决的数学问题吗?”很快就进入东道主提出的数学问题中,各抒己见,展开讨论。数天之后,或者问题水落石出,或者双方精疲力竭,就转移阵地,另去他处。

爱尔特希以难以想象的快节奏奔波于一个又一个大学或研究中心,他的座右铭是“另一个房顶,另一个证明”。每到一地,他就毫不客气地住在当地数学家的家中。每当爱尔特希来访,主人便知道自己的时间不能自由支配了。爱尔特希所求甚多,他等待主人驾车送他去各处访友,替他查找电话号码、航班时刻表,给他安排电话交谈。由于他随身携带的衣服少得可怜,主人不但要提供食宿,甚至需要准备一些必不可少的衣物,有时还要帮他洗几次衣服。一位同行说:“他本可以多买些,要不他就自己动手洗衣服。我的意思是,智商是零的人也能学会使用洗衣机。”听到这些话，爱尔特希则会巧妙回避甚至“耍赖皮”，他会指指自己随身携带的一只中号提箱，风趣地说：“一个有限的‘集合’里，只有有限个‘元素’。”至于用洗衣机，他会跟东道主打招呼：“在你家里，生活上的事只能拜托你啊！要是到我家，一切无须你开口。”接着他会补充说：“不过，我至今没有家，将来也不想用家来拖累自己。”主人对他无可奈何。有讲话的这些时间，衣服也洗出来了。

爱尔特希我行我素，不愿为与数学无关的事而伤神费心。尽管如此，爱尔特希会晤数学家却是轻而易举之事，数学家们也热情相邀。奥妙在于，他的来访是有益的，他知无不言，诲人不倦，提供新的情报信息，坦言脑海深处的思路想法，帮助别人解决困惑已久的问题。他在与同事的相处中，也信任别人。佛罗里达州大西洋大学的数学家迈尔维茨(A. Meyerowitz)回忆道：“他靠信赖而生存。在我当研究生时，有次用车送他去某地。在此之前，我们从未见过面。我没走过那条路，问他是否要一张地图，他不要，完全信任我这样一个素不相识的人会送他到目的地。”

在与同行的切磋交流之中，他大度地提供自己的想法。有一则数学界流传了半个世纪的爱尔特希的故事，经纽曼(D. Newman)润色后而广为人知。爱尔特希访问普林斯顿大学数学研究院，无意中听到几位数学家在谈论一个他们无法解决的问题。纽曼说该院的数学家们是“够现代、够抽象”的，却以势利而闻名。当爱尔特希要求他们解释困惑他们的问题时，这些人以轻蔑的神情做了介绍，闪烁其词，令人费解。爱尔特希毫不在意，请求他们对有关术语下个定义。当这些数学家这样做了之后，爱尔特希稍做思考，问题竟获解决。他迅速走到一块黑板前，拿起粉笔，要言不烦地讲出了自己的解答。要分别了，一位数学家终于忍不住，走上前来向爱尔特希道歉：“很对不起，刚才我们以为你未必能听懂我们的问题……”爱尔特希淡淡一笑，说：“不必介意。问题在于数学本身分支众多，抽象艰深，隔行如隔山。”在爱尔特希看来，从事数学研究本身就是最美好的事业，研究的最大收获是发展所带来的满足，至于文章或结果由谁去发表，是无关紧要的。

爱尔特希视数学为生命，当某人已停止了数学工作,他就说此人已经“死”了。一次,他在巴黎演讲后,一位同行向他打听某位英国数学家的情况。他一本正经地回答道:“这个可怜的家伙两年前就已死去。”另一位法国数学家惊讶不已:“不可能,上个月我还在罗马见过他。”爱尔特希答道:“你应该明白我的意思,我是指他这两年没有搞出什么新东西来。”在他的术语里,“离开了”才是真正的生理上的死亡。他自己则是到生命终结时,仍活跃在数学舞台上。对他来说,生与死的唯一区别就在于是不是在搞数学,这是一种追求永恒、探索无穷的美好人生。中国古人云:“生是劳,死是息。”爱尔特希则泰然自若:“坟墓里有的是时间去休息。”即使在古稀之年,他仍旧不知疲倦地做数学旅行。有人统计过,他一般一个月要去 15 处地方,就住在当地数学家的家里。1983 年,德姆巴特(L. Dembart)著文介绍爱尔特希时说,一个月内他奔波于欧洲和美国,仅在美国,他就去了伊利诺伊州的香槟、密苏里州的圣路易斯、内布拉斯加州的林肯、得克萨斯州的休斯敦、田纳西州的孟菲斯、俄克拉何马州的诺曼,还有佐治亚州的亚特兰大。

加利福尼亚大学洛杉矶分校的罗斯查德(B. L. Rothschild)是爱尔特希的合作者,合作发表了好几篇论文,他定期在洛杉矶接待爱尔特希,总有很多同行等候爱尔特希大驾光临。爱尔特希也总是把时间表排好,使得他总能和每个人一道做些工作。由于各人研究的问题往往差异很大,他俨然是一个国际象棋大师在进行车轮大战的精彩表演。“约翰,这个数论问题能否这样做做看?”“吉尔,你上次提的那个问题,我是这么想的……”“这个图论问题实在有趣,让我们动手试一试”……

罗斯查德也极为适应爱尔特希利用电话开门见山地讨论数学的方式。罗斯查德说:“他要是给你打电话,会在电话里继续以前某个时候你们进行过的对话。他会说,现在假定你有一个 n 元的集合……你只好说,等等,保罗,咱们现在要讨论什么问题呀?”于是,话筒里传来爱尔特希的笑声:“就是关于……的问题,想起来了吗?”双方的讨论便正式开始了。

爱尔特希的语言带有强烈的个人特色和浓郁的数学气息。例如,他称小孩为 ε,他喜欢与孩子们交谈，经常问遇到的人有几个 ε。学习过微积分的人都知道，希腊字母 ε 在极限语言中表示很小的数量。SF 是对名词 Supreme Fascist 的爱尔特希数学式的缩写，表示超级法西斯主义者，上帝的等价物。在爱尔特希的眼中，SF 是个至高无上的法西斯主义者、无处不在的头号人物，是数学和世俗生活的上帝。它总是用各种方式折磨爱尔特希，藏起他的玻璃杯子，偷走他的匈牙利护照，更糟糕的是，不让人们得到各种引人入胜的数学问题的上乘之解。爱尔特希最为人所知的习惯用语是"圣经"，他常讲 SF 或天堂里有一本"圣经"，那上面包含所有难题的精妙绝伦的解答、所有定理的清晰透彻的证明。他给一位同事的工作的最高评价是"它直接来自圣经"。

爱尔特希曾经借助数学论文"顶替"身份证件，对付了 SF 的考验。在洛杉矶，他因违反交通规则被扣留，警察见他既无身份证又无现金，威胁说要送他进监狱。无奈之下，他打开了一本厚厚的论文选集《计算的艺术》，卷首插图有他满面笑容的照片，同行赶来替他付了罚款。警察耸耸肩，放行了事。

爱尔特希的数学合作者数以百计，遍及全球。

在长期交往中，整个数学界不知不觉习惯了他的特定语言概念。在讨论数学问题、交流切磋解法技艺的间隙，数学家们会跟爱尔特希“讨价还价”：“我想请你代表我和SF对话10年。”“没有人看过这本‘圣经’，你至多能偶尔瞥见其中的一些只言片语。”

在他的独特语汇中，称妇女为老板，男人为奴隶，结婚为俘获，离婚为解放，再婚为再次被俘。这一方面流露出他对妇女乃至婚姻的偏见，另一方面也多少说明了他终生未娶的原因。不过，爱尔特希坚持认为，他对待男女数学家是一视同仁的。在他半个多世纪的研究生涯中，也确实如此。

要和爱尔特希交谈，必须懂得他的语言，不仅有SF、ε、老板、奴隶、俘获、解放、乔、山姆等，还有噪音（音乐）、毒药（酒精）、布道（做数学讲演）等。当他说某人已经“死”了，意指某人停止了数学工作。如果说某人已“离去”，则才意味着去世。

爱尔特希声称他的怪癖语言大约始于第二次世界大战。他一生都在“推广”这些语言，并乐此不疲。他沉溺于自己的古怪行为中，甚至参与欣赏并有意无意地夸大流传于数学界中的爱尔特希奇闻轶事。

在研究随机现象，探讨可能性的数量规律的数学分支——概率论中，爱尔特希也有所建树。

概率论肇始于数学之外的若干实际生活现象，比如赌博中对某些机遇之间的微细差异的数量分析。20 世纪 40 年代，对大多数数学家而言，概率论是趣味数学的来源，供人做智力游戏，训练脑力，促进思维，难登正统数学的大雅之堂。尽管苏联数学家柯尔莫戈罗夫(A. N. Kolmogorov)已在 20 世纪 30 年代利用测度论为其建构了严密的公理化体系，但它的生根立足，还要假以时日。只有为数不多的数学家真正把概率论看作数学，但囿于世风，又不得不用神秘的文笔写作，以至于令外行望而却步。

爱尔特希全然不顾这一切，只要是好的数学问题，不管它是“下里巴人”，还是“阳春白雪”，统统值得碰一碰。

对于随机事件序列$\{E_n\}$($n=1,2,\cdots$)，我们分别称 $\limsup E_n$，$\liminf E_n$ 为上限事件、下限事件。关于上限事件、下限事件的概率，有波莱尔-康特立定理。由于该定理的第二部分仅在事件序列$\{E_n\}$相互独立时才有效，所以应用上受到限制。1952 年，美籍中国数学家钟开莱与爱尔特希联名发表论文，加以改进，提出了比较有效的钟开莱－爱尔特希定理。

早在 1946 年，爱尔特希和卡茨就已合作发表论文，讨论了概率论中的一些极限定理。

悬浮在液体中的微粒，诸如花粉，在周围大量液体分子的碰撞下，忽左忽右、忽前忽后地做极不规则的运动，看起来似乎是杂乱无章，毫无规律。英国植物学家布朗(R. Brown)最先观察到这一现象，故称之为布朗运动。这种情形犹如站在广场中央的一个醉鬼东倒西歪、踉踉跄跄、随机无序地走来走去。美国著名数学家维纳从数学上严格定义了一个随机过程，来描述布朗运动，又称之为维纳过程。钟开莱与爱尔特希合作，研究了布朗运动的李普希茨条件，有关论文在 1959 年问世。

维纳(N. Wiener)与爱尔特希同是犹太人，又都早慧，从小极具天赋。维纳与爱尔特希相仿，小学和初中的大部分时间在家里由父母“执教”，快 9 岁时，一所中学接受他直接上初中三年级，才成为老师膝下的中学生。

离开普林斯顿研究所后，爱尔特希相当长时间无正式工作、无固定收入，甚至落魄到向同伴借贷度日。他所到之地，同伴的家就是他的安身之处；所去的学校，同行的书房就是他的工作场所。直到1943年，才在普渡大学获得一个“研究讲师”的职位，经济状况有所改善，他一如既往地沉浸在数学中。在普渡时，他不分昼夜地外出散步。有一次夜深人静了，他仍在外面溜达，被警察拦住，他又没带任何证件。警察问他：“你在干吗？”“我在思考问题。”“思考问题？思考什么问题？”“数学。”警察满腹狐疑地看着依然低着头自顾自地思考数学的爱尔特希，只得放行。

普渡大学位于一个几乎与世隔绝的小镇，平时冷冷清清的，娱乐活动也不多。教职工每周聚会一次，进行一些非正式的演讲与讨论。有一次预定的演讲人没有到场，又没有备用节目，眼看要冷场了。爱尔特希便自告奋勇，登台演讲。他没有任何稿子，做了一个关于蜜蜂色视觉方面近期研究进展状况的演讲，相当精彩，引人入胜。台下听众大为惊讶，没想到成天痴迷于数学的爱尔特希还有这一手。一位教师感叹道：“他的到来极大地丰富了我们的业余生活。”普渡地处偏僻，远离都市，有与现代文明隔绝之感。爱尔特希过去生活在欧美文化中心，与世界很多知名数学家熟识，又对科学文化和国际政治有着广泛的兴趣。

生活的困顿没有使爱尔特希在数学的征途上望而却步。1942 年，《迭代时数定律》论文问世；1943 年，与塔斯基(A. Tarski)合作首次研究不可达基数，闯关现代集合论；1946 年，发表爱尔特希－斯通定理，开创极图理论……

1952 年，爱尔特希在圣母玛丽亚大学获得一生中最后一个可靠稳定的工作。他与学校签订了一份相对灵活的合作协议，承担一个班的教学任务，校方还给他配了一名助手，以便他有了数学研究的冲动，与他人合作攻关时有人替代。虽然爱尔特希拒绝参加有组织的宗教活动，但他并不介意在一所天主教学校里任教。他风趣地说：“学校里有太多的加号(十字架)。”然而让众人大惑不解的是，当学校要以优厚的条件聘请他为终身教授时，他却拒绝了。因为他不想被一个长期职位所约束，他不愿放弃他的数学旅行。

另一方面，美国的政治环境愈来愈坏了，麦卡锡主义日见猖獗。爱尔特希想给远在匈牙利的母亲打电话祝她生日快乐，而他的朋友们都害怕用他们的电话往一个共产主义国家打电话。

3. 数学理性美

在爱尔特希的眼里，数学是科学和艺术的完美结合，它既是严谨抽象的，又是美好有序的。漂亮(beauty)和深刻(insight)是他经常挂在嘴边的。他成天醉心于数学，他认为数学之美就如同贝多芬、莫扎特的交响乐，张大千、齐白石的中国画一样，只可意会，难以言传。爱尔特希说："如果你弄不明白其中的缘故，恐怕也没有什么人能告诉你。我知道数学是美的，假如它们不美，再没有什么是美的了。"真是"此中有真意，欲辨已忘言"。

数学是人类思维最精致的花朵之一，千百年来人们众口一词，哪里有数(学)，哪里就有美。数学的客观基础在于现实世界的统一和谐、对称有序。数学从量的角度，通过数学模式与客观世界产生了联系。数学具有高度的抽象性、逻辑严谨性、应用广泛性这三大特点。这正是数学美的内在根源。高度抽象的东西势必具备简单性的美学特征,数学的抽象有其与众不同的特点。例如,哲学通过概括总结提炼范畴、概念、规律,亦很抽象,而数学是思想材料的形式化抽象,因此它体现出形式结构的简单和谐。现代数学理论体系都是公理系统,它依托公理假设和初始定义,通过形式逻辑展开内容、建构理论,公理系统的相容性、独立性、完备性、范畴性必然导致其结构的协调与和谐。数学的普遍应用,也正体现了真、善、美的内在统一。

数学美的特征表明,这是一种深层的理性美,一种抽象的形式美。正如罗素所说:数学不但拥有真理,而且也有至高无上的美,这种美没有绘画或音乐的华丽装饰,是一种冷峻而严肃的美。它犹如"大漠孤烟直,长河落日圆",是数和形的理性美。

自然界本身的统一、和谐是众美之源。数学理论的统一、和谐,主要是指数学结构中部分与部分、整体与部分、系统与元素之间的和谐一致及内在统一。数学的统一性证明了物质世界的统一性。数学家从对统一性的考虑出发，就能使我们对整体与部分甚至细节都有清楚的认识和理解。

我国著名数学家王元认为，数学美的本质在于简单。它是一种“简单”的美，而不是华丽的美，正如“清水出芙蓉，天然去雕饰”，它以简洁的形式表达了某种本质的深刻的规律性。

数学是美好的，一代又一代的数坛英杰深深迷恋，苦苦探求。然而在外人眼中，很多数学家却是半疯半傻、高智商的糊涂人，成年累月地埋头于一个问题，如痴如醉，两耳不闻“窗外事”。牛顿对数学研究着迷，竟然不知自己是否吃过饭；冯·诺伊曼在自己住了17年的房间里，竟然找不到喝水的玻璃杯；柯召潜心攻克卡塔兰猜想，一连多日处于一种近乎精神恍惚的“神游”状态中，人走在马路上，竟然瞧不见迎面而来的自行车，结果被撞得仰面朝天，软骨挫伤，在轮椅上坐了半年；爱尔特希更是成天不离数学，“笑料”百出。其实，在这些数学家的心中，数学天地风景独好，研究过程妙不可言。

爱尔特希在数学理论的精神家园中乐而忘返，他认为研究本身就是最大的快乐。他研究数学的目的不在于占有知识，而在于寻求知识，追求理解。他甚至悬赏征求数学问题的解答，用自己的奖金设立奖学金，创设数学奖，鼓励更多的人投身数学。有人问他如此这般动机何在，他说："这就好像问巴赫作曲有什么快乐，也许你突然发现了隐藏的秘密，发现了美。"

在欧洲大地烽火连天，战乱频繁，政局动荡不安，犹太人惨遭迫害的恶劣生存环境下。如此美妙迷人的数学就成了爱尔特希的人间净土、精神家园，他流连于此、陶醉于此，忘情地研究数学，尽量多地翻阅 SF 的那本大书。

从 1940 年开始，爱尔特希就开始称上帝为 SF："这世上有这么多的丑恶现象，我都不敢说，假如上帝存在的话，是不是也是圣洁的。"他认为："生活的游戏，就是让 SF 得分最少。如果你一生干了坏事，SF 就得了 2 分；如果你没干你应该干的好事，SF 就得了 1 分；如果你总不得分，那么 SF 就总是赢。"他常强调说："生活的目的就在于证明和猜想。要想永垂不朽，数学是最佳的路径。如果你做出了一个重大的数学发现，那即使所有别的人都被遗忘，你也会被人们牢记。”

他一向坦诚待人，愿与大家共享美好的数学成果。雅各布森（M. Jacobson）1946 年当研究生时，在爱尔特希的讲座结束后，走上讲台，把自己正在研究的一个组合论问题告诉了他，爱尔特希毫不迟疑地跟他说：“我认为你需要寻找另外的问题。”换言之，这个问题过难，不适合他。7 年后在路易斯维尔，雅各布森旧事重提，爱尔特希依然直言不讳：“这个问题的确太难了，到现在还没有解决呢。”实际直到爱尔特希去世后的 1997 年，这个问题依然悬而未决。但爱尔特希却和雅各布森成了合作伙伴，此后连续十多年，他每年都来路易斯维尔，而且一待就是一个星期。格雷厄姆评价他说：“他有杰出的才能可以判断什么问题超出了你目前的能力范围。”不少人通过解答爱尔特希提供 5 美元甚至是 1 美元奖金的数学问题，获得了自信，走上了研究的道路。

爱尔特希喜爱美好的事物，也追求美好的心灵。虽然自己缺乏世俗生活的经验，有时无知得不可救药，却有一颗善良的心。索斯知道：“每次他回到匈牙利，总要去问候那些年迈的妇女，光花在这些数学家的母亲和遗孀上的时间就要耗掉他回来后的头两三天。”要知道，平时他可是惜时如金，争分夺秒地搞数学的人啊！费勒迪（Z. Füredi）是一位年轻的组合数学家，先后和爱尔特希合作发表过9篇论文。一次，爱尔特希让他陪伴去看一位数学家的母亲，这位老人坐在轮椅上，似乎处在精神的苦楚之中，爱尔特希与老人交谈了约一个小时，主要是爱尔特希在讲，而老人则不时地责备埋怨保姆。在出门时，爱尔特希特意给了保姆一份相当丰厚的小费，好像是对她所受委屈的一种安慰。费勒迪一度为离婚而伤脑筋，爱尔特希每一两周就给他打一次电话，关心他的孩子，劝慰他，当然也会往他脑子里灌入一些有待解决的数学问题，希望他及早摆脱困境重返数学乐园。爱尔特希逝世后，费勒迪一直在努力争取早日完成从1992年便开始与他合作的一篇论文，费勒迪说：“这是我欠他的债。”

一天，戈龙贝（M. Golomb）接到爱尔特希的电话，说路过此地，想与大家聚聚，正巧戈龙贝当晚要去参加一位数学同行在家里举办的晚会，他邀请爱尔特希来并说那位同行也很想见他。爱尔特希确实去了,但未来得及与大家谈论数学,就踪迹全无了,原来他得悉主人双目失明的老父亲孤零零地待在楼上,便放弃与同仁畅谈数学、共度良宵的机会,上楼去陪伴那位孤独的老人了。还有一次,在一所大学里,他见到一位患有脑瘫,坐在轮椅上的研究生,他立即上前关心地询问他的有关情况。此后,一直关注他的学习、生活,并对他的博士论文提出了不少中肯的意见。

他就是这样生活在美好的数学中,真诚善意地待人,从中获得了精神上最大的满足。正如《经济学家》杂志的一段评语所言,维特根斯坦(L. J. J. Wittgenstein)抛弃了家产,一贫如洗,作为对自己的一种磨炼,献身于哲学。爱尔特希舍去他所得的大部分钱财,则仅仅是因为他不需要这些钱,为了最大限度地获得幸福而编织他的一生。

我国大文豪郭沫若在幼年时读《离骚》,"不曾感到什么",然而历经生活的坎坷波折、人生的风风雨雨以后,他领会了这部杰作所蕴含的崇高境界和深沉悲愤。一个人不身临其境,没有亲身从事过科学研究,往往难以理解和体会数学家们以数学为生命的乐趣和动机。数学探索之美犹如雪域高原的壮丽之美,那里有湛蓝的天,银色的山,一望无际的草原,淳朴厚道的人民,然而要登临胜境,需跋山涉水,历尽艰辛。数学家沉醉于数学之美,忘情于精神乐园,皆因探索之美是一种朴素无华的美。

数学是理性的音乐,音乐是感性的数学。爱尔特希常说,“圣经”中记载着扣人心弦的一流乐曲——数学证明。10 岁时,父亲给他介绍了欧几里得关于素数无穷的证明,爱尔特希被证明的美妙和威力所折服。他的第一个为世人称道的数学成果,就是一个有关素数命题的简捷证明。他的证明之美深深打动了布达佩斯的青年学子,人们编出一首小曲热情传诵。他一生中做出了很多漂亮而深刻的证明,最具代表性的就是素数定理的初等证明,它震撼了数学界,获得了高度的评价和一致的赞誉。

困惑人类一个多世纪的四色问题宣告获证后,数学界一片惊喜,人们以各种方式庆祝人类智力的伟大胜利。但是,当人们了解到最终的证明借助 3 台高速电子计算机,一共工作了 1 000 多小时,计算机证明的程序长达 400 页后,又或多或少感到有些沮丧，争论随之而起：计算机证明是否可靠？计算机出现故障、发生错误怎么办？计算机证明是不是真正意义的证明？

杜布(J. L. Doob)提出过一个杜布定律：“随机地打开数学论文，在两页之内一定能找到一个错误。”阿佩尔(K. Appel)和哈肯(W. Haken)关于四色定理的论文发表之初，杜布向哈肯打赌，说：“在5个月内一定会发现错误。”哈肯则充满自信地说：“当我注意到这个错误后，两星期内一定能加以改正。”结果是许多印刷错误和论断错误陆续被发现。有人用手算方式逐一检验了四色定理机器证明中的计算机程序，结果发现了14个小错误，几分钟内即可改正，还发现了一个较大的错误，哈肯等都在一周内加以改正。

20年转瞬即逝，四色定理证明的正确性已经得到普遍承认，但是很多人仍然认为证明不能尽如人意，不够美。爱尔特希就流露出这种看法：“我不是四色问题的专家，我承认证明是可靠的，然而它并不美，我倒希望看到一个能使我们透彻领悟为什么4种颜色就足够了的证明。”

在爱尔特希的手上,匈牙利数学的优美风格得到了淋漓尽致的发挥,他经常出人意料地用初等方法推演出重要而深刻的结果,这些漂亮的结果在其来龙去脉被领悟以前,却常常显得神秘莫测。他的数学工作充分体现了数学的方法之美。

4. 游子归故里

1942 年,爱尔特希的父亲因心脏病突发去世,在故国匈牙利只剩下孤零零的母亲一人。爱尔特希却毫不知情,他怀念故乡,思念亲人,真恨不能插上双翅飞回故乡。然而欧亚大陆炮声震天,正值第二次世界大战,硝烟弥漫,生灵涂炭,多少锦绣鱼米乡成为杀人场,多少秀美繁华地成为集中营。作为犹太人的爱尔特希此刻返回,岂不是羊入虎口,有去无回?战争期间,天各一方,通信困难,真可谓"烽火连三月,家书抵万金"。1941 年 6 月,当霍尔蒂作出加入纳粹阵营、进攻苏联的荒唐决定后,美国与匈牙利之间的邮路就被迫中断了。直到 1945 年 8 月,爱尔特希方知其父已亡,母亲仍然健在。他痛恨、诅咒这场罪恶的战争，只能遥祝母亲身体安康。

人类历史的巨轮在苦海中前行，终于迎来了黎明的曙光，全世界正义之师齐心协力打败了不可一世的法西斯。1945年4月，美国西部的旧金山春光明媚，盛况空前，全球50余国的代表云集这里召开联合国成立大会，共商第二次世界大战后的和平大计。开幕式前，乌云密布，雷电交加，倾盆大雨从天而降，仿佛要洗刷荡涤人间的污浊尘埃。宣布大会开幕之际，恰巧风停雨止，云开雾散，艳阳当空，真可谓天人同乐尽欢颜。

一向惜时如金的爱尔特希坐在一台黑白电视机前，目不转睛地看着电视转播。人类的胜利来之不易，和平的气息温暖心田。遥想故土匈牙利，爱尔特希心潮澎湃，难以抑制。阔别数载，又经战乱，何日重返布达佩斯？

1948年12月2日，在异乡漂泊了10年之久的爱尔特希，终于登上了飞往布达佩斯的客机。飞机在万米高空平稳地航行，舷窗下白云翻滚，大西洋时隐时现，他的眼前浮现出慈母的笑脸，10年前与父母分手的场景记忆犹新。爱尔特希百感交集，闭上双眼,老师费耶尔、无名小组的伙伴一个个都在向他招手致意。很久很久,他的心情才逐渐平静下来,他又不由自主地想起了数学,尤其是这一段时间内魂牵梦萦的素数定理证明。他掏出钢笔,在白纸上开始了计算推导。

“飞机即将在布达佩斯着陆,请乘客们系好安全带。”空中小姐甜美的声音在机舱里反复播放。爱尔特希从数学思索中惊醒,飞机正穿云而下,多瑙河如一条银带,布达佩斯就在眼前。爱尔特希禁不住热泪盈眶,心灵在深情地呼唤:“亲爱的祖国,亲爱的妈妈,游子今日回来了!”

第二次世界大战中,欧洲惨遭战火摧残,城池被毁,生灵涂炭,犹太人更遭到灭顶之灾,约有600万犹太人死于法西斯灭绝人道的大屠杀,或在被无理地剥夺基本生存条件的状况下而丧生。第二次世界大战爆发前,1939年匈牙利约有40万犹太人,在战后只剩下一半。

爱尔特希的母亲安娜的5个兄弟姐妹中,有4个在纳粹的屠刀下丧生。安娜的侄女弗雷多(M. Fredro)大难不死,从奥斯维辛集中营死里逃生出来后,无家可归，便来到姑母安娜的家里。安娜无微不至地照料她，为衰弱不堪的侄女洗澡穿衣，端水喂饭，嘘寒问暖，精心调理，使弗雷多重新站起来，树立起生活的信心。弗雷多在 1968 年到 1969 年期间曾和姑母安娜、爱尔特希待在一起，也曾伴随爱尔特希从佛罗里达到以色列做数学访问。爱尔特希返回梦寐以求的桑梓之地，终于见到了久别的慈母，也见到了家族里劫后幸存的亲戚，感慨万分。死者长已矣，感叹亦唏嘘。

夜深了，亲戚好友早已告辞，灯光下，母亲拉着爱尔特希的手迟迟不愿松开，仿佛一放手，儿子就会远走高飞，离她而去。看着心爱的儿子，母亲试探地问道："保罗，这次回来就不走了吧！"爱尔特希迟疑了片刻，还是坦诚直言说："妈妈，在国外我也很想您。但是，我的生命早已融入数学，不搞数学我就难受，因此我还要在欧美各地不停顿地寻找合作伙伴共同搞数学。"作为数学教师的母亲自然知道这 10 年中，儿子的研究成果迭出，在国际数学界广为人知，而这一切得益于爱尔特希与众不同的数学旅行，匈牙利的舞台对他而言已难以施展开手脚了。爱尔特希设身处地地为母亲着想，建议说："妈妈，要不您跟我到国外去吧！"母亲犹豫了许久，终于摇了摇头说："故土难离啊，在布达佩斯有熟悉的亲友，和睦的邻居，再说国外语言不通，跟着你只能给你添麻烦。"爱尔特希为难了，望着灯光下母亲略显苍老的脸，心情酸楚沉重。"那我每年都回来看望您老人家。"深明大义的母亲知道数学对于儿子的重要性，不愿让儿子为难，她抬头望了望墙上丈夫的遗像，对爱尔特希说："别讲这些了，你回来看我是高兴的事，明天我们去你爸爸的墓地看看他吧！那时候每当他知道你又发表了一篇论文，高兴得像个小孩子。噢，前几天我遇见了费耶尔老师，他的身体可大不如前了。"

夜里躺在家里松软的床上，嗅着空气里弥漫着的熟悉的家庭气息，爱尔特希翻来覆去，难以入眠。

他的挚友图兰仍健在。他还遇到了图兰的未婚妻索斯和年仅5岁的神童西莫诺维茨，他们后来都成了他亲密的合作伙伴。几天后，爱尔特希和母亲一起去塔特拉街的一处寓所中，看望恩师费耶尔。经历第二次世界大战，再加上身为犹太人所受到的迫害，费耶尔的身体每况愈下，但大难不死，战后依然受到国内外的尊重。爱尔特希给老师献上了一束鲜花,送上了他特意在国外购买的精致礼物。看到当年的得意门生,如今在国际数学界声名显赫,费耶尔快乐无比。“保罗,你真是青出于蓝而胜于蓝啊！最近又在搞些什么?”爱尔特希忘情地和老师谈起了数学,谈起了最近的许多想法。真是时过境迁,他发觉费耶尔老师当年的那种机敏过人、挥洒自如的风采已不复存在了。费耶尔也为此而伤感不已,他告诉爱尔特希:“我曾跟图兰说过,我觉得自己在20世纪30年代已经耗尽了一切。唉,我快完全变成一个的白痴了。”爱尔特希在国外仍熟悉匈牙利的数学状况,也知晓老师近年也做了不少好的工作,只不过没有大手笔,缺少新的重要思想。他一边劝慰老师顺其自然,安度晚年,一边提醒自己,年岁越大,越要注意吸收新的思想,加强与年轻人的合作。

爱尔特希与图兰等无名小组的好友见了面,10年中他们虽身处异地,但鸿雁传书,合作不断,如今相见,更免不了谈论共同爱好的数学。当然,无名小组也着实变化不小,昔日的伙伴格伦沃尔德已离开人间;塞克雷斯夫妇远在澳大利亚;阿尔帕(Alpár)从事政治活动，两度入狱，第二次获释后，才首次全力以赴搞数学；图兰等人留在国内，第二次世界大战期间艰难度日，有的在法西斯劳动营中服过劳役。大家都羡慕爱尔特希一直有较为平静良好的环境从事数学研究，如今满载而归，可喜可贺。望着昔日朝夕相处、无话不谈的伙伴，爱尔特希动情地说："今后我们要加强联系，让无名小组出名。"

瓦兹索尼（A. Vázsonyi）是无名小组成员，自少年时代就与爱尔特希相识。两家均属布达佩斯富裕家庭，在哈布斯堡王朝时代，瓦兹索尼家庭声名显赫。14 岁时，瓦兹索尼显示出一些数学天赋，而数学奇才爱尔特希已是城里家喻户晓的人物了。瓦兹索尼的父亲，号称是城里最好的鞋店老板，便邀请时年 17 岁的爱尔特希到店里来与瓦兹索尼玩耍。两人在鞋店内侧小小的办公室里见了面。爱尔特希问瓦兹索尼知道多少种毕达哥拉斯定理（即勾股定理）的证法，瓦兹索尼老老实实地回答："一种。""我知道 37 种。你知道位于一条直线上的点不能构成可数集合吗？"接着爱尔特希给出了一种证明方法。谈完了数学，爱尔特希便告辞了。多年后，瓦兹索尼逐渐明白，爱尔特希谈毕氏定理证明方法并非刻意张扬,而是热心数学的真情流露。此时图兰就住在瓦兹索尼家店铺楼上的一个套间。与瓦兹索尼分手后,爱尔特希就上楼去找图兰。

瓦兹索尼回忆起爱尔特希古怪的走路姿势:"像只大猴子一样驼着背,侧着身子,摇摆着双臂,沿着街一溜儿小跑,引得行人纷纷回头观望。"他在交谈时总是省略一些他以为对方能理解的东西,对他这个精妙深奥的头脑而言再清楚不过的事情,对于周围的凡夫俗子来说却未必如此了。

瓦兹索尼很快和爱尔特希成了好朋友,不久以后几乎天天见面。他们一起去滑雪,定期在图兰那儿打乒乓球,一起徒步旅行,尤其是一起讨论数学。

有一次,爱尔特希回到布达佩斯,瓦兹索尼正在研究经典图论中欧拉的哥尼斯堡定理,他试图将定理推广到无限,但只解决了必要性而缺少充分性的证明。瓦兹索尼几乎天天与爱尔特希见面,他在电话里把自己的发现与工作告诉了爱尔特希,20 分钟后,爱尔特希打来电话告诉瓦兹索尼充分性的证明方法。本可经努力独立发表的论文变成了合作署名。

20世纪60年代后期瓦兹索尼夫妇与爱尔特希母子同住在加利福尼亚某处的海边,住房离海边有几百米,其间是一大片平坦的草地。一天,爱尔特希在海边草地上散步,10分钟后一位女士给瓦兹索尼打来电话,说她家门口有位先生迷路了,说是来拜访瓦兹索尼的。瓦兹索尼走出门,便看见爱尔特希在有四五个街区那么远的地方站着呢。瓦兹索尼百思不得其解,在这一览无余又无岔路的草地上怎么会迷路。

爱尔特希可能连续多日电话不断,上门拜访;也可能一连几个月音讯全无,忽然又会在某一天不事先打个电话就做不速之客。某个周日的早晨,梦乡中的瓦兹索尼被楼下门口的阵阵喧闹声吵醒,他以为报童在捣乱,于是从窗口探出身去想训斥一番。谁知道,竟是爱尔特希在敲门。问他为什么不先来个电话?他反问道:“我为什么要先打电话?”

瓦兹索尼一度因选择继续当数学家还是去工学院当工程师而犹豫不决。爱尔特希钟情于搞数学,他“警告”瓦兹索尼:“我会藏起来,等你一去工学院,就毙了你。”一句话就将瓦兹索尼搞定了。

美国在两次世界大战中都未受重创，反倒一跃成为世界头号强国。第二次世界大战期间，欧洲战火纷飞，加上法西斯赶尽杀绝犹太人，大批科学精英西移美国，美国扶摇直上成为数学强国。在26位沃尔夫数学奖获得者中，美籍人士占10位，这还不包括长期生活在美国的爱尔特希、韦伊（A. Weil）以及其他几位在美国工作过的数学家，而美国本土出生的仅两人，这充分说明美国重视科学技术、引进人才。离散数学是匈牙利数学的强项，称其为离散数学强国当不为过。它输出的组合学者在美国一流的数学系、数学所中时有所见。爱尔特希于20世纪40年代前后主要生活在美国，即使后来做全球数学游历，很多时间仍然在美国各地。当时的美国高手如林，学术气氛浓郁，自然较易出成果。

美国历史短暂，又是多民族组成的国家，整个社会推崇自由，注重个性，思想活跃，极富创新意识，这些与爱尔特希的研究乃至生活习性都较吻合。美籍匈牙利物理学家、研制氢弹的首席功臣特勒指出，正是由于美国是个大熔炉，对各种文化兼容并蓄，不辞小流，才使得一批匈牙利物理学家，如冯·卡门、西拉德（L. Szilard）、维格纳（E. P. Wigner）等能在同一时间占据着美国科学研究的前沿。至于资本主义推崇的金钱万能的思想，虽与爱尔特希的处世之道格格不入，但他不加理会，我行我素。

20世纪50年代初，白色恐怖的麦卡锡主义在美国大地上横行无忌，打着反共的旗号，到处捕风捉影，煽风点火，大规模监视、刺探、逮捕、审讯，成千上万的无辜公民蒙受不白之冤，朝野上下人人自危，谈虎色变。卓有声望的理论物理学家奥本海默（J. P. Oppenheimer），土生土长的美国人，哈佛大学毕业，是美国制造原子弹的大功臣，对美国国家安全和军事力量的增强贡献无与伦比，也被无端指控曾与共产党合作，最终被蛮横无理地解除原子能方面总统咨询委员会主席的职务。德高望重的科学泰斗尚且如此，其他人就更不容乐观了。

1954年，爱尔特希应邀去荷兰首都阿姆斯特丹参加一个国际数学会议。会议结束后，要重返美国，却遇到了意想不到的阻挠。“山姆不想给我重返的许可证。”在爱尔特希的独创语汇中，“乔”表示苏联，

“山姆”表示美国——山姆大叔。那时正是麦卡锡时代,移民局的官员询问了爱尔特希一大堆麦卡锡时代极为敏感的问题:“你读过马克思、恩格斯或斯大林的著作吗?”爱尔特希直言相告“没有”。签证官员又追问:“你认为马克思如何?”爱尔特希以数学家的方式清晰地给出了实事求是的回答:“我无力做出判断,但是毫无疑问,他是一个伟人。”加之他母亲在共产党掌权的匈牙利,而他居然“胆大妄为”与红色中国的华罗庚保持联系。读者不难猜测移民机构的结论,拒绝给爱尔特希回去的签证。爱尔特希“做出了典型的美国人的反应”,两肩一耸,双手一摊,该说就说,决不后悔。此处不留人,自有留人处。他离开了美国,长期居住在以色列。直到20世纪60年代,美国才同意爱尔特希返美。在此期间,他仅能凭特殊签证,赴美做短期访问。

至于往返匈牙利的探亲。1948年12月,在外漂泊了10年才返故乡的爱尔特希发现政治环境未必乐观。由于匈牙利沦为纳粹的帮凶,苏军进驻并占领了匈牙利。按照斯大林(J. V. Stalin)的命令,为完成指标,匈牙利囚犯被遣送到苏联的古拉格集中营,苏军甚至在街上随意抓人。后来为了开展笔迹审查运动又开始封锁边界、围捕公民。1949 年 2 月，爱尔特希不得不提前结束故乡之行，逃离了匈牙利。

1955 年，斯大林逝世也有两年了。在诸多好友多方奔走、竭力呼吁下，爱尔特希终于得以访问匈牙利。朋友们强调他是匈牙利国宝，是世界数学的大师，他母亲也极力为他疏通关系。匈牙利政府终于认可他是匈牙利公民，专门为他颁发了一个特别护照，允许他自由出入匈牙利。自此爱尔特希几乎每年都要回到匈牙利。

第四章　神奇的数字

数学是科学之女皇，数论是数学之女皇。

——高斯

1. 人生识数数论起

当你咿呀学语时，大人便耐心而巧妙地利用各种机会教你数数：1，2，3，…。不知不觉上学了，长大了，数成为你每天无法离开的伙伴，形影不离地追随你一生。自然界是一本用数和形写成的百科全书。人类在漫长的进化过程中，从结绳记事、实物计数、屈指计数，逐渐形成数的概念、数的语言、数的符号。随着时间的推移和知识的积累，一门研究数的规律，特别是研究整数性质的数学学科——数论就应运而生了。

数论与几何一样，是最古老的数学学科。在中国古代，成书不迟于公元1世纪的经典名著《九章算术》已载有开平方、开立方、分数运算的法则，并提及解线性方程的方法。在古希腊，欧几里得的不朽名作《几何原本》第7~9篇讲述数论，讨论了素数、完全数、素数的个数无穷、整数的唯一分解等问题。此外，尼科马霍斯(Nicomachus)的《算术入门》是第一本完全脱离几何讲法的数论著作。该书中讲述了偶数、奇数、素数、复合数、完全数，给出了求素数的埃拉托塞尼筛法。丢番图(Diophantus)的《算术》最突出的部分是丢番图方程。所谓丢番图方程是指解是(正)整数、有理数或代数整数的方程或方程组。由于战乱，加之年代久远，《算术》原有13篇，现仅存6篇，得自13世纪希腊手抄本及其后的译本。该书中列出189个问题，几乎是一题一法，所用的方法之多令人眼花缭乱。就解个别题目而言，丢番图无疑是高超的解题能手，千年之后，仍无出其右者。使人感到美中不足的是，他未能对方法加以提炼概括，给出一般的法则。这也许是因为问题千差万别，缺少实质的联系。

丢番图方程在我国古代亦有研究。成书于公元5世纪的《张邱建算经》中有著名的“百鸡问题”：今有鸡翁（公鸡）一，直（值）钱五；鸡母一，直钱三；鸡雏三，直钱一。凡百钱买鸡百只，问鸡翁母雏各几何？

“百鸡问题”影响深广，曾传入印度，多次出现在印度数学家的著作中。

中国曾有过数学的辉煌时期。古代的数学书籍《孙子算经》中已经提及同余式（组），并且很好地解决了它。

《孙子算经》中的“物不知数”问题载誉世界，与高斯的传世之作《算术研究》中的解法不谋而合。此解法经英国传教士伟烈亚力（A. Wylie）传到欧洲，引起世界数学界的瞩目，称之为“中国剩余定理”。国内一般仍称之为“孙子定理”。

问题：今有物不知其数，三三数之剩二，五五数之剩三，七七数之剩二，问物几何？答曰：二十三。

值得一提的是，华罗庚对“物不知数”问题曾构思出一种巧妙而简捷的解法：先在算盘上拨上2，然后每次加 3,一直加到除以 5 余 3 为止(这就保证了以 3 除余 2,以 5 除余 3),然后再在这个数上每次加 15,直到除以 7 余 2 为止。即:2,2 + 3 = 5,5 + 3 = 8,8 + 15 = 23。

这种方法看起来很刻板,实乃大巧若拙,用爱尔特希的话来讲,是来自"圣经"的解法。

数论形成一门独立的学科后,经过费马(P. de Fermart)、欧拉、高斯、勒让德(A. M. Legendre)、爱尔特希、闵科夫斯基的工作,逐渐形成初等数论、不定方程、解析数论、代数数论、几何数论等分支,此外还有概率数论、超越数论等分支。

高斯的《算术研究》是专讲数论的第一部论著(不过仍包含其他方面的内容)。据传说,黎曼还是大学预科的学生时,从图书馆借来了这本厚达 859 页的学术专著,不到一周就完璧归赵,老师惊讶之余,问及感觉如何,黎曼快人快语:"这是一本了不起的书,我已完全掌握了。"几个月后,监考人就此书较为详细地考问了黎曼,证实黎曼并非信口开河。

高斯说:"数学是科学之女皇,数论是数学之女皇。"数论在数学中的显赫地位不言而喻。时至今日，数学迅猛发展，新学科层出不穷，但数论仍在数学大厦中占据重要的一席之地。

2. 人类思维的花朵

培根(R. Bacon)说："数学是打开科学大门的钥匙。"数学片刻也离不开数，简单地讲，数学大体上就是数和形的学问。自然界中只有像一棵树、两头牛、三匹马这样一些具体事物，要从中抽象出数字1，2，3来，并非轻松之举，它委实让古人绞尽脑汁，苦苦思索，耗费了不知多少代人的智慧。

人类识数糊涂始。在数的概念形成之前，人们对身边的一草一木有所了解，然而对周围世界存在着的数量关系，却只有一些模模糊糊的感受，有人称之为"数觉"。

有不少历尽艰辛、深入大漠腹地或原始丛林的探险家发现，在某些原始部族里，不存在大于3的数词，比方问及有几个孩子，如果多于3，他们只能含糊其辞，说有许多个。如南非洲的布须曼族，除了1，2和多外，再也没有别的数字了。从这个角度讲，原始部落中身强力壮、弯弓射雕的英雄在数数的角逐中,即使在当代幼儿园小朋友面前,也会自叹不如、甘拜下风。话又说回来,根据精密安排的实验结果,清楚表明普遍文明人的直接视觉数觉,很少能超过4,至于触觉数觉,范围甚至还要小些。这说明我们的远祖仅凭直觉,也只能到此为止了。

数觉并非高级动物——人所独有,杂技团里训练有素的动物可以用独特的方式清楚无误地表示出数,甚至做简单的加减法。美国学者丹齐克(G. B. Dantzig)在其名著《数,科学的语言》中曾举过一个颇有意思的实例。一只乌鸦在某庄园的望楼上筑巢安家,庄主气恼异常,决心送它上西天,他试了好多次想一举歼灭却未获成功。因为人一走近,警觉的乌鸦就飞离巢穴,栖息在远处的树上;等到庄主百般无奈,离开了望楼,它又飞回巢去。一日,庄主突然眉头一皱,计上心来。他让两个人走进望楼,片刻之后,一个人大摇大摆地走出来,留下一个人守株待兔。不料乌鸦并不上当,它耐心地等着,直到留在望楼里的人绝望地离开,才坦然归巢。聪明的庄主一不做二不休,决心打一场数字战。一连几天他先后让三个人、四个人走进望楼重施上计，不过仍未成功。当人数增加到五个人时，这次乌鸦便不能辨别四和五了，等到四个人走出来后，它便立即飞回巢穴，结果上当中计。

恩格斯在经典名著《反杜林论》中指出："数和形的概念不是从其他任何地方，而是从现实世界中得来的。"

据考证，早期的古人曾用过实物计数、屈指计数。清晨放羊出圈，每出一只羊，就放一枚石子；晚上赶羊归圈，每进一只羊，就拿走一枚石子。至于屈指计数，恐怕我们每一个人都有过亲身体验。当手指不够用的时候，身体的其他部位也被派上用场。中国有一种手指计数法，最高可算到十万。其实手指本身也是一种实物，它方便但有限，不如石子等实物取之不尽、用之不竭。

实物计数本身有一种思维的抽象，即把羊群的头数和羊群本身分离开来。英语中的计算（calculate）就是从拉丁文的石子（calculus）转变而来的，中国的"算"字来源于一种用竹子制作的计算器械。

其实，这就是数学上的一一对应。一只羊对应一枚石子，反之亦然。流传极广的古典名著《三国演义》中家喻户晓的智慧化身孔明用减兵添灶之法，安然退兵回到汉中，正是挥洒自如地运用了对应思想。孔明为光复汉室讨伐魏国，兵出祁山，节节取胜，不料蜀国幼主中反间计，连夜下诏命令其回国。孔明仰天长叹，君叫臣归，臣不得不归。为防止退兵时，司马懿乘势掩杀，孔明安排分五路而退。今日先退此营，假如营内一千兵，却掘二千灶，明日掘三千灶，后日掘四千灶。每日退军，添灶而行。司马懿本来就心存疑虑，今见营中灶数有增无减，判断孔明添兵才增灶，只能回军不追。孔明不折一兵一马，安然班师回都。这里的对应是士兵数与灶数的对应。

用集合论的语言来讲，设有两个有限集合 S, T，如果能在它们之间建立起一一对应的关系，则 S 与 T 所含元素的个数相等。

这个简单明了的道理稍具数学知识的人都可以接受，一旦接受，它反过来又常常不知不觉地禁锢着人们的思想。这里有一个数学故事，据说出自希尔伯特的一次演讲。旅馆一旦客满，再来新客要订个房间，经理爱莫能助，只能表示歉意。现在设想有一家大得出奇的旅馆，内设无限个房间，其编号为1号，2号，……，n 号，……，换句话说，自然数有多少，该旅馆的房间就有多少。旅馆客满了，这时又有一位新客光临，经理此时胸有成竹，他安排1号房间的旅客移至2号房间，2号房间的旅客移至3号房间，依此类推，不但原来的旅客一一安排住下，而且新客也可住进腾出的1号房间。不仅如此，即使又来了无穷多位（与自然数一样多）旅客，经理也大可不必手足无措，他完全可以井然有序地调度如下：原先住进1号房的移到2号房，2号房的移到4号房，一般地讲，住 n 号房的人移到 $2n$ 号房，这样腾出了所有的单号房间，再让第1位新客住1号房，第2位新客住3号房，相应地，第 n 位新客住进第 $2n-1$ 号房，于是新来的无穷位客人居然不可思议地住进了原本已客满的"无限大旅馆"。从对应的角度考虑原来客人的重新安置，这岂不是说，全体偶数的个数与全体自然数的个数一样多了？同样，着眼新到的客人的安排，又意味着全体奇数的个数与全体自然数的个数一样多。其实，在无穷大的世界里，部分可能等于全体。

正因为数字本身是无穷无尽的，数学从本质上讲,早已进入了无穷的研究,所以爱尔特希说:“在某种程度上,数学乃是人类从事的唯一一种永恒的活动。可以想象人类最终能认识物理学或生物学的一切,但是人类永远不能发现数学的一切,因为数学是无限广大的,数学本身就是无穷的。这就是数学何以真的成为我唯一的兴趣所在的原因。”

人们从对应记数的做法,到产生数的语言和数的符号,其间经历了漫长的岁月。具体的东西总是在抽象的概念之先。罗素(B. A. W. Russel)说:“不知要经过多少年,人类才发现一对锦鸡和两天同是数字2的例子。”于是在人类的语言中就留下了这种过程的痕迹,英语中pair, couple, twin等,汉语中二、两、双、对等都表示2。

阿拉伯数字和中国的十进位值制记数法是对人类文明的两大杰出贡献。我们从小使用,已经习以为常了,难以体会到它的巨大作用,让我们以中世纪欧洲普遍使用的罗马数制为例来做一简单分析。罗马数字在钟表刻度上时有所见,表示个、十、百、千的符号分别为I, X, C, M,其间插入表示5, 50, 500的V, L, D。今天我们表示四十八用48,而按罗马数制为

XLVⅢ,其中 XL 为 50 - 10 = 40,VⅢ为 5 + 3 = 8。

8 世纪时,英国学者阿尔昆(Alcuin)不厌其烦地举例说明 235 × 4 的计算方法,235 应写为 CCXXXV,乘法的第一步是将 CC,XXX,V 分别重复写 4 遍

CC	CC	CC	CC
XXX	XXX	XXX	XXX
V	V	V	V

第二步是重新编写,8 个 C 变为 DCCC,12 个 X 变为 CXX,4 个 V 变为 XX;第三步则是再度合并,这才得到结果 DCCCCXL。

乘数仅一位数就搞得如此复杂,多位数乘法的难度也就可想而知了,这也就是为什么直到 15 世纪,人们还会对计算感到莫大敬畏的原因。15 世纪德国大学的数学课程还只限于加法和减法,要学乘除就得去留学!

人们对数的认识,不仅在于实际生活中计数和计算的需要,也可能源于对未知世界的恐惧,抑或是对美好事物的追求。早期的原始数论就出自人类对希望的祈求和对恐惧的回避。人们创造了数,却又无法解释它那无处不在、无所不包的超自然性质,所

以当人们建构起各自的宇宙信仰体系时，就会有人把数当作灵物，给数一种神秘的含义。

6，7，40 对希伯来人来说是带有某种预兆的数字。传说，倾盆大雨一连下 40 个白天和 40 个夜晚，洪水泛滥成灾；摩西和耶和华在西奈山下商谈了 40 天又 40 夜；以色列的子孙在荒野中漂流了 40 个年头。

在中国，奇数象征白、昼、热、日、火；偶数则象征黑、夜、冷、水、地。奇数为阳，故九为阳数最大者，成为中华民族崇尚备至的数字。古人将天称为九重、九天；屈原有《九歌》；大禹治水铸九鼎，分九州；皇帝贵为天子，所居处亦称九重。"一封朝奏九重天，夕贬潮阳路八千。""九重城阙烟尘生，千乘万骑西南行。"中国古代皇帝建筑处处有九，故宫四个角楼的结构是九梁十八桩，皇家院门上的钉数是纵九、横九，九九八十一。我国古代数学名著《九章算术》内分九章。更有甚者，宋元数学家秦九韶编著的中世纪数学史上的鸿篇巨著，书名《数术九章》，全书十八卷，分为九大类，每类九题。书内所载求解同余问题的"大衍求一术"是中国数学的骄傲。

佛教则视八为神圣的数字。有的学者认为,八卦在远古时代可能是八个官职的名称,那时可能有一种巫术舞蹈,八个人为一组,通过两组人位置的变化,演化出八八六十四卦,以卜吉凶。

巴比伦人、波斯人钟爱60和它的倍数。雄才大略的大流士,因为一匹马淹死在河里,下令将河挖成360道壕沟。波斯大王薛西斯(Xer Xes)要在达达尼尔海峡架桥,入侵希腊,不料桥刚架好,即被风浪摧毁,他一怒之下,令手下痛鞭海神三百。

古希腊人甚至对50以下的数大半都赋予一个神圣的意义。一表示理性,并设想为万物之本;四表示公平,因为它是两个相等数的乘积;五表示婚姻,因为它是第一个阴性数二和第一个阳性数三的结合(注意一不做阴阳论,而看成是一切数的源头)……

希腊数制每一个字母均代表一个数,如 α 代表1,β 代表2,λ 代表30等。荷马史诗《伊利亚特》中的三位英雄帕特洛克罗斯(Patroclus)、赫克托耳(Hector)和阿基里斯(即阿喀琉斯,Achilles)交战,由于他们的名字所形成的数字分别是87,1 225,1 276,数字的大小决定本领的高低,于是便天经地义出现了赫克托耳杀死帕特洛克罗斯，阿基里斯杀死赫克托耳的完满结局。《圣经》中也不乏这种所谓的神数术，亚伯拉罕(Abraham)率领318名奴隶赶去求援其弟以利沙(Elisha)，而希伯来文的以利沙加起来恰好为318。

这种对数的偏爱或畏惧甚至影响至今。在《圣经》中，三个“6”字连写是魔鬼的代号。美国第40任总统里根(R. W. Reagan)卸任前，打算移居莱尔市克劳德大道，当他得知自己未来的住所的牌号是“666”时大惊失色，急忙动用总统特权，命令市政府将寓所号码更换。

我们可以批判这种宗教色彩浓郁的神数术的荒诞不经，但是它的确激发了人们对数的崇拜，致力于对它的研究，从而产生了早期的数论。细细想来，追根溯源，科学最初大都带有神秘色彩，星相学先于天文学，化学产生于炼丹炼金术。

最早把数的抽象观念提到突出地位的，当推毕达哥拉斯及其学派。毕达哥拉斯(Pythagoras)是世界文化史上的重要人物，平面几何中的勾股定理在西方即被称为毕达哥拉斯定理。毕达哥拉斯，公元前

570 年左右出生在希腊东部的萨摩斯岛，就学于希腊七贤之一的泰勒斯，游历埃及、巴比伦达 15 年之久，后移居意大利南部的克罗托内，创立了政治、宗教、数学合一的秘密团体。这个学派约法三章，将一切发现都归于学派领袖，而且对外秘而不宣。

毕达哥拉斯学派重视事物的定量研究。他们在对谐音、音阶的研究中，发现了整数的比例；他们把行星运动归结于数的关系；他们在对图形的研究中，发现了整数关系的勾股定理。于是他们认定自然界形形色色的特性都可归结为数。1,2,3,4 这四个数被称为四象，颇受青睐，因为它们相加成 10，故而 10 是最理想、最完美的数。出于对 10 的情有独钟，他们斩钉截铁地断言移动的天体必定是 10 个，他们认为 10 个天体都围绕不动的中心火球转动不息，可是屈指数来除地球之外，当时只知水星、金星、火星、木星、土星，加上日、月及恒星附着的天体，满打满算，只有 9 个，怎么回事？神圣的造物主岂能出错！于是有人一本正经地指出第 10 个天体叫“反地球”，由于它在中心火球的另一侧，并且与地球等速转动，故不可见。这正应了杜甫的诗句：“人生不相见，动如参与商。”

他们认为，万物的始基是“一元”。从“一元”中产生出不定质料的“二元”，由此产生出各种数目，从数目中产生出点，由点产生出线，由线产生出面，由平面产生出立体，由立体产生出土、气、火、水四种元素，四种元素的组合转化产生了丰富多彩、千变万化的自然。这种观点被后人称为“万物皆数”。

毕达哥拉斯的“万物皆数”，其数指整数及整数之比——分数（有理数），只是由于具体可见的单位正方形对角线长$\sqrt{2}$的出现，才使毕达哥拉斯的“唯数论”陷入了绝望的深渊。毕达哥拉斯学派曾立誓永不泄漏这个“骇人听闻”动摇信念的秘密。对于至高无上的造物主偶然疏忽所出现的破绽百般遮掩，以免事情败露上帝迁怒于人类。学派内的希帕索斯（Hippasus）实在经受不住求知的良心的煎熬，公开了发现的秘密。据说他被愤怒的同伴抛入大海，葬身鱼腹。“万物皆数”的空中楼阁也在海浪里土崩瓦解。

古希腊人一直坚信数学里有自然的书写密码、宇宙的布局规律。在欧多克斯（Eudoxus）用比例理论,用量(而不是数)的观念,自圆其说地“弥补”了理论上的漏洞后,古希腊人的目光更多地转向了几何。大哲学家柏拉图(Plato)喊出了“神永远按几何规律办事”的响亮口号。他不仅想通过数学来领悟物质世界的实质精髓,而且要用数学取代自然界本身。

毕达哥拉斯学派的研究涉及奇数、偶数、三角形数(1,3,6,…)、正方形数(1,4,9,…)、五角形数(1,5,12,…),并注意到从1起连续的奇数和必为平方数。他们认为,宇宙的和谐是以它的“完全”和“亲和”来体现的,因此反映宇宙和谐的数也必然存在着“完全”和“亲和”的关系。

毕达哥拉斯认为220和284是一对亲和数。他的亲和数的概念是以世俗的人际关系为基础的。他说:“(一个朋友)是另一个我,就像220和284那样。”在数论中,两个数是亲和的是指每一个数都是另一个数的真因子之和,220的真因子是1,2,4,5,10,11,20,22,44,55,110,其和为284;而284的真因子为1,2,4,71,142,其和为220。有人甚至相信分别写上这两个数的护身符会使佩戴双方保持亲密无间的友谊。直至1636年,费马宣布发现17 296和

18 416为另一对亲和数。20 世纪 80 年代中期,爱尔特希与他的伙伴已知有数百对亲和数,目前已达1 000多对。有趣的是,第二小的亲和数对 1 184 和1 210,直到 1866 年才被一位年仅 16 岁的意大利人发现。数学家又把亲和数推广成亲和数链,链中前一个数的真因子之和等于下一个数,而最后一个数的真因子之和等于第一个数。目前仍无人知晓亲和数有无穷尽,爱尔特希认为它们是无穷无尽的。爱尔特希早年发表的论文中,就有论及亲和数的分布的。

毕达哥拉斯看出了某些数的“完全性”,即这些数等于其真因子的和,比如 $6=1+2+3$,$28=1+2+4+7+14$,它们被形象地称为完全数。直到 1952 年才知道 12 个完全数。只要知道第 12 个完全数有 77 位,便可想象验证的困难程度了。此后,数学家们借助计算机又发现了若干个完全数,其中第 30 个是 1985 年动用价值数千万美元的 CrayX – MP 巨型机才发现的,第 32 个完全数为

$$2^{75\,838}(2^{75\,837}-1)$$

欧几里得在其千古不朽的名作《几何原本》中的

数论部分给出了关于完全数的一个著名定理。如果几何级数(从1开始)前n项的和

$$1+2+2^2+\cdots+2^{n-1}=2^n-1$$

是素数,那么$(2^n-1)2^{n-1}$是完全数。比如$(2^2-1)2^1=6$是完全数。

欧拉证明了,每一个偶完全数必定是这种形式的。

人们不禁要问,偶完全数的个数是否有限?存在奇完全数吗?借助计算机,人们已知在10^{160}内没有奇完全数。

完全数和亲和数一类问题是数学神童容易显露其超人才华的领域。如同国际象棋和音乐,步入这些领域不需要许多专门技术知识,一个儿童片刻之间就能学会国际象棋的规则,并兴高采烈地对弈起来,这其中天赋发挥着很大的作用。而在历史学家、法学家中是没有神童的,掌握这些科目需要经年累月的埋头苦干、皓首穷经,冰冻三尺非一日之寒。数学上的初等数论、组合数学、图论等学科往往是神童可以一展身手的大好舞台,在这类数学竞赛中脱颖而出的那些风华少年可以和大名鼎鼎的“25亿岁高

龄的”爱尔特希一道评价鉴赏那些出奇制胜、构思巧妙的上乘解法，甚至可以与爱尔特希这样的不同凡响的大师讨论问题。

爱尔特希何以能以亿计岁？这来源于爱尔特希1970年在洛杉矶的一次数学讲演“前25亿年中我所从事的工作”。爱尔特希一生“宁静而致远，淡泊以明志”，是一个地地道道的数学苦行僧。这并不是由于他不懂得生活的美好和乐趣，而是他全身心地投入数学研究，无暇顾及世俗事务，于是偶尔为之的幽默，就会给人留下深刻难忘的印象，虽然这是一种数学式的幽默。爱尔特希说：“小时候，人们说地球年龄是20亿年，现在科学家则说地球已有45亿年历史，因此使我（凭空）多活了25亿年。”听讲的学生中不乏思维敏捷、风趣幽默之辈，随即画了一幅画：爱尔特希骑着一条恐龙飞舞。“既然您已活了25亿年，必定亲眼见过恐龙，请问恐龙是何等模样？”纸条经过听众的传递，到了爱尔特希手中，他用眼一掠，禁不住笑了起来：“这些小家伙太厉害了，真是后生可畏呵！”幽默的问题只能做诙谐的回答，爱尔特希稍做思考，避实就虚：“我记不清了，你知道，一个老人只记得早年的情景，而恐龙是最近才有的，仅仅100万年前吧！”听众中爆发出一片欢畅的笑声，随之掌声四起，人们为在数学讲演中的精彩插曲而喝彩。此后，一些文献中便出现了“25亿岁”之说。

数论中许多问题看似容易，实则较难，能突出考查一个人的数学能力和智力水平，因此历来受到各种数学竞赛的青睐。有人做过统计，在开展数学竞赛最早而且卓有成效的匈牙利，从1894年到1974年长达80年的222个题目中，数论有41题，平均每两年就有一道数论题，从题目内容的分布来看，几乎涉及初等数论的所有专题。在第20届国际数学奥林匹克竞赛中，数论有13题。

爱尔特希一向热衷扶持青年学子。希腊字母 ε 是爱尔特希对小孩的称呼，也表示小荷才露尖尖角的数学天才。他利用电话、信函为他们提供大量已经解决或尚未破解的难题，让他们在研究中成长。这些 ε 全都是他的孩子。一位14岁的数学才子登门拜访时，对爱尔特希之母毛遂自荐，称自己是一个 ε。1985年，在夏威夷，一位才华出众的中学生证明：如果存在一个奇完全数，则此数必为 $4k+1$ 的形式。他请教一位大学教授，此结果过去可曾有人问津。这位教授不太清楚，建议他写信给刚刚离开此地的大名鼎鼎的爱尔特希。收到信后，次日爱尔特希就给这位中学生复信，告诉他此结果归于欧拉，欧拉还证明了其他有关的结果，热情地建议该同学可以考虑数学问题——对 ε 的关怀跃然纸上。

爱尔特希对各类数学竞赛更是关怀备至。他曾慷慨解囊，为匈牙利的学生设立了一项奖学金。有一段时间，在他到世界各地讲学交流之余，总要请东道主开车送他去当地书店选购数学书籍。每当他乐不可支地抱回一堆书，同伴们都争相过目，然而令他们不解的是，有些书对爱尔特希而言似乎已无细读的必要，他早已烂熟于胸，有些书离他的研究领域相距甚远，一时无暇顾及，他买这些书到底要干什么？爱尔特希笑而不答，一贯喜欢提出猜想，悬赏求解的他，又制造出一个“悬念”。不久，“谜底”揭晓，爱尔特希将他在世界各地精心选购的价值1 000多美元的书籍，送给了匈牙利的青年数学爱好者。在爱尔特希这些热心人的鼎力相助下，匈牙利的数学竞赛越办越好。

20世纪初的匈牙利数学竞赛中有这样一道题目：假设 $n=2^{p-1}(2^p-1)$，这里 2^p-1 是素数，证明：数 n 的所有不等于 n 本身的约数之和恰好等于 n。

细心的读者不难发现，这就是欧几里得《几何原本》中关于完全数的定理，只不过由于中学未讲过完全数，从而回避了这个名词。

3. 整数的原子——素数

任何一个大于1的整数，都至少有两个正因数，即1与它自身，独有1与众不同，它的正因数仅是自身。因此，1在整数中地位特殊。大于1的整数，如果它的正因数只有1和自己，就称为素数（或质数）；否则，就称为合数。如3，17为素数，51为合数。显而易见，偶数中素数只有2。

我们普遍使用十进制进行数字运算，从小到大，习以为常，丝毫不觉得有什么不妥之处，这实在是一种生理上的凑巧：人有一双勤劳灵活的手，有10个伸展自如的手指。如果手脚并用的话，就成了二十进制，这一点我们在印第安人的玛雅数系中找到了明证。而如果长期只用一只手计数，毋庸置疑，久而久之便习惯于五进制。书载德国农民使用的日历迟至1800年仍以5为基底；至今玻利尼亚群岛上的居民还用五进制。

假如有上帝的话，仅仅据此也不应该给他戴上万能的桂冠，因为从数学的角度来看，这种选择未必高明。如果重新选择基底的话，实用家会坚持要用有更多因数的数，如112作为基底。18世纪法国科学家布丰(G. Buffon)就曾呼吁举世用十二进制，理由是12有4个除数，而10仅有2个。被拿破仑誉为高耸的金字塔的拉格朗日(J. L. Lagrange)则强调用素数做基底有绝大好处，他认为在十进制下，整分数表示不唯一，如$\frac{4}{10}=\frac{2}{5}$；如果素数做基底，这种情况便消失了。被人尊为德国的百科全书式天才的微积分发明者莱布尼茨(G. W. Leibniz)则力主使用二进制。他从传教士处接触到中国的易经，注意到二进制算术与八卦有密切联系。二进制所用符号少，仅0,1，运算简单$1+0=1$，$1+1=10$，$1\times1=1$。不过这种数制最适合计算机，因为电子元件最容易反映两个状态,而对于平时的运算,却显得相当麻烦,如十进制的16,按二进制要写为10000;1024($=2^{10}$)要表示为10000000000。

当然,这些说法实属纸上谈兵,十进制传统已根深蒂固,要改谈何容易,这只能作为数学家研究的一个课题而已。

斗转星移,时光如飞,人类的视野进入了浩茫的宇宙,遥远的星系中有智慧生物吗?如果有,我们如何与外星人建立联系,交流思想?也许他们三头六臂,也许他们有拳无指,他们的数制是什么?数学家们聪明过人,利用在任何一个数系中都存在相同性质的素数这一特点,创造性地运用素数进行宇宙通讯。只要外星人有高度发达的大脑,了解素数、了解二进制当不在话下。地球人试图与外星人联系的无线电波终发出了,信号虽短,3 分钟内便发送完毕,但它耗费的能量约等于当时全球生产电力的10 倍。信号撕开漆黑的太空,直奔距地球 25 000 光年的武仙座 M13 球状星团,信号内容含有 1 679 个二进制单位,完全由黑白格子组成一幅地球知识的图像。有爱瑞西波望远镜、太阳系行星示意图、人体形象、组成地球生命的五种元素的原子序数以及二进制表示的说明。但愿素数、二进制能使地球人如愿以偿。

研究素数的困难之一就在于无限。爱尔特希说:“需要过上百万年,我们才会得到一些认识,甚至那时,也不能达到完全的认识,因为我们面对的是无限。”人类的数学成果浩如烟海,每年仅定理就有几十万之巨。每个成果,比如爱尔特希的关于在任一个数和它的两倍数之间总存在素数的结论,其实只不过是朝着某种永无止境的理解前进的难以觉察的一小步,是真理长河中的一滴水。爱尔特希的挚友格雷厄姆(R. Graham)进一步做了透彻的剖析:“了解整数的困难在于我们仅检查了小的数,或许所有令人振奋的本质反映在真正大的数中。对这些大数我们无从下手,甚至不能按照某种确定的方式开始对它们进行思考,因此可能所有的行动实际上是难以实现的,而我们只是到处瞎忙一气。我们的头脑已经进化到能躲雨、发现浆果、避免意外的伤害,但我们的头脑并没有发达到能帮助我们掌握真正大的数或者在一个十万维的空间里考虑问题。”设想另一个文明世界里,有一种智力远胜于人类的生物,也许他们童年的游戏就是地球上数学家百思不得其解的数论问题，地球人的这些千古之谜对他们而言犹如儿童玩具，只是训练脑力的工具，解决起来不费吹灰之力。

数论、图论中动辄就会涉及一些令常人难以置信的大数。为了让读者对大数有个印象，让我们欣赏一下流传甚广的数的故事。

传说印度的舍罕王打算重赏国际象棋的发明者宰相西萨·班·达依尔。这位聪明过人的大臣，跟国王开了个数学玩笑，他请求国王在国际象棋棋盘的第1格内放1粒小麦，第2格内放2粒，第3格内放4粒，照这样子每小格都加倍，一直到摆满棋盘上的64个小格为止，这些小麦都恩赐给他。国王慷慨许诺，甚至觉得宰相过于知趣，所求未免太少，太小家子气了。

不料，计数工作开始不久，国王便大吃一惊，宰相竟是狮子大开口，他需要支付的小麦粒数为

$$\begin{aligned}1+2+2^2+\cdots+2^{63} &= 2^{64}-1 \\ &= 18\,446\,744\,073\,709\,551\,615 \\ &> 1.8\times10^{19}\text{（粒）}\end{aligned}$$

这是一个长达 20 位的天文数字，是全世界 2 000 年小麦产量的总和！

从心理学角度看，国王受棋盘大小的制约产生了错误的判断。

从数学能力讲，这正好印证了爱尔特希、格雷厄姆的精辟分析——人们驾驭大数的能力有限。

从数的角度看，2^{64} 可谓大数。大型计算机每秒运算可达 10 亿次，其快捷令人望尘莫及。假使我们有个能力不凡的机器人，每秒钟能准确无误地数 10 亿粒小麦，一天 86 400 秒，一年约 3.2×10^{7} 秒，这样分秒必争、昼夜不停地数上一年，只不过数了 3.2×10^{16} 粒，2^{64} 粒半个世纪也数不完！

格雷厄姆有一项独特的世界纪录。《吉尼斯世界纪录大全》列举了他在一个数学证明中使用的最大数字，这个数字大得难以想象。数学家常常试图用比喻来暗示一个大得令人咋舌的数量，把它比拟为宇宙中的原子总数（3×10^{74}），甚至是阿基米德在其论文《数沙者》中提及的填满整个宇宙空间所需要的沙粒数（按目前已知宇宙范围是 10^{100} 粒）。对格雷厄姆的这个数量，数学家们找不出物质的类似物，为了表示它，不得不借助特殊的记号即指数摞指数。

研究素数，当然期望寻找出刻画素数的一般定理。的确，也多少产生了几个判断素数的定理，不过它们的出色之处在于形式上的优美，而非实用。

比如威尔逊定理：p 是素数的充分必要条件是 $p \mid [(p-1)!+1]$。如 7 是素数，则有 $(7-1)!+1=721$，$721 \div 7=103$。但是要检验一个数是否为素数，就需要计算 $(p-1)!$，而这缺少实用价值。比如 $p=65$，$64!=64 \times 63 \times \cdots \times 2 \times 1$，远远大于 2^{64}，其计算量可想而知。20 世纪 80 年代发现的一度为素数之最的 $2^{86\,243}-1$，是用电子计算机做了 600 小时的运算后得出的，是 25 962 位数。

威尔逊（E. B. Wilson）曾在英国剑桥大学攻读数学，并得过奖，后来当了律师、法官。该定理早已有人证明并发表，但文章逐渐被人遗忘，后来威尔逊的一位善拍马屁的朋友将其归功于威尔逊名下，但威尔逊没能给出证明。威尔逊曾预料这个定理永远不会被证明。此话传到高斯的耳朵里，他站着想了 5 分钟就想出了证明。数学史上很少有人像威尔逊这样，因一点小事而名传后世的。三次方程的求根公式源出塔尔塔利亚(N. Tartaglia),却被误传为卡尔达诺公式,也许亦可算是此类“张冠李戴”之例。好在名字只是个记号,重要的是内容。

最古老的探寻素数的方法被称为埃拉托塞尼筛法。埃拉托塞尼(Evatosthenes)担任古希腊时代亚历山大城图书馆馆长,博学多才,是阿基米德的终身好友,他以巧妙测量地球圆周周长而为人称道,用他的筛法可以逐渐筛出从小到大的一个个素数。比如,我们给出从1到n的一张数表,先划去表中素数2的所有倍数,再划去素数3的所有倍数,就这样一直逐个地划去小于$\sqrt{n}$的每个素数的倍数,剩下的就全是素数了。以$n=20$为例,$\sqrt{20}<5$,我们只要划去2和3的倍数,剩下的8个数便全是素数了。

美国数学家莱赫默(Lehmer)在计算机问世以前,就算出了小于1 000万的全部素数,并编制成表出版。此后各类素数手册相继问世,人们希望从中得到一些启示,发现某些规律。在外人眼中,这或许是世界上最枯燥无味的书籍了,它却是数论工作者的必备工具书。美国作家霍夫曼(P. Hoffman)回忆道,1987 年,美国数学会和数学协会年会期间,爱尔特希很少去听大会的预定发言,而是把自己关在饭店房间内,与其他 6 位数学家分头研究 6 个问题。一个长得像摩西(Moses)的数学家思考时间长了,头脑发昏,向邻座“呼救”:“我的脑袋转不动了,647 是素数吗?”《圣经》中的摩西是以色列的民族英雄,受上帝指令,率以色列人离开埃及,历尽 40 年艰辛跋涉进入物产丰饶、梦寐以求的迦南(巴勒斯坦)。在过红海时,摩西挥舞手杖,波涛汹涌的海水向两旁退去,露出海底通道,百万之众,如履平地,通过天险难关,摆脱了埃及法老的追兵。而今数学家“摩西”的手杖是什么呢?是素数表。647 无疑在表内。

埃拉托塞尼筛法虽然历史悠久,但是在数论的具有重要理论价值的研究中却一直插不上手。20 世纪 20 年代,布龙筛法应运而生,其依赖于组合数学中的容斥原理。人们不必进行详尽计算,就能预先给出某个任意区间内素数的某些情况,即使这个区间可能大得无法计算。例如可以问:1 000 亿亿之内的素数有多少?

中国数学家王元、潘承洞等人在筛法的理论及应用上都有重要贡献，陈景润的结果更是举世公认的筛法理论最卓越的应用成果。

把素数按从小到大的顺序依次排列，第 n 个素数记为 p_n，当 $p_{n+1}-p_n=2$ 时，将这对素数称为孪生素数。孪生素数是否有无穷对，尚不得而知，尽管种种迹象表明，应该有无穷多对，但至今未能证明。爱尔特希于20世纪40年代证明了

$$p_{n+1}-p_n \geqslant c\log p_n$$

素数是建构整数的材料，在数学家的心目中，素数有时有一种近乎神秘的吸引力。

研究素数往往与大得出奇的数不期而遇，因此需要数学家坚持不懈的艰辛努力，日复一日的耐心计算。通过欧几里得关于完全数的定理，2^n-1 是否为素数早已成为数学家关注的热点。笛卡儿(R. Descartes)的好友梅森(M. Mersenne)证明过，若 2^n-1 为素数，则 n 必为素数。遗憾的是，反之则未必。例如 $n=11$ 是素数，但

$$2^{11}-1=2\ 047=23\times 89$$

是一个合数。梅森不辞劳苦，废寝忘食地埋头计算，一直算到 $n=257$，他宣布其中有11个 n 的值构成素

数。经后人验证得知，梅森漏掉了使 2^n-1 成为素数的三个 n 的值，另一方面又将 $n=67,257$ 所得的 $M_{67}=2^{67}-1$ 与 $M_{257}=2^{257}-1$ 误判为素数。

1903 年 10 月，在美国纽约的一次数学会议上，人们又一次不由自主地谈到了令人迷惑不解的 M_{67}，有人要求科尔教授就此做一学术介绍。科尔（F. N. Cole）笑容可掬，从容不迫地走上讲坛，拿起粉笔在黑板上轻松自如地算出 $2^{67}-1$ 的具体数值，又将 193 707 721和 767 838 257 287 两个数字和竖式相乘，两次计算的结果完全相同。科尔一言不发地做完了学术发言，观众如醉如痴，都“听”懂了科尔的独特发言，会场中爆发出一阵热烈的掌声。科尔坦言，这个结果耗费了他“三年里的所有星期天”，计算所用时间非常人所能理解。一个数值的验证尚且如此，那梅森的付出可想而知。今天把 2^n-1 形式的素数称为梅森素数，以缅怀梅森研究数学所付出的巨大劳动。由此可见，天才的确等于聪明加勤奋。

爱尔特希同样把生活中的分分秒秒都最大限度地挤出来从事数学研究。1989 年，爱尔特希不顾年迈体弱，来到了加利福尼亚海滨的阿西洛会议中心，兴致勃勃地出席了一年一度的美国西部数论会议。他参加学术会议,完全不是以权威前辈的身份到场助兴,听听发言,谈些宏图要旨,他仍在实实在在地搞数学,研究问题。不少与会者要求利用大会做学术报告,爱尔特希也不例外。由于僧多粥少,时间有限,大会主持将所有发言一律限定在15分钟内。爱尔特希理解会议组织者的难处,毫不特殊,不摆架子,按规定时间在会上做了学术报告。就在这次年会上,数学家宣布利用计算机发现了当时世界上最大素数

$$391\ 581 \times 2^{216\ 193} - 1$$

20世纪90年代,英国数学又宣布发现了最新最大的梅森素数

$$2^{756\ 839} - 1$$

华盛顿大学系统科学与数学系主任罗丁(E. Y. Rodin)评价爱尔特希的研究领域时说:“他是纯数学家,要多纯有多纯,他的工作完全不顾及应用,但他的成果和理论已开始为人应用。要是没有他的理论,今天正在做的很多事情就做不下去了。他在数论和因子分解方面的成果激起人们极大的兴趣。”在

数学的众多分支中，数论一直被看作纯粹的远离自然的数学。欧拉、高斯等数坛名流都是出自被数论内在的趣味及其特有的优美所吸引而去探究人类的这一知识宝库的，闵科夫斯基比喻数论“以柔美的旋律来演奏强有力的音乐”。据此，数论赢得了“数学之王”“数学皇后”的美名。

时过境迁，今天在密码通信上，数论大显身手。

第二次世界大战期间，英国数学家图灵（A. M. Turing）用数学方法破译了德军的恩尼格玛密码，德军的轰炸等军事行动屡屡受挫，最后竟怀疑内部叛徒泄露了密码本。日本海军大将山本五十六同样因为密码被破译，座机被击落，命丧大海。密码之所以会被有心人破译，关键在于它有一个致命的弱点，即“设密”与“解密”使用的是同一个“密钥”。环节多了，经手的人多了，安全性便急剧下降。

20 世纪 70 年代，密码专家发现，用一些正向容易逆向困难的数学问题来设密，可以收到意想不到的效果。例如，用计算机算出两个 100 位的素数的乘积是弹指一挥间，但反过来分解这个乘积却比登天还难。1990 年，美国科学家利用 1 000 台计算机并行计算,整整忙了一个多月,分解了一个155位的大整数,引起了轰动,被列入20世纪90年代世界科技十大成果。于是便产生了公开密码。密码是公开的,比如公开某个200位的数,并说明如何用它编码发文。电文译解必须知道这两个素数因子,只要接收人守口如瓶,外人纵想破译也难如登天,大不了过一段时间再换一个大数,便又可高枕无忧了。

大数的因子分解主要靠数学家研究出的计算方法,并辅之以计算机的工作。在数学家只能解决100位数的因子分解时,美国的保密体系主要使用150位长的大数来编制密码。而当155位数的分解已初步解决时,设计更大位数的密码体系则应提上日程了。

数论的应用当然还不只是密码通信,姑且不谈对其他数学分支的影响,在数值积分与近似计算中数论也大有用武之地。数论的应用日渐广泛,逐渐改变了人们的认识。1990年,格雷厄姆在科罗拉多大学的演讲中宣称:“现在,数论是最有用的数学分支。”

4. 辉煌力作硕果累

素数的分布杂乱无章，一方面素数有无穷多个，孪生素数对、亲和数也被猜测为无穷无尽，另一方面，随着数的不断增大，素数分布得越加稀疏。欧拉和勒让德提出并证明，有

$$\lim_{x \to \infty} \frac{\pi(x)}{x} = 0$$

其中 $\pi(x)$ 表示不大于 x 的素数的个数。例如 $\pi(10)=4$，$\pi(28)=9$。在产生素数的普遍实用公式难以寻觅，$\pi(x)$ 的确切数值无从知晓的情况下，数学家采取决定性的战略转移，转而探求整数中素数的平均分布。

正如爱尔特希和他的伙伴们所指出的"数本身是无穷的""了解整数的困难在于我们仅检查了小的数"。由此看来，数学不仅仅是严谨有序的逻辑推理。沃尔夫奖和菲尔兹奖双料得主、日本数学家小平邦彦指出："数学是需要深刻理解的学问。要理解数学就必须根据数学直觉掌握具体的数学对象，光

靠逻辑会一事无成。”

数论研究中,个体经验、数学直觉至关重要。人们证明了素数个数无限,由于偶数独有 2 是素数,实际说明形如 $2n+1$ 的素数的个数是无限的。人们受实际经验的支持,猜想形如 $4n+1$,$4n+3$ 的素数的个数都是无限的,形如 $3n+1$,$3n+2$,$6n+1$,$6n+5$ 的素数的个数也都是无限的,这些后来均被一一证明。其实这些都是狄利克雷原理的特例。也有人认为形如 2^n-1 的梅森素数有无限多个,形如 n^2+1 的素数个数应为无限,这些数论难题仍在神秘地向人们招手。

数学家在研究 $\pi(x)$ 的过程中,借助于素数表,力图从经验数据中能得一些启迪,发现某种规律。

1800 年左右,借助 40 万以内的素数表,根据数值计算,勒让德提出了一个令人惊奇的精确的渐近公式

$$\pi(x) \sim \frac{x}{\ln x - 1.08366} \quad (x \to \infty)$$

符号“ ~ ”读作等价于。简单地说,$A \sim B$,即

$$\lim \frac{A}{B} = 1$$

1849 年，高斯在给数学家恩克(J. F. Encke)的一封信中谈道，他在 1792 年至 1793 年间研究了 300 万以内的素数的一切情形，通过考察每 1 000 个相邻整数中的素数个数，发现对于大的值 x 的“素数平均分布密度”$\frac{\pi(x)}{x}$应是$\frac{1}{\ln x}$。于是，形成了素数定理

$$\pi(x) \sim \frac{x}{\ln x} \quad (x \to \infty)$$

或表示为

$$\lim_{x \to \infty} \frac{\pi(x)}{\frac{x}{\ln x}} = 1$$

这个定理的证明，半个世纪毫无进展。1852 年左右，切比雪夫首开纪录，证明出切比雪夫不等式。此外，他为研究素数定理，还引进了两个重要的数论函数 $\theta(x)$，$\Psi(x)$。

切比雪夫从小左脚就有残疾，走路不便。在家庭教师的指导下，从《几何原本》中吸取了丰富养分，他被欧几里得关于素数无穷多的精湛证明深深吸引，从小就迷上了数学和机械。

切比雪夫一生在数论、概率论、函数逼近论几个

领域做出不可磨灭的贡献。是他在俄罗斯贫瘠的数学土壤里,辛勤耕耘,培育起彼得堡数学学派,使俄罗斯数学走入世界主流。

切比雪夫和爱尔特希一样终身未娶,日常生活十分简朴,他的一点积蓄全部用来买书和制造机器设备。爱尔特希关心数学界新人,提携后生,乐于与同行交流,从不保守,切比雪夫同样如此,在他周围迅速聚集起一批后起之秀,推动了俄国数学的发展。

相比之下,切比雪夫与爱尔特希还有一点不同之处。爱尔特希全力以赴搞数学,对数学以外的事务几乎是一窍不通。切比雪夫从小就迷恋机械,并利用先进的数学工具,建立了许多机器设计的理论和算法。据统计,他一生共设计了40多种机器和80多种这些机器的变种。他设计的步行机,可以惟妙惟肖地模仿动物的行走动作,他的许多新发明曾在1873年的巴黎博览会和其后的芝加哥博览会上展出,引起各界人士的极大兴趣。现在俄罗斯国内的一些机构还珍藏着若干他发明的机器或仪器。

1859年,黎曼发表了题为《论不大于一个给定值的素数个数》的著名论文,提出至今仍未解决的黎曼猜想。这是黎曼唯一的一篇研究数论的论文，文章极其简略，但文中提出了一个影响深远的猜测，即所谓黎曼假设。其后 30 年，不少数学家力图证明文中主要结果，但都徒劳无功。但正是黎曼在文中的精辟分析，表明研究素数分布的关键在于进一步探讨黎曼 ζ 函数，特别是 $\zeta(s)$ 的零点性质。

沿着黎曼的方向，法国数学家阿达马（J. S. Hadamard）和比利时数学家瓦莱普桑（Vallée - Poussin）在严格证明了黎曼文中的主要结果后，分别独立地运用高深的解析工具即复变函数方法，终于证明了素数定理。从问题的提出到获得解决，花费了人类一个世纪的时间。

关于素数定理，美国著名数学家、控制论之父维纳后来又给出一个立足于实分析的复杂的新证明。数学家们一个世纪的艰苦努力，使人们深信不疑：素数定理的证明离不开较为高深的数学工具，因而寻找一个初等方法的证明十有八九是白费力气。1921 年，英国解析数论大师哈代，在丹麦哥本哈根数学会演讲中有一段话集中反映了这种看法，虽然“断言一个定理肯定不能用某种方法证明是轻率的”，但是素数定理的初等证明照他看来是不可能的。“如果谁给出了素数定理的初等证明，那他就证明了我们现在关于数论、解析函数论中何谓深刻、何谓肤浅的见解是错误的……从而到了该丢掉一些著作来重写理论的时候了。”

瓦兹索尼回忆说：“爱尔特希沉浸在素数的世界里，素数是他的一切，他与素数之间似乎有着某种奇妙的密切关系。他20岁时便宣称要应用古代的埃拉托塞尼筛法，用初等运算证明伟大的素数定理。20年后他肯定要做到这件事。”事实上，并未到20年，爱尔特希就实现了这一愿望。

这时，在数学舞台上，一位重要人物跃马扬刀、生龙活虎地登台亮相了，他就是赛尔伯格。赛尔伯格，1917年6月14日生于挪威的郎厄松，他在数论、调和分析、李群离散子群等方面都有杰出的贡献，1950年获得菲尔兹奖，1986年赢得沃尔夫奖，彪炳数坛。他1947年移居美国，取得美国国籍，后成为美国科学院院士。

他的家庭是个名副其实的数学之家，父亲和赛尔伯格兄弟三人都是数学教授，环境熏陶，耳濡目

染,使赛尔伯格从小就喜爱数学。大约在13岁时,他课余自学数学,看到

$$1-\frac{1}{3}+\frac{1}{5}-\cdots$$

发现奇数的倒数配以符号的交替变化而构成的无穷项之和居然等于$\frac{\pi}{4}$,这使他赞叹不已,实在美极了。上大学的哥哥从图书馆里借回来印度奇才拉马努金的全集,他也好奇地翻阅,简直像是发现了新大陆,极大地唤起了他的想象力。中学时代就写出了一篇论文《关于某些数论的等式》。他在奥斯陆大学获得博士学位,毕业后留校任教。

他认为,数学是一种最激动人心的智力活动。他语重心长地分析道:"在数学中,美学的漂亮、简洁、别致等等是与其真理性一样重要的。"他回忆自己和很多同行的亲身经历,感到并未从中学数学教育里受到特别的鼓舞,而坦诚建议:"中学数学的内容一定要重新斟酌,应该增加一些涉及如何发现并令人振奋的内容。"

1942年,年方25岁的赛尔伯格发表了博士论文

《论黎曼 ζ 函数的零点》,长达 59 页,被公认为是研究黎曼猜想的重大进步,赛尔伯格由此也声名鹊起。在素数定理的证明上,他独辟蹊径,获得了重要的赛尔伯格不等式,这就给素数定理的初等证明带来了希望的曙光。

哈代做出素数定理初等证明几乎不可能的断言时,爱尔特希只不过是个 8 岁的孩子,哈代的看法对他影响甚微。生活在匈牙利的数学氛围之中,匈牙利的数学风格对他的数学研究方式产生了潜移默化的影响,他习惯于用初等简单的工具获得深刻一般的优美结论。

关于素数定理的证明,由于 19 世纪复变函数的长足进展,黎曼 ζ 函数的巨大威力以及切比雪夫函数 $\Psi(x)$ 与 ζ 函数的联系,使得人们自然而然地沿着黎曼指引的方向,信心十足地运用高深的工具进行证明的尝试。赛尔伯格却独树一帜,爱尔特希意识到赛尔伯格不等式是通往素数定理初等证明的希望之路。

在扫除了一个又一个障碍,攻克了一个又一个难关之后,直觉提醒爱尔特希,素数定理的初等证明已遥遥在望。爱尔特希情不自禁,喜形于色,他认为向这一世界难题发起总攻的时机业已成熟。于是他夜以继日地思考,废寝忘食地推导。盼望已久的时刻终于来临,看着草稿纸上推导出的最后结果,爱尔特希明白,定理已用初等方法证明完毕。他喜气洋洋:“我又一次打开了数学圣经,多么漂亮的证明!”

爱尔特希抬起头来,发现窗外已阳光明媚。他推开窗户,清新的空气扑面而来,不知不觉又是一个通宵达旦。他关了灯,顾不上腰酸背痛,就兴冲冲地去给好友打电话通报这个天大的喜讯。“嗨,昨天夜里我看到了直接来自‘圣经’的美妙文字……”对方显然熟悉爱尔特希的独特用语,随口问道:“是哪一章节的?”“关于素数定理的初等证明,这一段时间 SF 一直在折磨我……”听者大吃一惊:“你说什么?素数定理的初等证明?”……同伴一放下电话,就急匆匆地赶到学校,逢人就讲:“嗨,知道吗?爱尔特希引爆了一颗原子弹。”

与此同时,赛尔伯格从他的不等式出发,用初等方法也证明出了素数定理,殊途而同归。

1949 年,两人的论文分别在不同的刊物发表了,距哈代讲话时隔28年。遗憾的是,哈代已与世长辞两年之久了。

他们的证明除了用到 $\exp x, \ln x$ 等超越函数的简单性质外,并未涉及任何微分与积分的知识。与解析证法相比,他们成功地达到了该证明中有关 ζ 函数的四个至关紧要的性质的算术等价形式。中国数学家潘承洞、潘承彪教授曾对他们的证明做出精辟的分析,指出证明所依据的基本定理和工具都同于算术基本定理,从刻画正整数与其素数因子关系的算术基本定理出发,使用初等方法推演出素数定理。

数学家都认为素数定理是最高级的数学定理,素数的分布非常不规则,素数定理却清晰明了地给出了它的有关极限的一般规律。一个好的问题往往形式优美,叙述简洁,可是证明出来却要大动干戈,费尽九牛二虎之力,特别是用初等的工具获得高深的结果更是难上加难。正因为如此,人们称素数定理的爱尔特希-赛尔伯格初等证明是惊人的力作。它既显示了证明者超人的智慧、非凡的能力,也揭示了素数定理的内在本质。

1950年,在美国坎布里奇举行的第11届国际数学家大会上，赛尔伯格获得菲尔兹奖的殊荣，而爱尔特希则于1951年赢得五年一度的美国科尔代数和数论奖。科尔代数和数论奖是为了纪念美国数学会主要刊物《通报》长达25年的主编科尔，在他作为美国数学会书记退休时设立的。最初的基金是由科尔教授从他的退休金中捐赠的，并得到学会的赞助。后来他的儿子又使基金翻了一番，目前为2 250美元。这些奖项奖金并不丰厚，却是对一个数学家辛勤劳动、出色工作的充分肯定。

这里有个小故事值得提一下。素数定理的初等证明告捷后，爱尔特希与赛尔伯格原商定各写一篇论文，同时在一家权威刊物上发表。论文发表之前，爱尔特希给一些数学家寄去了明信片，通报了他和赛尔伯格攻克了素数定理的消息。一次偶然的机会，赛尔伯格碰上了一位数学家，此人显然不认识赛尔伯格，他问："你听说了吗？爱尔特希和另一位名字叫什么的搞出了素数定理的初等证明。"据说，赛尔伯格误会了，便抢先独自发表了论文。看来杰出的数学家之间也需要沟通信息、增进理解。

素数定理的初等证明引起了数学界的极大关注

和浓厚兴趣，坚定了数学家们的信心，一时间，用初等工具对某些结论进行重新证明成了他们关注的热点。对于被称为“酵母”的二次互反律的证明，从20世纪50年代初期起，几十年间许多数学家进行了简化，有些证明用到一点初等微积分，使得证明的思路更清楚，形式更简洁。还有人致力于赛尔伯格不等式证明的简化和推广，也取得了不俗的成果。

概率论中有讨论随机变量序列部分和的分布渐近于正态分布的一类定理，20世纪20年代，波利亚称这类定理为中心极限定理，意指至少在一段时间内它处于研究的中心。它是概率论中最为重要的一类定理，而且有着广泛的实际背景。在自然界与社会生产生活中，如果一些现象（如射击）受到为数众多、相互独立的随机因素的影响，而每个因素产生的影响很微小，则总的结果（如弹着点在靶上的分布）就可以看作是服从正态分布的。中心极限定理就是从数学上来说明这一深刻现象的。

概率数论发端于1917年哈代和拉马努金关于数论函数 $\omega(n)$ 的研究。$\omega(n)$ 表示 n 的不同素因子的个数，比如 $\omega(20)=2$（20只有2，5两个不同素因子)。显然,p 为素数时 $\omega(p)=1$。它的分布很不规则,可以取任意大的整数值,但又无穷多次地取值 1,2,3 等。因此,人们转而考虑 $\omega(n)$ 在区间 $[1,x]$ 中的期望值,其中 x 是大于或等于 2 的整数。

爱尔特希在普林斯顿高等研究所,与卡茨、温特纳一起,建立了概率数论。1934 年,爱尔特希的挚友图兰证明,有

$$\sum_{n\leq x}(\omega(n)-\ln\ln x)^2=O(x\ln\ln x)$$

1939 年,爱尔特希与卡茨发展了图兰的方法,证明了关于数论函数的中心极限定理,史称爱尔特希-卡茨定理。

在数论函数的研究中,他和卡茨用中心极限定理和布龙筛法得到:若用 $A(X;\alpha,\beta)$ 表示不超过 X 满足 $\log\log n+\alpha\sqrt{\log\log n}<f(n)<\log\log n+\beta\sqrt{\log\log n}$ 的 n 的个数,则当数论函数 $f(n)=\omega(n)=\sum 1$ 时,有

$$\lim_{X\to\infty}\frac{A(X;\alpha,\beta)}{X}=\frac{1}{\sqrt{2\pi}}\int_{\alpha}^{\beta}\mathrm{e}^{-\frac{u^2}{2}}\mathrm{d}u$$

印度传奇数学家拉马努金与华罗庚的经历颇具

相似之处,他是哈代发现并指导的另一位自学成才的数学家。1913年,在贫困孤独中苦苦挣扎的拉马努金鼓足勇气第四次投书著名数学家毛遂自荐。前三封信都石沉大海,这一次是寄给哈代的,信中罗列了自己独立发现的120个数学定理。信手一翻,除其中一两个是早已为人熟知的结果外,许多定理看上去毫无道理,哈代估计又遇到了沽名钓誉的骗子,随手将信丢弃一旁。但是,那一整天,那封信一直在哈代的脑海中闪现。晚上,哈代邀请剑桥另一位数学大师李特尔伍德(J. E. Littlewood)共同研究这个印度人所得结论的数学价值。夜深人静,人们早已进入了梦乡,他们却兴奋异常,拉马努金是一个天才,许多定理虽看上去离奇古怪,但不可能有人具备如此丰富的想象力去虚构它们,其中必定有闪光的珍珠。事实上,拉马努金在几乎与世隔绝的环境中,依托不多的几本书,我行我素地研究数学,与外界很不合拍,但由于他的超群绝伦的数学直觉,使得许多研究课题远远超出了他所处的时代,他的成果有助于解决计算机和物理学中的许多问题,甚至是一些他当时一无所知的科学领域。

哈代决定邀请拉马努金去剑桥工作。几经周折，拉马努金来到了剑桥，哈代不失时机地给拉马努金补课，传授最新的知识，讲解研究前沿，并与他合作写出一些不凡的数学论文。

作为虔诚的印度教徒，拉马努金一向素食，但在英国很难找到合口的饭菜，再加上不习惯英国寒冷潮湿的气候，他终于病倒了。医生诊断是肺结核，也有人怀疑是体内严重缺乏维生素。无奈之下，他回到了印度。1920 年，32 岁的拉马努金离开了人间。

后来，人们在他的几本研究笔记和大量草纸上发现了上千条定理。一次，波利亚从哈代那里借来了拉马努金的笔记本，几天后，当他还笔记本时，几乎仍处于一种狂热状态中而不能自拔。波利亚说，拉马努金的公式竟吸引他放下手头该做的工作，千方百计要证明它们。

通过介绍，读者不难明白为什么数学界将爱尔特希誉为“西方的拉马努金”。

哈代曾对无师自通的拉马努金的数学直觉给予高度的评价：“拉马努金的方法不属于当代数学家的流派……他那种原创的巧妙想法源源不断地流出，

对于欧洲来说，正因为他代表着不同的流派，因而更有价值。”在数学研究的合作过程中，爱尔特希实际上充当了拉马努金，他常给那些训练有素的数学伙伴以全新的思路，意外的补充，从而使问题峰回路转，豁然开朗。

一致分布研究的是实数的分数部分在区间 $U_1=[0,1)$ 中的分布问题，在解析数论、概率论和近似分析中都有重要应用。《中国大百科全书·数学卷》将一致分布列入数论类内。

令 $x_i(i=1,2,\cdots)$ 为 U_1 中的一个点集。对于任意正整数 n 及任意实数 $r\in U_1$，以 $N_n(r)$ 表示 n 个点 $x_i(1\leqslant i\leqslant n)$ 落入区间 $[0,r]$ 的点的个数。如果

$$\lim_{n\to\infty}\frac{N_n(r)}{n}=r$$

则称点集 $x_i(i=1,2,\cdots)$ 在 U_1 中一致分布。

命

$$D(n)=\sup_{r\in U_1}\left|\frac{N_n(r)}{n}-r\right|$$

$D(n)$ 称为点列 $x_i(1\leqslant i\leqslant n)$ 的偏差。偏差是用来刻画一致分布点集的分布误差的。爱尔特希和图兰对

$D(n)$的估值得到出色结果。

爱尔特希与塞尔福里奇(J. Selfridge)在伊利诺伊大学解决了一个困惑人们150年之久的数论问题:证明连续整数的乘积不可能是整数的平方、立方或其他更高次方。从此两人成为亲密的合作伙伴。

爱尔特希逝世后,一次在纪念会上,塞尔福里奇回忆起了这篇论文的有关情况。他坦言爱尔特希提供了证明的关键思想,自己帮助他完善了几件工作,贡献是微不足道的。塞尔福里奇认为成果是爱尔特希的,但爱尔特希坚持这篇论文是双方的共同努力,最终以合作的形式发表了。多年来,塞尔福里奇一直为爱尔特希的宽阔胸怀,无私坦荡,提携后辈而感动不已。

在遭受麦卡锡主义无理刁难,拒绝发给他美国的入境签证后,20 世纪 60 年初,爱尔特希屡屡向美国政府提出入境申请,并附上一封封大学校长、学界名流甚至参议员的声援信,但均告无效。

1963 年夏,塞尔福里奇与斯特劳斯征集了几百位数学家的签名,向美国政府施压,强烈要求允许爱尔特希重新入境。也许因为事过境迁,麦卡锡主义影响式微。塞尔福里奇得悉当年 11 月爱尔特希终于可以如愿以偿了。

塞尔福里奇很了解爱尔特希,他曾写过13篇关于爱尔特希的文章。他知道爱尔特希的英语是跟从未听过地道英语的、仅凭一本书自学的父亲学习的,即便以后长期生活在英语世界依然未见任何长进。1946年,塞尔福里奇刚进入西雅图大学读书。一天他得知闻名遐迩的爱尔特希在斯坦福大学发表演讲,便兴冲冲地赶过去,结果几乎一句话都听不懂。朋友告诉他,一部讲述爱尔特希的美国纪录片不得不给他那南腔北调、令人费解的英语对话配上字幕。

人们猜测,对任意的自然数 n,n^2 与 $(n+1)^2$ 间仍有素数。这个猜想至今悬而未决。我们从切比雪夫和爱尔特希所解决的在 n 与 $2n$ 之间必有素数这个结论出发,只能推知在 n^2 与 $2n^2$ 之间肯定有素数。

数可谓是数学最为古老的研究对象,数的千变万化,数中充满的富有魅力的奇异美妙现象,吸引着一代又一代的数学家和业余爱好者为之呕心沥血,孜孜不倦。相信随着时间的推移,人们将发现更多的数的神奇现象和规律,因为从本质上而言,人的认识能力也是没有穷尽的。

第五章　天下谁人不识君

我看到了，但我简直不能相信它！

——G. 康托尔

1. 耶城情未了

耶路撒冷，一座饱经沧桑的著名古城，是犹太教、基督教、伊斯兰教的圣地。取名耶路撒冷，意指“和平城”，然而，这并未给它带来和平。千百年来，数不尽的征战给这块土地上的人民带来了痛苦的回忆。位于老城的“哭墙”举世闻名，它是犹太历史的重要标志，其旧址原属敬奉上帝耶和华的圣殿。公元1世纪初,罗马人凶残镇压犹太起义,焚毁“希律”圣殿,仅留一段西墙以炫耀武功。传说圣殿被毁之时,有六位天使在此恸哭,泪水渗入残墙,故而坚如磐石。每年,常有世界各地的犹太游子聚在墙下痛哭流涕,寄托怀国哀思。

几个世纪以来,犹太人背井离乡,饱尝颠沛流离之苦,在许多国家处境艰难,惨淡经营,每逢动乱之际,又常遭惨无人道的血腥屠杀,自然梦寐以求重返祖先之属地巴勒斯坦,重建犹太人国家。英美为了自身在中东的利益,先后插手此事。苏联对此也很积极,在联合国特别会议上提议,结束英国在巴勒斯坦的委任统治,将巴勒斯坦分为犹太国和阿拉伯国。1948年5月14日,在特拉维夫城,以色列宣布成立。犹太复国运动反映犹太人重返故居、安居乐业之善良愿望,却势必要与千百年以来巴勒斯坦主人阿拉伯民族摩擦冲突,加之大国插手,暗中操纵,多年来双方横刀陈枪,杀机四起,甚至数次大动干戈。巴以对峙实难缓解,地区局势复杂严峻,中东人民企盼和平发展,安居乐业的良好意愿不知何日方成现实。

随着中以建交,以色列揭去了神秘的面纱,逐渐为中国人民所了解。以色列是名副其实的弹丸之国，国际上认可的面积约2.1万平方千米，世界地图上，在以色列国土上甚至写不下自己的国名，只得写到地中海里去。以色列的自然条件较差，一半以上的地方是毫无生气的沙漠和寸草不长的荒山。除死海的钾盐外，其他资源几近空白。然而以色列人民却十分珍惜这片孕育出犹太教、基督教的神奇土地。1991年，以色列成功地组织了一次代号为“所罗门”的空中救援行动，在一天之内用飞机将14 000多名埃塞俄比亚的黑色犹太人运送至以色列。很多朝思暮想重返家园的犹太人，一下飞机就长跪不起，尽情亲吻心中的圣地。

如今的以色列，已跻身世界发达国家行列，这对于一个条件恶劣、资源贫乏、建国仅半个世纪、其间打了6场战争的国家而言，确实是难能可贵的，是人间奇迹。

究其原因，关键是对科学技术和人才的重视。以人均计算，以色列的科学家、医生世界第一。由于国内容量有限，因而人才时有外流，特别是流向美国。以色列的首任总统魏茨曼（C. A. Weizmann）是著名的化学家,他曾在第一次世界大战中发明了一种廉价炸药。基于对人才的重视,他于建国的同一年,创建了魏茨曼科学研究院,该院为以色列培养了大批科研人员,现已成为世界十大科研机构之一。

自古以来,犹太人四处漂泊流浪,无依无靠,知识是他们赖以生存发展的唯一武器。凡是有犹太人聚居的国家,犹太人总是在当地知识界占据举足轻重的地位。世界各国的大思想家、大科学家、声名显赫的专家学者,犹太人往往占一定的比例。马克思、爱因斯坦、冯·诺伊曼、维纳、弗洛伊德、爱尔特希均是犹太人。到 1991 年为止,沃尔夫奖的 26 位得主中,有 7 人是犹太人或是犹太人后裔。在匈牙利数学家中,犹太人的比例很高,其中三大学派的首领费耶尔、F.里斯、爱尔特希均是犹太人。较年长的一辈中,迫于环境离开故居另图发展的大有人在:冯·诺伊曼、波利亚、塞戈最终移居美国;M.里斯去了瑞典;费克特则选择了耶路撒冷。也有不少人故土难舍,依然留在国内无怨无悔地搞数学。在 1972—1982 年的 10 年间总数为 25 万的苏联犹太人移居国外,其中有数千名数学家。这既损害了苏联的国际形象,也使苏联的数学研究受到沉重打击。

众所周知,诺贝尔奖是举世闻名的大奖,却与数学无缘,对此人们有过种种猜测推断。数学界公认的诺贝尔式的大奖是菲尔兹奖和沃尔夫奖,前者在四年一度的国际数学家大会上颁发,奖品是一枚金质奖章和1 100美元奖金,该奖的最大特点是奖励年轻人,迄今未有40岁以上的得主;后者是1976年由沃尔夫及其家族捐献1 000万美元设立的。沃尔夫基金会设物理、化学、医学、农业和数学五个奖,1978年开始颁发。1981年又增设艺术奖。该奖每年颁发一次,每个领域奖金为10万美元,可由几个人分享。

沃尔夫(R. Wolf)是德国人,其父是汉诺威城五金商,也是该城犹太社会的名流。沃尔夫曾在德国研究化学,并获得博士学位。第一次世界大战前移居古巴,他用将近20年的时间,历尽艰辛,成功地发明了从熔炼废渣中回收铁的方法,因而致富。1961—1973年任古巴驻以色列大使,以后定居以色列。1981年,在以色列去世。

沃尔夫数学奖具有终身成就奖的性质,得主俱为做出了卓越贡献、举世瞩目的数学大师,其中就有爱尔特希。1984 年 5 月，以色列总统在以色列国会上将 1983—1984 年度沃尔夫数学奖颁发给爱尔特希（另一位获奖者是美籍华裔数学家陈省身），以表彰他在数学研究上的丰功伟绩和对全球数学合作的有力推动。沃尔夫奖的 5 万美元，他几乎和盘托出，以父母的名义捐赠给以色列作为奖学金。1976 年，他还捐赠设立了爱尔特希奖，由以色列数学联合会主持，每年奖励一位成绩不俗的以色列数学家。

爱尔特希辞去了在圣母玛利亚大学的工作后，因麦卡锡主义的影响，被吊销了美国绿卡。他去了荷兰的阿姆斯特丹，希望在西欧的数学旅行能顺畅无碍。然而现实却令他大失所望，荷兰只给了他有效期几个月的签证，英国也不容乐观，原来都不喜欢他与红色中国亲善。最后，以色列向它的同胞伸出了援助之手，同意他在耶路撒冷的希伯来大学做3 个月访问学者，使他摆脱了困境。即便如此，爱尔特希仍不忘数学，为了他悬赏的一个集合论问题的解答第一次支付了20 美元的奖金。此后，他就居住在以色列，但拒绝加入以色列国籍并保留匈牙利护照，他要做世界公民。

1955 年,以色列理工学院委任爱尔特希为“终身访问教授”。爱尔特希后来在此校捐款设立了博士研究职位,现在已成为组合数学领军人物的阿伦(N. Alon)1975 年作为学院新生第一次见到威震数坛的爱尔特希。3 年后,爱尔特希给了他一个问题,遂产生了阿伦的处女作——讨论极值问题的论文,并成为其理科硕士论文的课题。阿伦充满激情地回忆道,他阅读的第一本讨论组合学的书就是爱尔特希那本闻名遐迩的《计数的艺术》。

2. 名师出高徒

综观爱尔特希的一生,在数学研究中,他乐于助人,尤其是帮助提携后生。1957 年曾在普林斯顿做访问学者,亦曾在孟菲斯大学、剑桥大学工作过的布鲁巴斯(B. Bollobás),以 14 岁的年龄就在以高难度著称的匈牙利大学生数学竞赛中脱颖而出。他被奖励在布达佩斯的一家饭店和大名鼎鼎的爱尔特希见一次面。从此就在爱尔特希的精心点拨下进行组合数学的研究,开始了卓越非凡的数学航程。他们的第一次会面就是他俩长达40年合作的开端,这些年来他俩共合作发表了15篇论文。他说:"事实上,遍布全球的数十位数学家,在事业上都受到了他的帮助。"格雷厄姆评论道:"爱尔特希对年轻数学家特别关照,常常帮助他们验证研究结果。为了能给青年数学家一个上进的机会,自己往往不发表研究结果。"

爱尔特希最为赏识并倾注大量心血的是匈牙利神童波塞。

1959年夏天,爱尔特希从美国回到故乡布达佩斯,"少小离家老大回,乡音无改鬓毛衰"。多瑙河畔的一草一木都使他倍感亲切。他无暇饱览故居风光,就一头扎进了数学。不久,从朋友处,爱尔特希得知一个11岁男孩波塞数学超常,顿生兴趣。一个电话打过去,希望与波塞见面谈谈数学。波塞的妈妈也是一位数学家,当她听说闻名遐迩的爱尔特希对小波塞感兴趣,真是喜出望外。第二天,两个人就坐在一起边吃边聊,爱尔特希试探着问波塞一个自己早年发现的简单的结果:如果有 $n+1$ 个正整数,都小于或等于 $2n$,证明其中一定有一对数是互素的。

显然,这样的数如果只有 n 个,命题就不成立,因为从 2 到 $2n$ 为止的 n 个偶数中,任何两个都不互素。只过了半分钟上下,波塞脱口而出:“如果有 $n+1$ 个正整数,它们都小于或等于 $2n$,那么其中必定有两个是相邻的,因而是互素的。”用数论的符号表示为 $(k, k+1)=1$。爱尔特希按捺不住内心的喜悦,兴奋得用手拍拍波塞的头:“太漂亮了,太好了!”虽然爱尔特希在若干年前就发现了这个结果,但他清楚地记得自己花了十多分钟才找到真正简单的证明。真是一个数学奇才,与同在 7 岁时用简便方法求出 1 到 100 的和的高斯不相上下。

爱尔特希急不可耐地推开盘碟,就在餐桌上给波塞讲起了图论,他惊喜地发现波塞聪明透顶,领悟很快。不知不觉几个小时过去了,爱尔特希仍是眉飞色舞,毫无倦意。波塞更是眼界大开,兴奋异常。

自此爱尔特希就开始有计划地指导波塞进行研究了。他主要通过问题来引导波塞研究数学。爱尔特希到处做数学访问,他们只能通过书信交流。两人分手没隔多久,一封爱尔特希寄自美国的信送到了波塞的手上。爱尔特希根据好友图兰 1940 年在劳动营中搬运铁路枕木之余搞出来的定理,取其特殊情况,精心编成了一个习题:一个图如果有 $2n$ 个顶点和 n^2+1 条边,就一定含有三角形。波塞很快做出了证明。爱尔特希收到波塞的来信,见到波塞的证明,情不自禁地称赞说:“神童,了不起的神童!”于是,给波塞的信接踵而至,内中提及如下一个问题:考虑一个无穷级数,它的第 n 项是一个分数,分子为 1,分母为 $1,2,\cdots,n$ 的最小公倍数,证明这个级数的和是无理数。尽管对于一个学有所成的数学家而言,这道题并不难对付,但它对于一个 12 岁的黄毛小子可就有些分量了。不久,爱尔特希收到了波塞的回信,他又给出了漂亮的证明。爱尔特希的心里乐开了花,他知道自已捡到了一颗“宝石”。

转眼间,波塞已经 13 岁了,爱尔特希又回到了布达佩斯。这次他为波塞换了口味,讲到了组合数学中著名的拉姆齐定理 $k=2$ 的情况:一个无限图中,要么存在一个含无限个点的完全图,要么含一个无限点的子图,其内点点互不相连。波塞花了一刻钟的时间弄懂了定理的含义后,便起身告辞。夜里,爱尔特希正在灯下做数学笔记,电话响了,话筒里传来了波塞激动的声音:"爱尔特希教授,我找到证明方法了。""真的吗,孩子? 明天带来我们讨论讨论……"

在波塞还是一个 14 岁的孩子时,爱尔特希就发自内心地把他当成一个成熟的数学家来对待了。爱尔特希注意因材施教,扬长避短。他发现波塞学习微积分有些吃力,而且不太喜欢几何,于是他就挑选图论、组合数学等方面的问题来讨论研究。这一招果然奏效,波塞 15 岁时,便发表论文讨论哈密顿回路。国际图论界对此大加赞赏,波塞被誉为奇才。

1962 年,波塞 14 岁时,两人发表的论文《论图的不相交的回路的最大值》内容丰富,其中结果屡屡被同行引用,比方定理:任何有 n 个点、$n+4$ 条边的图中都含有 2 个不相交的回路。

波塞成长于匈牙利良好的数学氛围中,中学阶段又巧遇布达佩斯创办了数学专业中学,众多数学超常少年济济一堂,互相促进,再加上爱尔特希的精心培养,他迅速成长,接二连三地独立发表论文。早在 1962 年,爱尔特希就发表论文《关于波塞论文的注释》,引起了数坛的关注。

1959 年,爱尔特希的恩师费耶尔因脑溢血与世长辞。也正是这一年，爱尔特希发现了波塞。这是否是一种巧合呢？

费耶尔培养出了爱尔特希，爱尔特希又培养出了波塞，真是世人相传颂，名师出高徒。

3. 数学的"圣经"

爱尔特希说："人们创造了数学还是仅仅发现了它，这是一个一直在争论的问题，换句话说，是否有我们尚未认识到的数学真理存在？如果你相信上帝，答案是显而易见的，数学真理就在 SF 的头脑里，而你只是去重新发现它们罢了。"

他还煞有介事地引用了一首诗来说明自己的观点：

有个青年说："主啊，我总有被遗弃的感觉，孤零零的。当院中空无一人时，就连梧桐树也不抽芽生长了。"

"亲爱的先生，你的担心是多余的；我总守护在院旁，树木也一直在生长，一切的一切，全由我在监护着。"

爱尔特希不止一次地强调："SF有一本超级的'圣经'，这本'圣经'里包含所有数学定理的第一流的完美无瑕的证明。没有人能够从头至尾地欣赏玩味全书，只有万能的SF完整地拥有它，人间的凡夫俗子自然无从察看，纵然是数学天才也只能浏览其中的一些片断。"他的字里行间流露出柏拉图主义的数学哲学观念。

他不仅自己埋头苦干，联合攻关，力求多看看这本"圣经"中的精彩内容。他还先后提出几百个有待证明的问题猜想，自掏腰包为每个问题设置了数额不等的奖励，低的100美元，高的达到1万美元，以鼓励解答者，以求了解"天书"更多的篇章。他说："有人问要是你那些定理都被证明了，那你怎么办？那我就得倾家荡产。不过，要是一家资金最雄厚的银行突然遇到所有的存户都要求提款，那么这家银行又会怎么样？会破产倒闭。要让我的定理全被证出来，先要等这家银行破产。"

柏拉图是西方文化名人，出身于雅典的一个名门望族。早年颇有政治抱负，在老师苏格拉底被奴隶主民主派政府处死后，弃政从学。约公元前387

年，他在雅典创设柏拉图学园，该学园成为当时数学、科学与政治理论等的研究中心。

柏拉图是古希腊唯心主义哲学的代表人物。他奉行理念论，他的哲学研究的出发点是“共相”。例如，在日常生活中，人们接触或观察到形形色色的圆形的事物，如车轮、月亮、太阳、茶盘、脸盆……这些事物存在于经验的物理世界之中，它们的外形都不是严格的圆形。而作为数学的“圆”就是一种“共相”，它存在于永恒不变的、完美无缺的理念世界之中。车轮等的圆形是理念世界中圆的“不完善的影子”。既然“共相”是一种真实的存在，循此思路，柏拉图自然认为数学的对象（如圆）是在“理念世界”中真实存在着的，它是一种独立的、不依赖于人类思维的客观存在。简言之，柏拉图在数学的本体论问题上采取了实在论的立场。既然数学对象存在于神圣永恒的理念世界中，那么数学研究的应是理念世界中永恒不变的关系。然而，永恒可靠的数学知识怎么能借助于暂时多变的经验来认识？于是，柏拉图强调数学认识活动的先验论观点。数学真理只能通过“对先天的回忆”得到，只能为人发现，并非为人所发明或创造。

爱尔特希就认为,人们只能重新发现数学真理,重现“圣经”的某些章节。格雷厄姆说得更形象直观:“就如国际象棋,它实实在在摆在那里。数学也实实在在地存在着,等你去发现。在人类存在之前,素数定理就是那副样子;我们全不在了,它依然如故。”罗素一度信奉柏拉图主义,他在《我的哲学的发展》一书中写道:“柏拉图式的永恒世界给了我一种与我无关的东西使我崇拜……我一想到数学就有崇敬之心……”他神思涌动,“在我的想象中,所有的数目都排成一行,坐落在柏拉图的天空中。”

赫希在《复兴数学哲学的一些建议》中断言,研究这个问题的大部分专家认为:一个典型的“正在工作的数学家”在工作日是个柏拉图主义者,在星期天则是形式主义者。也就是说,当此人在专心致志搞数学时,他确信自己正在研究一种客观的实在;但是,在被问及这些实在的哲学含义,特别是诸如实无限性的概念的实在性时,却感到要解释清楚并不那么容易,干脆挂免战牌,声称自己并不相信数学的实在性。

法国数学家、布尔巴基学派主将迪厄多内(J. A. Dieudonne)坦诚直言:“说起基础,我相信数学的实在性;但是当哲学家用悖论攻击我们时,我们自然会赶紧躲到形式主义的背后,并且说‘数学只是无实在含义的符号的组合’……过后,我们又心安理得地搞起自己的数学……”

那么柏拉图主义影响深远、门徒众多的原因何在?

其一,从理论层次上讲,作为对数学基础的解释,柏拉图主义的层次较高。逻辑主义力图将数学化为逻辑推理的同义反复,直觉主义高举有限、构造两柄大斧将数学大树砍得支离破碎,形式主义则试图把数学转化为无意义的符号系列。希尔伯特在其雄心勃勃的规划中,计划用有限的方法证明包含无穷的数学体系的无矛盾性,以求一劳永逸地解决数学基础的可靠性。哥德尔定理的出现宣告了希尔伯特规划的失败,尽管他提出的证明论、元数学的思想使数学进入了更高的境界。这三个学派都是通过对数学理论本身的严格整理,以求利用数学自身的力量给数学奠定牢不可破的基础。

柏拉图主义则从数学之外，通过哲学的指导作用，确定数学对象的真实存在，数学真理的绝对可靠，把数学从人类的实践和思维中，硬塞进天上的理念王国。它给出了数学整体与宇宙自然的关系，强调以数学为表现形式的宇宙和谐，坚持科学产生于用数学解释自然这一信念，成为很多数学家献身数学的精神动力。

其二，从历史根源上讲，由于古希腊哲学与数学的相互影响，使得柏拉图主义源远流长、根深蒂固。由于无理数$\sqrt{2}$的发现，毕达哥拉斯的"万物皆数"不攻自破。柏拉图沉思的目光转向了几何，"几何会把灵魂引向真理，产生哲学精神……"数学是通往理念世界的必不可少的桥梁。中国哲学家汪子嵩指出，柏拉图的哲学事实上是"数学化的哲学"。古希腊哲学家交付给数学的任务不仅是几何图形的性质，而且有对宇宙结构的数学说明，"用一个假设的、无形的世界来解释有形的世界"（波普尔（K. Popper））。欧几里得的几何经典之作《几何原本》含有元素、要素之意。原著第13卷（14、15卷为后人添加）恰以5种正多面体结束，而这5种正多面体正是希腊人认为构成宇宙万物的基本要素。柏拉图学派把观念世界和现实严格区分开来,坚信只有观念世界中的关系才是永恒的绝对真理,是宇宙自然的真谛,这种思想在西方文化体系中占据了重要的地位,影响了一代又一代数学家。

其三,从数学家的精神需求来讲,人可以没有宗教,却不能没有信仰。越是从事高层次精神创造的人,越是要考虑工作的价值意义何在。同是精神产品,文学、戏剧、美术可以从观念、听众、社会反响得到评价,甚至可以从票房收入得到物质回报。然而,所有这些并不适合数学。随着数学的发展,分支越来越多,分工日趋细致,有人戏言:“将来数学论文的作者要比读者还多!”尽管情况不会如此严重,但纯数学研究成果的曲高和寡是显而易见的。因此,数学家们难免要问自己:研究抽象高深的数学意义何在?单纯将此归于追求精神享受、寻找精神家园似乎不足以说服自己。他们认为,自己要向社会索取,自然要以劳动成果回报社会。更有甚者,世界级的数学大师,往往开天辟地,创立一个新的分支,吸引一大批学者紧随其后,做几十年、成百年的工作。如果价值甚微不但自己劳而无获，而且误人不浅。因此，他们更关注自己的工作对人类的贡献。如果遵从形式主义的观点把数学看作自由创造定义的没有矛盾的纯粹符号运算，无真无假，甚至看成无实在含义的游戏，就难以让数学家理直气壮地埋头于数论一类的纯数学研究。相反，既然把数学对象本身当成一种实在，人们所做的一切就有了坚实的精神寄托，他们废寝忘食、全力探索的理论就有了真理的成分，而且与神秘的宇宙结构、自然秩序紧密相连，自然就有献身数学的动力了。

其四，从数学的研究对象来讲，数学家必须面临无限。古希腊人未能领悟无穷大和无穷小，对无穷望而生畏，极力回避。亚里士多德虽然正确地区分了实无限和潜无限，却只是承认“此外永有”的潜无限，将无限视为一个过程，既然是未完成的，因而就是不可思议的。在平行公理的叙述中，欧几里得宁可提出两条直线相交于某有限点处的条件，而闭口不谈伸向无穷远的两条直线。

其实古希腊哲学家、数学家已经深入地涉及无穷，只是受时代的限制未能把握其实质，反倒产生种种困惑不解的悖论。比如,芝诺(Zeno of Elea)提出的阿基里斯和乌龟赛跑的“奇谈怪论”:古希腊神话中有健步如飞的阿基里斯,假设阿基里斯追赶在他前方 10 米远处爬行的乌龟,又知阿基里斯的速度为乌龟的 10 倍。常识告诉人们,阿基里斯必定能赶上乌龟。

芝诺却“口出狂言”,声称阿基里斯永远追不上乌龟,理由是当阿基里斯走完他和乌龟开始相距的 10 米路时,乌龟也爬了 1 米;阿基里斯再追赶 1 米,乌龟却又爬了$\frac{1}{10}$米……依此类推,阿基里斯每赶上乌龟一段路程,乌龟则又向前爬行了这段路程的$\frac{1}{10}$,因此阿基里斯与乌龟之间总存在一段距离,即意味着阿基里斯永远追不上乌龟。

康托尔(G. Cantor)创立超穷集合论,直接面对无限进行运算,这无疑是数学史上的一场革命。数学界对此褒贬不一,泾渭分明。举双手赞成者大有人在,希尔伯特甚至满怀激情地大声疾呼:“没有人能够把我们从康托尔为我们所创造的乐园中赶出。”反对者人数亦众,数学家、哲学家甚至神学家囿于传统群起而攻之。为解释超穷数和无穷集合的客观实在性,康托尔最终倒向神学,主张数学对象的实在性并不在于现实世界,而是存在于上帝的无穷智慧之中。正是柏拉图主义的哲学立场为康托尔提供了研究无穷的信心和勇气。

爱尔特希很自然地接受了康托尔发现的超穷,他曾把“天书”说成是有超穷多页的大书。在数学研究中致力于将有限的组合数学问题扩展到无穷,甚至更广的领域,并对“不可达基数(远大于实数集的无穷集)理论做出了重要贡献。”

康托尔曾思考过是否存在一种大于整数集却又小于实数集的无穷数集,他认为并不存在却未能证明,这即是连续统假设。1900 年希尔伯特在国际数学家大会上做了影响深远的演讲,提出急需解决的 23 个重大数学问题,连续统假设的证明位居首位。1963 年科恩(P. Cohen)证明了以通行的数学术语无法证明连续统假设。问题已获解决。爱尔特希依然心有不甘:“要是我能活上一千年,我还会问连续统假设证明了没有?假设你有无穷的智慧,那么能否证明它的真伪呢？……”他开玩笑地说，碰见耶稣他会问连续统假设是否正确。也许耶稣会说：“圣父、圣灵和我一直为此绞尽脑汁，仍未得出结论。”

其五，从柏拉图主义的合理因素来讲，简单生硬地给柏拉图主义扣一顶唯心主义的帽子倒是省事，但对数学的发展未必有什么好处。自古至今，许许多多数学家的宇宙观、世界观、数学哲学思想往往是复杂的，很难直接用唯物与唯心加以区分。否则，我们如何解释西方近几百年数学的巨大成就？其实正如赫希所说：“数学家们是很少讨论数学哲学问题的，他们假定有别的什么人在关心它，因而把这方面的研究留给那些专家去做。”

将数的研究对象看作独立于人类认识的客观存在，实际上是西方数学家一种自发的哲学倾向。数学真理具有明显的客观性，它的真与假是不以人的意志为转移的，数学真理是客观世界中量的关系在人的头脑中的正确反映。数学研究对象具有抽象性，因为数学研究对象来自对客观世界的直接或间接的认识。问题在于，有些数学家不自觉地夸大了数学研究对象本身的实在性，未能正确区分两种不同的客观实在性,即数学概念在内容上的客观性及数学概念本身的客观性。

很多数学家坚持数学概念在内容上的客观性、实在性,这种坚持数学真理的客观性无疑是正确的,他们的一些见解也不乏真知灼见,比如爱尔特希讲:“需要过上百万年,我们才会得到一些认识,甚至那时也不能达到完全的认识,因为我们面对的是无限。”不难看出,这种认识是辨证的,无数的相对真理组成了绝对真理。

当然对照辩证唯物主义的观点,柏拉图主义的弊病也是一清二楚的,除了将内容上的客观实在性混淆为概念本身的实在性,滑入唯心主义的泥坑之外,柏拉图主义忽略了人的主观能动性,无视人类的实践对数学的推动。在柏拉图主义面前,人类成为发现真理、再现“圣经”的工具,数学理论仿佛按照潜在的规律展开,一切事先早已决定,数学的发展笼罩在宿命论的沉重阴影之中,并最终演变为数学中发现与发明之争。

其实数学中的发明创造比比皆是。数学的存在是一种哲学的存在,世界上本没有数学,是人创造出了数学。世界上没有“2”这个实物，更没有“2 + 3 = 5”这个实物存在，数学上的 2 是人类思维的产物。人们计算出宇宙飞船的飞行轨道，并非指在太空中有一条像铁路轨道那样的实物存在。这种存在是一种数学上的哲学的存在。

《圣经》是西方文化的源头之一，上帝也就自然而然地成为西方人士习以为常的口头禅。在爱尔特希这些科学家心目中的上帝是虔诚的教徒顶礼膜拜的万能的主吗？1929 年，纽约的一位犹太教领袖给远在柏林的爱因斯坦拍去一份电报：“我信仰斯宾诺莎的那个通过存在物的有秩序的和谐而显示出来的上帝，而不信仰那个能解决人类的行为和命运的上帝。”马克思解释过，哲学家斯宾诺莎的“上帝”就是自然。如此说来，上帝的理性就是大自然的和谐。

爱尔特希讲：“我没有资格断言上帝是否存在，我不太相信上帝的存在，然而，我总是讲 SF 有一本超级‘圣经’……”数学家斯潘塞（D. C. Spencer）曾做演讲介绍爱尔特希，他开门见山，提到了爱尔特希关于上帝和“圣经”的习惯用语。台下的爱尔特希打断了斯潘塞的滔滔不绝的演讲，郑重其事地插话说：

"你们不必相信上帝,但应当相信'圣经'。"斯潘塞说:"他使我和其他的数学家认识到我们所做的工作的重要性。数学就在那里,它是美的,我们找到的就是这块宝石。"

爱尔特希开口闭口提及的SF,其实就是爱因斯坦、斯宾诺莎心目中的上帝,让他刻骨铭心、沉醉忘情的圣经故事就是数学真理。爱尔特希说:"我知道爱因斯坦绝不信奉人格化的上帝,因为我问过他。"

爱因斯坦成为普林斯顿高等研究所的永久研究员后,就生活在范因讲堂里。在范因讲堂一间陈设华丽的大客厅里,壁炉上方的大理石上雕刻着一行耐人寻味的警句:上帝难以捉摸,但是不怀恶意。

这是1921年,爱因斯坦初访美国的时候,在普林斯顿大学讲过的一句话,他对这句意味深长的话做过这样的解释:大自然如同一个伟大而永恒的谜,隐匿了它的秘密,这是由于它的崇高,而不是使用了诡计。

爱尔特希说:"在某种程度上,数学乃是人类从事的唯一的一种永恒的活动。可以想象人类最终能认识物理学或生物学的一切,但是人类永远不能发现数学的一切,因为数学是无限广大的,数本身就是无穷的。这就是数学何以真的成为我唯一的兴趣所在的原因。”

爱尔特希是一位数学家,他并不是哲学家。因此,对于他在数学哲学观念上不自觉流露出的柏拉图式的倾向,大可不必横加指责,我们更多地应该看到他对数学真理性、对数学概念客观性的充分肯定。而且他具有与爱因斯坦等许多科学家类似的宇宙宗教观,信奉自然界的客观规律,这带有朴素的唯物主义成分。无论如何,爱尔特希对数学真理的追求始终如一,他的研究有力地推动了数学的发展。

4. 保罗的“保姆”

爱尔特希在世界各地做学术访问期间,他在衣、食、住、行各个方面都强烈地依赖邀请他前去访问的数学家,他们戏称自己是“保罗叔叔的保姆”,而这当中最称职、最尽心的要数格雷厄姆了。

1963 年,爱尔特希回到美国,不久即遇到格雷厄姆,开始了卓有成效的长期合作。10 年后,他又选择居住在孟菲斯的图论学者拉尔夫·福特瑞(R. Faudree)的家作为他数学旅行时的停留地,福特瑞也就成为爱尔特希在图论中拉姆齐型问题的多产合作者。

1974年,爱尔特希初次到孟菲斯进行数学访问,目标之一即是解决了拉姆齐原理中一个棘手问题的年轻人福特瑞。访问收获颇丰,自此他每年都要光顾这座峭壁上的城市,有时一年要去4次。他与福特瑞合作共发表了46篇论文。与其他人合作亦很可观。福特瑞同样对他全身心扑在数学上印象深刻。有一次他的眼镜掉在地上,有一个镜片碎了,但仍留在镜框内。他若无其事地戴上继续研究他的数学,还说服福特瑞:“不碍事,反正那只眼睛也看不见。”福特瑞生怕碎玻璃渣进入他眼里,便将坏镜片彻底摘了出来。福特瑞知道格雷厄姆还有一副一样的眼镜,便打了电话,让他送过来。谁知,没过一会儿爱尔特希又戴上了一副两个镜片都完好的眼镜。估计他顺手将与他讨论问题学者的眼镜“据为己有”了。

格雷厄姆是美国电话电报公司贝尔研究所数学研究中心主任,1951年毕业于阿拉斯加大学,1962年获得哲学博士学位(数论方向),除1975年在加州大学洛杉矶分校做数学评议教授外,自1962年起,一直在美国新泽西州举世闻名的贝尔研究所工作。1972年,他获得美国工业与应用数学协会颁发的波利亚奖。这一年,他在计算几何学领域取得重大突破。他成功地建立了决定平面点集凸壳的有效算法,一下子把计算机的计算时间从点数 n 的四次方降到一次方,而且后来证明这是最佳算法,为其后的研究树立了一个范例。

爱尔特希和格雷厄姆1963年在科罗拉多州的一次数论会议上相识。会议休息时,爱尔特希邀请格雷厄姆打乒乓球。年轻力壮、喜爱运动的格雷厄姆痛快地接受了"挑战",原本以为爱尔特希不堪一击,自己要手下留情,结果却是自己败北。格雷厄姆回忆说:"记得那次相遇时,他已略显老态,但在打乒乓球时,他却击败了我,我惊讶不已。这次失败使我开始认真对待比赛。"此后格雷厄姆买了一台以极高速度发球的乒乓球陪练机,后来他终于成了贝尔研究所的乒乓球冠军。

爱尔特希和格雷厄姆是亲密无间的合作伙伴,

但从生活习惯看上去，两人似乎难以合拍。尽管格雷厄姆是世界一流的数学家，但他并不像爱尔特希那样过度用脑，毫不顾惜身体。实际上，他劳逸结合、爱好广泛：他玩起蹦床来颇有造诣；他曾任国际杂技协会的主席，能耍6个球；他精于掷飞碟、玩滚木球，打网球与乒乓球就更有一手了。爱尔特希常常一坐几个小时，手不释卷，而格雷厄姆总是动个不停。在解答数学问题的间隙，他会练习倒立，或者随便抓住什么东西玩起杂耍，间或也在他特意放在办公室里的健身器材上锻炼身体。格雷厄姆说："任何地方都能从事数学研究，我曾经在蹦床上做后翻三周的动作时，突然领悟了一个棘手的难题。"

除了在数学和杂技上身手不凡外，格雷厄姆尚有余暇学中文、弹钢琴。无论他夫人还是同事都不明白他何以能如此。格雷厄姆说："这并不难，每个星期都有168个小时。"

格雷厄姆代为管理爱尔特希的收支。来自世界各地的酬金和稿费寄往贝尔研究所，格雷厄姆将其一一存入银行，把支票寄交需要支付的地方：爱尔特希临时借款的债主；已经许诺的贷款；支持慈善事业的捐赠;解决悬赏难题的数学家。爱尔特希的个人所得税单则由格雷厄姆转寄给位于波士顿的麻省理工学院的克莱曼(D. Kleitman)计算处理。

支付给爱尔特希的酬金来自世界各国,自然需要兑换成美元,次数多了,格雷厄姆居然熟悉了各种外币的兑换比率。他在支票上签上爱尔特希的大名、支付款项,很久以来,一直如此。格雷厄姆开玩笑地对爱尔特希说:“你亲手签名的支票,银行会拒付的。”

在新泽西州格雷厄姆的办公室里,有一个专门盛放爱尔特希文件的书橱,里面有他 1 000 多篇文章的复印本。格雷厄姆说:“既然他没有家,那我就替他保存论文。”因为爱尔特希四处游历,居无定所,他的很多数学伙伴无法通过邮件直接跟他联系,于是格雷厄姆就自告奋勇地充当起中转站的角色,处理爱尔特希的所有来函,并经常受爱尔特希的委托,给在世界各地的数学家寄去一些论文。

20 世纪 80 年代中期,格雷厄姆扩建了他在新泽西的住宅,并特意为老友爱尔特希辟出卧室和书房。爱尔特希喜欢与格雷厄姆为伴,每年大约在这里住

30 天时间。格雷厄姆的妻子也是一位数学家,在丈夫不跟爱尔特希讨论问题时,她乐意补缺。到 1987 年为止,格雷厄姆与爱尔特希合作发表论文 25 篇,他的妻子与爱尔特希合作发表论文 15 篇。

格雷厄姆的妻子金芳蓉(Fan Chumg Graham)与爱尔特希的合作常常产生"冲突",格雷厄姆在他们两人之间,努力扮演中间人的角色,一半是翻译,一半是调停。当爱尔特希不理解什么问题时,他不会轻易让人说服。而且他总是迫不及待地打断你,有时还很生气。相反,当他试图向你解释证明方法时,要跟上他的思维节奏确实不易。有一次,金芳蓉被他气得够呛,发誓以后再不跟他合作了。两个人在表述的过程中又都会习以为常地省弃一些步骤,一来二去,缺失的步骤就不少了。金芳蓉曾解决了爱尔特希很关注的一个问题,但金芳蓉刚开始将答案解释给爱尔特希听,爱尔特希就建议她使用另外一种方法。金芳蓉说:"不,保罗,我在解释这个。"半个小时后,金芳蓉终于无法忍受了。而爱尔特希却说金芳蓉的英语不够好,无法解释清楚。其实金芳蓉的英语相当棒,相反爱尔特希的英语发音却糟糕透顶。这样“无端的指责”简直是火上浇油。双方就在这样的碰撞中完成了许多合作。

然而有一天，格雷厄姆、金芳蓉却对爱尔特希的一个请求爱莫能助了。尽管金芳蓉也是其研究所的负责人，处理过很多复杂的问题。原来，爱尔特希的脚指甲又脏又乱，连他自己也觉得有些麻烦，看不下去了，想让金芳蓉帮忙给修剪一下。

每当爱尔特希“大驾光临”格雷厄姆家中，两人总是口角不断。外人对他们的行为困惑不解，他们却自得其乐。爱尔特希有时清晨5点就起身，此后叮叮当当之声便不绝于耳，他希望格雷厄姆替他弄早饭，但格雷厄姆认为这是他自己的事。爱尔特希喜欢吃柚子，知道他要来了，格雷厄姆就预先把柚子贮备在冰箱里。一次爱尔特希来了，他照旧偷偷打开冰箱看有无这种水果。事实上，彼此都明白对方知道柚子就在里面。爱尔特希明知故问：“有柚子吗？”格雷厄姆乐得糊涂：“我不知道，自己找找。”爱尔特希还在装傻：“我不知道到哪里去找。”格雷厄姆只好挑明：“冰箱呢？”“在冰箱里什么地方？”“你去看看嘛！”爱尔特希终于找到了一个柚子。他看了又看，然后拿起了一把黄油刀切下去,结果必是果汁四溅。自己身上沾满果汁不说,厨房也跟着遭殃,可他认为“这无关紧要”。

格雷厄姆所在的新泽西州位于美国工商业最发达的东北地区。从大西洋驶入哈得孙河,映入眼帘的是自由岛上举世闻名的自由女神像和其背后被誉为“东海岸金色大门”的泽西市。哈得孙河的两侧,繁华都市纽约与泽西市遥遥相望。泽西市是新泽西州的第二大城市,高露洁、雀巢咖啡等世界500强公司总部即设在此地。泽西港是美国东部地区最大的深水集装箱码头之一。离泽西市仅20分钟车程,有著名的纽瓦克国际机场,格雷厄姆、爱尔特希经常从这里登上飞机,飞赴世界各地做学术访问。

有一次,在纽瓦克机场,两人讨论起下行的自动扶梯向上倒走的难度。身手不凡又比爱尔特希年轻22岁的格雷厄姆认为这是轻松之举,并当场试了试。爱尔特希也跃跃欲试,格雷厄姆直言相告比想象的要困难。用数学术语讲,这种运动不具有“可逆性”。爱尔特希固执己见,不甘示弱,结果没走几步,便狼狈不堪地摔下了扶梯。纽瓦克机场从早到晚人来人往,川流不息,自动扶梯周围的人不由自主地停住脚步,用异样的目光盯着爱尔特希看个不停。爱尔特希身着一件旧外套,行为怪异,看上去很像一个流浪汉。大家嘲弄的表情使得爱尔特希恼怒不已。其实,爱尔特希经常"出洋相"。一次他和几个朋友被一道链状的隔离墙挡住了去路,性急的他执意要翻越过去。几个年轻人轻而易举地过去了,他一爬上去,裤子就被隔离墙上方的尖铁勾住了,当他往下跳时,裤子在臀部撕开了很长的一道裂口,弄得十分难堪。这还没有完,他另外只有一条裤子,但穿上去皮肤会过敏。到达目的地后,他径直去了自己的房间,充当"保姆"的朋友正想把他的裤子送给裁缝修补,他满面笑容地出来了,原来他用上衣遮住了裤子上的裂口,问题解决了。

爱尔特希喜欢挑战,特别是对格雷厄姆,他总不甘示弱。进入古稀之年的爱尔特希热衷起了他取胜机会似乎较多的"体育游戏",不过他总是把握不住机会。"他喜欢想象,"格雷厄姆说,"比如说他拿不准我爬楼的速度能否两倍于他,决意要瞧一瞧。我们在亚特兰大的一家旅馆比赛攀登其中的 20 段楼梯，一开始我按下了秒表，当我们气喘吁吁登上楼顶时，又按下了秒表，但是一不小心把时间消掉了，我告诉他只好重来一次了。‘不来了，’他咕哝着大步走下楼去。”

格雷厄姆就这样无怨无悔地充当着爱尔特希“小朋友”的“保姆”。

第六章　数学的巨人

保罗·爱尔特希必定是世界上最多产的,或许又是最怪僻的数学家。

——霍夫曼

1. 牌照拉姆齐

在美国,车主可以自由选择汽车牌照。爱尔特希的挚友格雷厄姆,曾用拉姆齐这个人名作为他的汽车牌照。拉姆齐何许人也,让格雷厄姆这位世界级的数学家心醉神迷,情有独钟?

拉姆齐,英国剑桥大学高才生,典型的无神论者。他醉心于数学,在研究集合论悖论的过程中,用简单类型论简化了老师罗素的分支类型论。他兴趣广泛，研究领域涉及哲学和经济学，写过两篇关于税收和储蓄的论文，颇得鼎鼎大名的经济学家凯恩斯（J. M. Keynes）的赏识，其理论至今仍被经济学界广泛引用。1930 年，拉姆齐发表论文《论形式逻辑中的一个问题》，正是这篇论文，诞生了以他的名字命名的拉姆齐理论。同年，拉姆因患黄疸病而英年早逝，年仅 26 岁。

拉姆齐就读的剑桥大学是个藏龙卧虎、人才辈出的著名学府，他的老师中有举世闻名的罗素，颇负盛名的哲学家摩尔（G. E. Moore）、维特根斯坦和一度因凯恩斯主义而风行西方的凯恩斯。

著名哲学家维特根斯坦关于逻辑真理性的分析为数学哲学中现代分析真理论的形成奠定了基础。他到剑桥大学任教前，按规定需要通过博士学位考试，主考人正是他的老朋友罗素和摩尔。罗素诘问："你一面说关于哲学没什么可说的，一面又说有可能达到颠扑不破的真理，岂不矛盾？"维特根斯坦漫不经心地拍了拍罗素的肩说："老朋友，别着急，你永远也理解不了这一点！"

维特根斯坦一生坚持的哲学并非书本中所列

的,而是把哲学看作一种活动,并不要求哲学对世间的一切问题做出回答。他晚年的哲学观,即在于告诫人们怎样摆脱哲学,不要为哲学而忘却人生。他居然将在哲学上享有盛誉的剑桥大学视为“一块哲学的沙漠”,他对罗素的回答正是这种观念的自然流露。

维特根斯坦在追求哲理的沉思中举步前行,思想的火花来自于体尝思维的苦难,有时他会体会到作曲家找不到调子的难言苦恼,倒在地板上用指甲抓地。然而在逝世前,他却对学生说:“我度过了美好的一生。”

凯恩斯出生于英国剑桥大学一个教授家庭。1905 年,他以优异的成绩毕业于剑桥大学数学系。他主要从事经济理论研究和实践活动,业余从事证券投资,获利数十万英镑。他一生经济著作颇丰,最终具代表性的是《就业、利息和货币通论》,该书在西方经济的理论和实践上所产生的长远影响是空前的。

第二次世界大战以后,为筹建国际货币基金组织、世界银行,他风尘仆仆,往返于英美之间。由于操劳过度，心力交瘁，与爱尔特希一样，心脏病突发而逝世。

下面我们看一下拉姆齐理论，爱尔特希循此思路将其发展成数学里熠熠生辉的成熟分支。该理论的基础是拉姆齐定理，拉姆齐定理是抽屉原理的推广。简单地说，当给定一个集合 S，它的元素具有某种性质（比如染成 m 种颜色），只要这个集合的元素足够多（$\geq N$），那么一定可以找到某个子集具有某种特征（某一种颜色）。

拉姆齐理论颇具哲理，它的基本思想是：完全的无序是不可能的，无序现象实际上是一个标度的问题。如果在足够大的范围里探索，就能发现数学上的任何对象。格雷厄姆说："在电视连续剧《宇宙》中，萨根在并不了解它是什么的情况下使用了拉姆齐理论。"萨根说，人们经常仰望天空，比如看到 8 颗星星几乎在一条直线上。根据星星排成一列，你或许会以为这些星星是为了星际贸易通道的需要，被人为地放置在这里作为路标的。实际上，如果你注视着足够大的一群星，那么你几乎能看到你希望看到的任何东西，那就是实际中的拉姆齐理论。

就萨根的例子而论,数学家可能想知道任何包含排成一列的8颗星的星群中最小的那个。一般说来,拉姆齐理论家探求必定包含某一对象的最小"天地"。假如所考虑的对象不是排成一列的8颗星而是同性别的两个人,在这种情况下,拉姆齐理论家就想知道能够包括两个同性别的人的人群中最小的要有几人。显然,答案是3。

经典的拉姆齐理论讨论聚会时的客人问题:最少需要几位客人才能保证其中至少有3位客人彼此相识或者彼此不相识?数学家出于数学的严谨性和确切性常常做出各种假设条件。在这里,他们假设:认识某人的关系是对称的,即如果张三认识李四,则李四也认识张三。

此问题被数学家慧眼所识,不止一次地出现在各类竞赛中。1947年,匈牙利数学竞赛中有一道试题:证明,在任何6个人中,总有3个人相互认识或者互不相识。1953年,此题又出现在美国普特南数学竞赛中。1958年,此题再次被收入《美国数学月刊》,让更多的数学爱好者一试身手。

设6人中有一位先生名叫张三,对其余5个人中的随便哪一位,张三或者认识或者不认识,于是他要么至少认识其中3人,要么至少有3人他不认识。不妨假设是前者(如果是后者,论证可按同样方式进行),现在考虑在张三的3个熟人中可能具有的关系,有两种情况:其一,3人中某2人相识,则这2人与张三彼此相识,满足结论"3个人相互认识";其二,3个人互不认识,此时则直接满足结论。要理解5个客人的聚会为何不足以保证要么有3人彼此相识要么有3人彼此不相识,可考虑下例:5人中有一个叫李四,李四仅认识余下4人中的两个,而这两个人中的每一个只认识李四不认识的两个人中的一个,且彼此认识的人不同。

上面给出的这个数学证明或许不是来自"圣经"上的,不过还算简捷。证明该结论的另一个方法是一味地凭借蛮力,先列举出在6个人中间所有可能的相识关系,一共有 $2^5 2^4 2^3 2^2 2^1 = 32\ 768$ 种,再耐住性子,一个接一个地检查以万计数的组合中是否出现所期望的关系。这种证明刻板笨拙,缺乏理性,让人很难领悟到问题的实质。

这类问题亦可通过图论的知识求解。将人看作点，两人相识连以红线，不相识连以蓝线，构成一个2色的完全图K_6，结论摇身一变成为：任何一个2色完全图K_6必定含有单色三角形。如果用拉姆齐理论来表达，则应为$N(3,3;2)=6$。

假设我们不想要某3个人而是某4个人，他们要么彼此相识，要么互不认识，此时聚会至少应该多少人参加呢？结论为18个人。1959年，《美国数学月刊》兴趣盎然地将此题提供给广大数学爱好者思考解答。用图论语言描述，即任何一个2色完全图K_{18}，必定含有单色的完全四边形图K_4。

我们还知道，若将图K_{17}的每条边涂以红、蓝、黄三色之中的任一种颜色，即任一个三色的完全图K_{17}，必定含有一个单色三角形。

有关爱尔特希的第一个拉姆齐类问题的成果，有这样一个有趣的故事。在无名小组的一次活动中，克莱因带来了一个稀奇古怪的几何题：平面上任给5个点，若任意3点不共线，求证还有4点能构成凸四边形。克莱因归纳为3种情况简捷明了地给出了证明。其实这属于拉姆齐类型的问题，当时谁也没有听说过拉姆齐的大名。爱尔特希等人很喜欢这种简练证明的问题,便着手将结果推广到边数更多的凸多边形。终于塞克雷斯证明平面上任意3点均不共线的N个点中,总有n个点能构成凸多边形的必要条件是$N \geqslant 2^{n-2}+1$。尽管N相当大,塞克雷斯的证明还是赢得了克莱因的芳心,4年后两人喜结良缘。爱尔特希将此问题称作“甜蜜的问题”,并载入了数学文献。他证明出了若平面上有任意3点均不共线的71个点,则总能构成凸六边形。1996年在爱尔特希的追悼会上,格雷厄姆夫妇与塞克雷斯相遇,三人一致认为,该让那个问题有所进展了。不久格雷厄姆夫妇前往新西兰参加数论会议,在飞机上他们成功地将71点降为70点。然后有人又降低至65点。设想的最小值(下限)是17点。1997年春,格雷厄姆收到一篇论文,点数降至37了。

数学家总是看好这类不需要高深的数学理论,重在测试学生智力及数学能力的问题。1964年国际数学竞赛中,数学家将上题乔装改扮,让它以朴实无华、通俗易懂的面貌出现在试卷上:17名科学家中,每人都和其他科学家通信,在他们通信时只讨论3个题目(此即3色),而且任意两名科学家通信时只讨论一个题目,证明其中至少有 3 名科学家,他们相互通信时讨论的是同一个题目。

然而当问题再次变为某 5 个人,其复杂程度出人意料,甚至令人望而生畏。几十年间只知道这个数目介于 42 与 55 之间,格雷厄姆猜想百年之内恐难以弄清确切结果。考虑 6 个人的情况,则更加令人头痛,当时人们只知道答案在 102 到 169 之间。

古希腊神话中有一头可怕的怪物叫斯芬克斯,它狮身人面、背长双翼。传说这头怪兽生性残忍,它从缪斯那里学到了许多谜语,常常守在大路口叫过路行人猜谜,猜不出的人就被它撕成碎片,当场吃掉。爱尔特希则喜欢讲一个数学味浓郁的邪恶妖精的故事,它能问你它想要问的任何事,如果你答错了,它就要毁灭人类。爱尔特希说:“假定它决意问你拉姆齐编组问题中对于某 5 个人的情况,我想你最好的策略是集中全世界所有的电子计算机,为此问题展开计算,逐个试验所有可能的情况。”因为即使按 42 个人来估算,所有可能的组合数已高达$2^{41}2^{40}\cdots 2^{2}2^{1}=2^{861}>10^{200}$。读者将此与本书前面提到的大数相比,注意到每秒运算 1 亿次的计算机,全年运算次数尚不足10^{16}，自能体会到该问题的艰巨性。

5个人的情况已让人类无法招架了，真要是指望通过逐个验算得出结论，无疑是当代的天方夜谭。6个人呢？爱尔特希幽默地说："妖精问到6个人的情况，你活命的上策是，在它攻击你之前先下手为强。因为即使对计算机来说，可能出现的情形也是太多了。"

自然，玩笑归玩笑，工作归工作。而且越是有价值的难题越能引人注目，使人产生强烈的探究欲望。就好像下棋要找高手，只有棋逢对手，方显英雄本色。我国学者李修睦在其1982年出版的《图论导引》中介绍了当时国外最新的研究成果：5个人的准确结果$N(5,5;2)=55$，6个人的准确结果$N(6,6;2)=178$，7个人的准确结果$N(7,7;2)=626$。

格雷厄姆于1968年发表论文，解决了$N(3,7;2)=23$。格雷厄姆的那个创纪录的为《吉尼斯世界纪录大全》收录的数来源于另一个类似的问题。任取几人，列举能够由他们组成的各种人数的委员会，包括一个人的委员会和所有人组成的委员会。格雷厄姆想要发现的“对象”是这样的4个委员会,它们能分成两组,每组都有两个委员会,而且每个人在两个组中出现的次数相等。试问,至少需要多少人才能保证出现这样的4个委员会呢?格雷厄姆猜测的答案是6人,但是他和其他人所能证明的仅是在人数等于他的创纪录的数时,这样的4个委员会才总是存在的。在对具体情况的观察所得到的猜测与真正的结果之间,存在着这种令人惊讶的距离,它显示了拉姆齐理论是何等的难以对付。

格雷厄姆醉心于拉姆齐理论,甚至别出心裁地用拉姆齐这个名字作为自己汽车的牌照。他认为,爱尔特希及其有关拉姆齐理论的许多工作,可能要数百年之后才能应用于物理、工程或现实世界的其他地方,包括他的工作单位美国电话电报公司的研究中心。他说:“应用不是关键之所在。我觉得数学有一种整体美,它代表终极的结构和次序。”

对于拉姆齐数 $N(p,q;2)$,转换成图论语言,即对任意给定的正整数 p,q,$N(p,q;2)$ 是满足下列条件的最小的自然数:在 $N(p,q;2)$ 个顶的图 G 中,含有 p 个顶的团或者 q 个顶的独立集。再换个更为直观形象的说法，即将可数完全图的每条边用红、蓝两种颜色之一着色，则一定存在一个红色的可数完全子图或一个蓝色的可数完全子图。

拉姆齐定理、拉姆齐数无疑具有深刻的组合意义，但结论是存在性的，于是寻求各类拉姆齐数的具体数值就自然而然地成为组合论专家的热门课题。遗憾的是，至今未获知拉姆齐数之间精确的递推公式，否则由小至大逐一推算，各类拉姆齐数一览无余，岂不省事。

爱尔特希和塞克雷斯于1935年获得拉姆齐数的重要关系：对于 $p,q\geqslant 2$，有

$$N(p,q;2)\leqslant N(p,q-1;2)+N(p-1,q;2)$$

而且，若 $N(p,q-1;2)$ 和 $N(p-1,q;2)$ 都是偶数时，上式中的等号不成立，表示为

$$\begin{aligned}N(p,q;2)&\leqslant N(p,q-1;2)+N(p-1,q;2)-1\\&<N(p,q-1;2)+N(p-1,q;2)\end{aligned}$$

这样，对于较小的 p,q，数学家通过构造特殊的图形控制拉姆齐数的下界，结合爱尔特希上述定理控制其上界，两头夹击，双管齐下，很快得到一批结果。

数学家通过精心构造特殊图形，求得

$$N(3,4;2) \geqslant 9, N(3,5;2) \geqslant 14, N(4,4;2) \geqslant 18$$

又注意到

$$N(3,3;2) = 6, N(2,4;2) = 4$$

且都是偶数，可推知

$$N(3,4;2) \leqslant N(3,3;2) + N(2,4;2) - 1 = 9$$

于是

$$N(3,4;2) = 9$$

数学界目前已知的$N(p,q;2)$列表如下

	1	2	3	4	5	6	7
1	1	1	1	1	1	1	1
2	1	2	3	4	5	6	7
3	1	3	6	9	14	18	23
4	1	4	9	18	25	44	66
5	1	5	14	25	55	94	156
6	1	6	18	44	94	178	322
7	1	7	23	66	156	322	626

其中$N(1,q;2) = N(p,1;2) = 1$，$N(p,2;2) = p$，$N(2,1;2) = q$，由定义可直接推知，而$N(3,7;2) = N(7,3;2) = 23$是格雷厄姆1968年的研究成果。

爱尔特希借助于他和雷尼(A. Rényi)的“概率方

法”这一强有力的技术手段，于1947年得到$N(t,t;2)$的下界

$$N(t,t;2)\geqslant 2^{\frac{t}{2}} \quad (t>1)$$

由此，可以很方便地导出$N(t,m;2)\geqslant 2^{\frac{n}{2}}$，其中$n=\min\{t,m\}$，$t,m>1$。

爱尔特希的确无愧于“布达佩斯的魔术师”的雅号，布鲁巴斯评论说：“爱尔特希是第一个完全了解随机方法威力的人，并且运用它去从事与随机方法完全无关的种种问题的研究。”现今在数学中适当地选择随机方法可以解决人们难以清楚描述的问题，许多实用的计算机算法也依赖于这种“随机化”的运用来提高效率。时至今日，这种技术被广泛应用，爱尔特希功不可没。

大多数年事已高的数学家，晚年即使仍然在搞数学，也不会再像青年人一样，夜以继日地埋头去解决具体的问题。他们通常是某个理论的缔造者，某个领域当之无愧的领袖，他们会提出数学研究的战略方向，点拨后生，组织攻关。

晚年的爱尔特希，虽是近黄昏，仍旧夕阳红。他兴致勃勃地寻找年轻的合作者，冲锋陷阵，战斗在第

一线。当然,几十年研究生涯的锤炼与积累,使他具有了渊博的知识、丰富的经验、宽阔的视野,因而常常能提出表述简单却能揭示事物本质的上乘问题。关于拉姆齐数,1973 年,他提出猜想:若图 G 是 n 色的,则有 $r(G,G) \geqslant r(n,n)$,这里的 $r(n,n)$ 即为 $N(n,n;2)$,而 $r(G,G)$ 是关于图 G 的广义拉姆齐数。

1986 年,年逾古稀的爱尔特希仍然壮心不已,活跃在数坛。他参加了在日本举办的第一届图论国际会议,在特邀报告中,他饶有兴致地谈到为之奋斗了半个多世纪的拉姆齐数。

他介绍了 20 世纪 80 年代得到的关于 $N(3,n;2)$,$N(k,n;2)$ 的上界和下界,特别提到法国著名图论专家弗兰克尔(P. Frankl)关于 $N(t,t;2)$ 的当时所知的最佳构成的下界

$$N(t,t;2) > \exp \frac{c\log t^2}{\log\log t}$$

在强调了具体决定拉姆齐数的难度之后,他指出作为今后拉姆齐数研究方向的一个例子,是否可以考察 $N(t+1,t;2) - N(t,t;2) > ct^2$ 等拉姆齐数之间的关系。

演讲结束前，他又一次提出悬赏 1 000 美元的问题：

(1)证明$\lim\limits_{n\to\infty}N(n,n;2)^{\frac{1}{n}}$存在；

(2)确定上面的极限值。

拉姆齐理论的基本想法被引入图论，孕育出导出拉姆齐图。设 G,H 是有限图，如果将图 H 的全体边分割成两类(一般地对 t 个类也行)，总存在图 H 的点集 $V(H)$ 的某个子集 V_0，点集 V_0 的诱导子图(即 H 中由 V_0 及相应边构成的图)与图 G 同构，并且此导出子图的任一边都属于同一类，则图 H 就称为图 G 的导出拉姆齐图。

20 世纪 70 年代，有 3 篇论文在间隔很短的时间内相继问世，各自独立地证明了导出拉姆齐图定理：对于任意有限图 G，导出拉姆齐图 H 存在。其中就有爱尔特希、哈杰纳尔和波塞合作的结晶。

2. 装箱最优解

20 世纪 70 年代，由美国数学学会、数学协会、工业与应用数学协会联手组成的数学联合规划委员会，为普及数学知识，介绍最新动态，组织专家名流编写了一本一流的科普读物《今日数学》。要求专家们用通俗易懂的语言，深入浅出地讲述本学科中那些基本的概念、重大的课题、深刻的结论。对此，数学家面有难色，高度抽象的数学术语和艰深烦琐的推理演算实在难以"飞入寻常百姓家"。

格雷厄姆在《今日数学》中撰写了《组合调度理论》。由于生产实践的需要和计算机的普及，历史悠久的组合论在近几十年间突飞猛进。格雷厄姆规定如下"刻板教条"的工作规则：凡有工作可做，就不能闲着；一道工序一旦开始，就必须做完；工序有一定的顺序，不能随意改变。他通过具体翔实的实例，令人信服地说明了在以上规则下，在生产过程中增加人员并安排任务可能适得其反，会增加完成工作所需的时间，所谓"厨师太多，坏汤一锅"。

当然，在一般企业里，管理者可以根据具体进展，灵活调度，比如在不影响工序衔接的前提下，让某些人停下手上未做完的事，转而支持拖工程后腿的关键工序。问题是，对于复杂的系统工程，其工序成千上万，靠人临时指挥调度是无能为力的，必须使用计算机,但是计算机只能按人们事先设定的程序运转。能否先用计算机对所有可能的调度方案进行比较,选出最优者,再做安排呢?不能。随着每道工序人员的增长,面临的选择种数爆炸性地增加,甚至连审查其中微乎其微的一部分也毫无希望。毋庸讳言,调度问题一般是 NP 完全问题,对策只能是设计多项式算法,寻求较好的调度方案。1972 年,科夫曼(E. Coffman)和格雷厄姆共同提出了以他们的名字命名的 C－G 算法。

装箱问题是另一种类型的调度问题。不固定加工人数,只求早日完工,问至少要多少加工者,才能在限期内完成任务。用装箱语言讲,给定一批货物 $I_1, I_2, \cdots, I_n$,各重 $W_1, W_2, \cdots, W_n$,如何分配才能把全部货物装进最少数量的箱子(集装箱)?这里不计货物体积,只要求每只箱内所装货物的总重量低于箱子的可装重量 W。

与调度问题类比,这里的箱子是加工者,工作任务(工序)是货物。现实生活中此类问题比比皆是,随处可见。管道工试图用最少的标准长度管来截成一批所需长度的管;电视台想把时间长短不一的广告安排进最低限度的几个固定时间段中去。

列表表示待装箱货物的重量为 $W_1, W_2, \cdots, W_n$，最为省心的办法是顺其自然，把货物按其在表中的先后次序逐个装箱，只要装得下，便尽可能地多装，直到装完为止。这种方法被称为初次拟合装法。出于数学的严谨，必须假设任一件货物的重量 $W_k \leqslant W$。

例 1　待装箱货物重量为：6，6，6，6，6，6，6，10，10，10，10，10，10，10，16，16，16，34，34，34，34，34，34，34，34，34，34，51，51，51，51，51，51，51，51，51，51。

箱子的可装重量 $W = 101$。

最优装法是第 1 ~ 3 个箱，每个箱子内装重量为 16，34，51 的货物各一件，表示为 16 + 34 + 51；第 4 ~ 10 个箱，每个内装 6 + 10 + 34 + 51。用了 10 个箱子恰好装下，颇为精打细算。

而按初次拟合装法，则要用 17 个箱子：第 1 个箱子内装 $7 \times 6 + 5 \times 10 = 92$；第 2 个箱子内装 $2 \times 10 + 3 \times 16 = 68$，空余 33；第 3 ~ 7 个箱子内各装 $2 \times 34 = 68$，每个亦空余 33，仅与 34 相差“一点”，功亏一篑；第 8 ~ 17 个箱子的装法更是大手大脚，简直叫人痛心，每个只装 51，空余 50。

设 FF 代表初次拟合装法所需的箱数,OPT 代表最优装法的箱数。普林斯顿大学的厄尔曼(J. Ullman)证明:对任何重量表,都有

$$FF \leqslant \frac{17}{10} \times OPT + 2$$

当货物很多时,箱数也随之增加,此时不等式中的"2"人微言轻,影响不大。大体说来,初次拟合装法最差时,浪费箱数 70% ,例 1 即如此。

在例 1 中要装 17 箱的原因在于所有大的重量都留到最后才一并处理。如果将重量表按递减次序排列,相应就产生较为合理的初次拟合递减装法。我们以例 2 来说明。

例 2 待装箱重量列表如下

51	51	51	51	51	51
27	27	27	27	27	27
26	26	26	26	26	26
23	23	23	23	23	23
23	23	23	23	23	23

$W = 100$。

最优装法要 9 个箱子,读者可自行解决。

按初次拟合递减装法需要 11 个箱子：前 6 个安排 $51+27=78$，空余 22；第 7，8 两箱为 $3\times26=78$，空余 22；最后 3 个箱子安排 $4\times23=92$，空余 8。

设初次拟合递减装法所需箱数为 FFD，可证

$$FFD\leqslant\frac{11}{9}\times OPT+4$$

换句话说，使用初次拟合递减装法，大体上最坏情况浪费程序为 $\frac{2}{9}\approx22\%$。贝尔研究所的约翰逊（D. S. Johnson）对其所做的证明，长达 75 页。

将装箱问题推广至平面区域，又引发出如下问题：将一列形状不同、大小各异的平面区域，装进尽可能少的几个“标准”区域里去，且不重叠。

为简单起见，仅讨论下例：在边长为 S 的大正方形中，能不重叠地放下多少个单位正方形？当 S 等于某个正整数 N 时，显然，可放 N^2 个。那么当 $S=N+0.1$ 呢？恐怕多半会毫不犹豫地把 N^2 个单位正方形径直填入 $N\times N$ 的次正方形内，舍弃了

$$(N+0.1)^2-N^2=0.2N+0.01$$

大约是 $\frac{S}{5}$ 个平方单位，尽管 S 很大时损失颇重。日

常生活经验暗示我们,损失两条细长的区域在所难免。犹如平时堆放军棋、麻将,只有整整齐齐地摆放,方能安然进盒,杂乱无章、松松垮垮的堆放方式显然无效。其实,我们犯了印度舍罕王类似的判断错误。

爱尔特希与格雷厄姆交往甚密,自然知悉装箱问题的来龙去脉,他也一度被这个问题所吸引。20世纪70年代后期,爱尔特希、格雷厄姆和密歇根大学的蒙哥马利(H. Montgomery)同时证明:当S很大时,存在填充边长为S的正方形区域的方法,使剩下未覆盖面积不超过$S^{\frac{3-\sqrt{3}}{2}}\approx S^{0.634}$(平方单位)。格雷厄姆还认为,$S^{0.634}$也许还不是可能达到的最优终极界限,$\sqrt{S}=S^{0.5}$更像是理想的候选者。

显而易见,当S很大时,$0.2S$"远远大于"$\sqrt{S}$。比如$S=10\ 000$,则$0.2S\approx 2\ 000$,而$\sqrt{S}=100$. 不用平时习以为常的整整齐齐的堆放方法,反倒收到意想不到的好效果。

上述问题中,在填充某区域时可能留有空隙,能否不留空隙呢?此即密铺问题:用若干种几何图形填充一个平面区域，做到既不重叠又无间隙。日常生活中，住宅装饰、纺织毛衣乃至儿童玩的拼板游戏都是密铺问题的原型。用什么样的凸多边形可以密铺平面？数学家研究此类问题半个世纪。显然，用三角形或四边形是比较容易做到的，也已证明出凸七边形或边数更多的凸多边形都不能密铺。

1975 年 7 月，《科学美国人》杂志数学游戏专栏作家加德纳（M. Gardner）撰文介绍用凸多边形密铺平面的有关情况。文中指出，1918 年，有人证明只有三种类型的凸六边形可以密铺平面。1968 年，又有人把可以密铺的凸五边形从原先的 5 种增加到 8 种，并断言不会再有其他的可密铺的凸五边形。谁知，1975 年，又发现了第 9 种可密铺的凸五边形。

加德纳的文章引起了众多的数学爱好者的强烈兴趣，其中尤其值得提及的是一位 5 个孩子的母亲、家庭妇女赖斯。加德纳的文章激起她无法抑制的探索欲望，她就在家中厨房里搞起了研究。只有高中数学基础的赖斯（M. Rice），自己设计了一种独特的符号和表示方法。在总结归纳业已发现的 9 种五边形的边角关系的基础上，经过几个星期摸索尝试，她居然找到了一种新的可密铺的五边形。此后，在数学家的帮助下，她再接再厉，又发现了 3 种不同的可密铺的五边形。

当今社会，数学的发展推动了科技的迅猛发展，数学越来越多地渗透到人类生活的方方面面。在一定的程度上，人的智力素养可以归结于数学的理解、运算和推理能力。众多的娱乐游戏也由于数学的介入，而具有了开发智力的功能。

魔术在过去一直是依靠机敏和伪装而获得成功的艺术，现代魔术则越来越多地依靠科学。设计师经常依据数学原理设计魔术。比如看起来惊险刺激、离奇怪诞的分身表演，即把关在箱子里的人用刀分成两段、三段，就是根据数学中的等项交换原理而设计的。

加德纳因为善于运用数学原理精心设计各种魔术表演而在美国享有“超级魔术师”称号。他把这些精彩的表演和绝技写成《数学、魔术与神秘主义》一书，书中展现出令人惊叹的数学魅力。与此相映成趣的是，美国魔术表演大师佩西·戴康尼斯（Persi Diaconis）改换门庭，前往斯坦福大学研究统计学。戴康尼斯素以“数学魔术师”而闻名，因此，这一改行并不会使他陷入尴尬境地，反而如鱼得水。他专事数学研究不久，就提出了对随机性问题的独到见解，因为他在作为职业魔术师期间，已经在思考魔术同数学的联系这个问题了。

爱尔特希以其精妙绝伦的解题方法、层出不穷的奇思妙想而被世人称道，被誉为“布达佩斯的魔术师”。格雷厄姆为世界一流数学家，却又精通杂技，曾因为身为国际杂技协会主席而饮誉四方。由此看来，数学和杂技、科学和艺术是和谐统一、融合相通的。

3. 随机图论兴

被誉为“现代的欧拉”的爱尔特希，一生论著有800多部，可谓著作等身。他的研究领域众多，合作者遍及全球。爱尔特希还被称为“布达佩斯的魔术师”，他有一块神奇无比的手帕，里面有取之不尽的数学思想，源源不断的数学问题，棋高一着的数学方法。

康托尔以其极富创造性、极具挑战性的数学无穷思想,创造了超穷集合论,把数学由有限封闭的田园引向无限广阔的场所。爱尔特希在集合论方面做了大量的研究,他与理查德·拉多(R. Rado)等建立了无穷基数的分割演算,这是有关无穷集相对大小的极其复杂的研究。

爱尔特希曾说过:"数学是无限广大的,数本身就是无穷的。"现在,康托尔已将无穷引入数学领域,爱尔特希清楚地意识到,从数学的观点来看,没有理由仅仅关心有限图,无限图领域同样值得下一番工夫。

图论中有门杰(K. Menger)于 1927 年获得的一系列冠以门杰名字的定理,它们是最基本而又经常被使用的。爱尔特希提出了关于某个定理的推广,用简单的形式阐述如下:设 G 是一个可数无限图,X 和 Y 是 G 的不相邻点,P 包含一个异于 X,Y 的点 Z_p,使得 G 中的每一条 $X-Y$ 路包含一个这样的 Z_p。图论名家托马森(C. Thomassen)认为,这是无限图中最为著名的未解决的问题。

20 世纪 50 年代,雷尼是匈牙利科学院数学研究所所长，他在纯粹与应用数学两个方面都具有罕见的得心应手的能力，尤其擅长概率论，又是匈牙利知名的数论专家。他的研究领域也涉足爱尔特希兴趣浓厚的图论、组合论，于是双方一拍即合。两人首先就“随机方法在确定性数学学科——图论中的应用”进行坦诚交流，合作攻关。

1961年，首战告捷，人们惊讶地发现有关随机图的论文在匈牙利发表，文章首次在图论研究中引入令人不可思议却又异常有效的概率方法，获得不少成果。从哲学意义上讲，它成功地揭示了必然与偶然之间的内在联系。随机数学与确定性数学交汇融合，彼此促进。这是大手笔，是数学方法的一次突破。

爱尔特希和雷尼兴奋不已，仿佛推开了一座神秘花园隐蔽的大门，园内花团锦簇、鸟语花香，两人陶醉其间、流连忘返。

爱尔特希与雷尼发展起强有力的概率方法，并且紧密合作，共同开创了随机图论。他们最早发现随机图中临界函数的存在，说明在边数增加的过程中，图中突然出现某种特性的事实。如今随机图算法、临界值函数的计算研究方兴未艾。

不幸的是，雷尼的身体糟糕透顶，在他动手撰写第三本书《关于信息论的日记》时，他借书中人物之口忧心忡忡地说："教授看起来不怎么好，但愿没有什么严重的问题。"然而，现实却是无情的，他的身体每况愈下，以致无力结束该书的最后一章，不得不在学生的帮助下草草收场。1970 年 2 月 1 日，雷尼告别人间，年仅 49 岁。爱尔特希痛失一位志同道合的合作伙伴。

图兰回忆道，有一次，一位颇有天赋的青年数学家在与雷尼交谈的过程中，叹息自己的工作能力强烈地依赖于外部环境，雷尼动情地说："如果我不快活，我就搞数学使自己变得快活；如果我快活，我就搞数学以保持快活。"雷尼与爱尔特希一样，在任何环境下都要搞数学，也只有搞数学才能心泰体舒，他的整个生命都沉浸于数学之中。

雷尼去世后，爱尔特希没有停止对随机图论的研究，他关于概率方法应用于图论的佳作迭出。他行色匆匆，游历于世界各高等学府之间。一天，他来到了纽约州立大学。第二次世界大战之前，这所大学在美国并非一流学府，其数学系甚至在美国都名不见经传。然而1934年，德国数学家库朗(R. Courant)因纳粹疯狂反犹，离开数学圣地格丁根，立足于纽约州立大学。历经几十年的艰苦创业，纽约州立大学数学系渐为人知，并跻身前列。库朗创立的数学研究所被数学界称为“应用数学分析国家的首都”。库朗是犹太后裔，他的关门弟子——最后一位博士生又是匈牙利数学家、沃尔夫奖得主拉克斯，这一切使爱尔特希平添了几分亲切。在这里，他开始了与斯潘塞的合作。1974年，从国际大都市纽约，一本本散发着油墨清香的书籍《组合学中的概率方法》飞往全球各地，在离散数学界引起了不小的震动。书中出神入化地运用概率方法给出了图的很多颇具价值的结论，令人拍案叫绝。

历经30余年的发展，概率方法已被广泛地应用于图论的大多数分支。随着源于概率的更多工具的成功使用，随机图论日臻完善，进入全盛时期。

爱尔特希逝世后，斯潘塞在1998年1月份的《美国数学会通告》上发表了悼念爱尔特希的长文《保罗叔叔》。他深情地回忆起与爱尔特希合作的结晶——概率方法，他认为称之为爱尔特希方法亦不为过。因为它发端于爱尔特希1947年发表在《美国数学会通报》上的一篇3页长的论文，在文中证明了具有确定的拉姆齐的图必定存在，而未实际作出该图。

图是由点和线（边）构成的图形。在一个 n - 集 X 里，任取若干个 a - 子集（两点成边），其所成集合记为 E，即成图 $G=(X,E)$，其中 X 中元素称为图 G 的点，E 中元素称为图 G 的边。将此概念推广一下，在 n - 集 X 中，任取若干个子集作为“边”，这里的子集不一定是二元的。1 - 子集相当于普通图中的环，2 - 子集即通常的边。$k>2$ 时，对于 k - 子集，可用一条封闭的曲线把它们围在其中，作为一条“边”，从而构成超图。在超图中，若两点共边，则此两点相邻；同样，若两边有公共的点，则此两边也属于相邻。

提出超图的概念，并非大功告成，重要的是要把研究图所得的结果尽可能地移植到超图上来。爱尔特希冥思苦想、反复推敲：从图到超图，哪些结果原封不动照样成立？哪些结果需要变化形式加以改动？哪些结果则无法“对号入座”？

爱尔特希、哈杰纳尔和拉多研究了无限超图，发展起了拉姆齐型结果的综合性理论。

爱尔特希研究领域颇多，他曾提出如下假设：如果 n 个等差数列没有覆盖住自然数列，那么必存在 $0 < x < 2^n$，使得 x 不属于上述任何一个等差数列。1975 年，他与塞尔福里奇合作证明了“两个或两个以上连续整数之积不可能是一个 $n(>1)$ 次方”。

在几何领域，爱尔特希同样留下了光彩夺目的成果。1989 年，《美国数学月刊》第 96 卷第 7 期发表了爱尔特希讨论平面或球面上点集距离的论文。此时爱尔特希已是 76 岁高龄，而论文的另外两位作者，均是 1980 年取得数学博士学位的青年数学家，其中有工作于匈牙利科学院的佩奇。

在离散几何与组合数学中，诸如排列、覆盖、密铺、装箱这些问题，我们面临的主要障碍之一，就在于迄今为止为人所知的对称模型寥寥无几，而且涉及数目巨大的物件元素。在离散几何中，一个最为久远而又重要的问题仍让人头痛；在平常的三维空间里装填大小相同的球，是否按整齐的排列方式才能放进最多数目的球呢？这是三维的装箱问题。

科学家大都坚信,自然界的规律是简单的。爱尔特希就要从错综复杂,甚至一团乱麻的排列方式中找出简单的关系。

平面上 n 个点至少确定多少个不同的距离呢?1946 年爱尔特希就在《美国数学月刊》撰文猜测:至少 $C_1 \sqrt[n]{\log n}n$ 个不同的距离,其中 C_1 为某个正常数。平面上 n 个点能够多少次达到同一个距离呢?爱尔特希在同一篇文章中猜测道:至多 $1+\frac{C_2}{\log\log n}$ 次,其中 C_2 亦为某正常数。1973 年,爱尔特希在其名著《计数的艺术》里再次重申了这两个猜测。

对于平面上的点集

$$\{(x,y):0\leqslant x,y<n,x,y\text{ 为整数}\}$$

简单地讲,从原点(0,0)开始,逐渐向上、向右每次移动一格,依次得到(0,1),(1,0),(1,1),…在边长为整数 n 的网格上,上述猜测的边界都能达到。

由于 n 个点之间存在 $\binom{n}{2}=\frac{n(n-1)}{2}$ 条连线,不难发现在不同距离数目的最大可能与最小可能之间存在着巨大的间隙。许多数学家包括爱尔特希一次又一次地深入探讨这个问题，写出了不少论文。爱尔特希期盼问题尽快解决，竟然自费悬赏500美元，对给出证明或举出反例者进行奖励。

给定平面上 n 个点构成的集合 P，假设它们处于一般的状况，既无三点共线亦无四点共圆。用 $g(P)$ 表示点集 P 能确定的不同距离的数目，令 $G(n)=\min g(P)$。

爱尔特希不止一次地猜想，有

$$\lim_{n\to\infty}\frac{G(n)}{n}=\infty$$

$$\lim_{n\to\infty}\frac{G(n)}{n^2}=0$$

匈牙利数学家塞姆雷德得知

$$G(n)\geqslant\frac{n-1}{3}$$

从已知的某些结果出发，爱尔特希猜测，有

$$G(n)\geqslant\frac{n-1}{2}$$

最终，爱尔特希与两位年轻合作者证明，有

$$G(n)<\frac{3}{2}\cdot n^{\frac{\log 3}{\log 2}}<\frac{3}{2}n^{1.585}$$

于是,爱尔特希的猜想“$\frac{G(n)}{n^2} \to 0$”得到肯定的证明。

成功的喜悦还未褪去,三位合作者马不停蹄地对平面上 n 个点构成的集合 P 所确定的不同距离的数目 $g(P)$ 提出了新的猜想。

方程 $x^2+y^2+z^2=1$ 表示三维空间中到原点的距离等于 1 的单位球面 S^2,爱尔特希等三人得到结果:

(1) 对于任一个数 $a(0<a<2)$,在球面 S^2 上可以找到 n 个点,使得每个点至少与 $G_1 \log * n$ 个点之间的距离为 a。其中 C_1 是正常数,$\log * n = r$ 指将 n 重复取对数 r 次,即 $\log\log\cdots\log n$,使其小于 1 的那个最小的 r。

(2) 对于 $a=\sqrt{2}$,在球面 S^2 上可以找到 n 个点,使得每个点至少与 $C_2\sqrt[3]{n}$ 个点之间的距离为 $\sqrt{2}$,其中 C_2 为正常数。

对于(2)的证明,强烈依赖爱尔特希的一个结果:存在常数 $C_2>0$,在平面上能挑选出 $\frac{n}{2}$ 条直线,使得其中的每一个点至少在其内的 $C_2\sqrt[3]{n}$ 条直线上,每一条直线又至少包含其中 $C_2\sqrt[3]{n}$ 个点。

爱尔特希及其合作者又陷入沉思，为什么 $\sqrt{2}$ 较之其余的 a 所产生的结论差异如此之大呢？

与此同时，他们又将眼光延伸至高维的球面。在我们习以为常的三维空间中，单位球面是二维的，犹如地球上任何一个地点由其经度、纬度便能确定一样，故记为 S^2。对 $S^d(d>2)$，他们推证出 $g(P)$ 的上界为

$$d=3\text{ 时}\quad g(P)\leqslant C_3\frac{n}{\log\log n}$$

$$d>3\text{ 时}\quad g(P)\leqslant C_d^{\frac{n2}{d-2}}$$

其中，C_3，C_d 均为正常数。

据说，好多年前，一位较年长的著名数论学者对爱尔特希的工作颇有微词，理由在于爱尔特希的所有工作都能归结为少数几种窍门，他只不过在证明中反复使用而已。意大利籍美国数学家罗塔（G. C. Rota）为此而打抱不平："无论哪位数学家也有几个绝活。"罗塔曾研读过希尔伯特全集中论及不变量理论方面的诸多文章，发现希尔伯特的证明也只依赖少数几个诀窍，很多时候也是"故技重演"。其实数

学界很多人认为，爱尔特希以几种重要的方式影响着数学研究，他的实践表明，初等方法在数学中有其自身的地位。

4. 慈母与游子

唐人孟郊有诗《游子吟》云：

慈母手中线，游子身上衣。

临行密密缝，意恐迟迟归。

谁言寸草心，报得三春晖！

短短的三行数十个字，歌颂了伟大圣洁的母爱，这也正是对爱尔特希母亲安娜的形象写照。

安娜是一位知书达理的数学教师，33 岁时生下爱尔特希。不幸的是，就在同一天，爱尔特希的两个姐姐双双离世。母亲对家里的宝贝儿子疼爱有加，甚至连上学堂念书也生怕染上传染病。安娜 62 岁时，恩爱丈夫离她而去，从此就剩下母子二人相依为命。爱尔特希偏偏沉醉于数学，长年在外漂泊，一年难得相聚几回。由于家境优裕，父母溺爱，爱尔特希只知埋头读书，研究 x，y，缺乏生活自理能力，况且老大不小了,依旧独身一人,无家无小,漂泊不定,做母亲的怎么能放得下心呢!

好不容易熬过了第二次世界大战的阴暗岁月,相隔10年母子才得以相见。安娜自然希望儿子在布达佩斯立足生根,但为了儿子的事业,只得尊重儿子的选择。爱尔特希又做起了他的数学游历,但有一点,几乎每年夏天,爱尔特希都抽空回国探亲,与母亲小聚一段时间。每次见面,安娜总是为爱尔特希担心:年龄越来越大,却丝毫未有成家之意;生活方式如此的与众不同,如何与人相处?对此,爱尔特希总是一笑置之。

1964年,安娜终于下定决心,跟随爱尔特希一起做数学旅行。十几年前,爱尔特希曾提议母亲跟他出国,但时过境迁现在母亲已是84岁高龄了,爱尔特希不免有些担心:"妈妈,您这么大年纪了,跟着我四处奔波,吃得消吗?""放心吧,孩子,有你在,我什么都无所谓。"看到母亲主意已决,爱尔特希转念一想,这样也许倒不错,过去陪伴母亲的时间委实少得可怜,也该弥补弥补了。于是,数学天地里出现了80多岁的老母陪着年过半百的儿子云游各国的动人场景。

每到一地，安排就绪，爱尔特希就一头扎进数学，专心致志地搞起研究。每当这个时候，安娜就静坐在一边，默默无语地注视着儿子。每逢儿子有所收获，攻克了难题，她一言不发地听着儿子神采飞扬地告诉她问题的梗概。当然安娜也是数学教师，对图论、数论等分支也略知一二，只是岁月不饶人，当年一家三口灯下讨论数学的时光一去不返。

母子俩在一起吃饭，有母亲在身旁，爱尔特希似乎比平日吃得更多。身体许可时，安娜会亲自动手弄些匈牙利特色的饭菜来，爱尔特希则会兴高采烈，仿佛时光倒转，又回到过去上学的岁月。不过吃饭时爱尔特希经常提及的话题仍然是数学，安娜则会使用儿子的特色语言与之交谈："今天 SF 对你的态度如何？"爱尔特希经常微微一笑："SF 总算打开了'圣经'的一页，精彩漂亮，不过这是我近来一段时间努力的结果。"夜里老人先上床休息，爱尔特希则搬张椅子坐在床旁，握住母亲的手，和慈母聊会儿家常。有时回忆起过去的岁月，说到爱尔特希小时候的趣事，两个人会大笑起来。也有的时候，母子二人悄无声息地待在一起。其实有儿子陪她坐坐，老人已经心满意足了。夜深了，老人进入梦乡，爱尔特希轻轻抽出自己的手，小心翼翼地为母亲掖好被子，关上灯，轻手轻脚地退出卧室，冲上一杯咖啡，又继续自己的数学研究了。

爱尔特希的表妹弗雷多在1968年左右曾和他们母子待在一起，她回忆道："在她眼里，保罗就是整个世界，就是上帝，就是她的一切。当他们在一起时，我就变得微不足道了，好像我并不存在。"尽管弗雷多有些不高兴，但她也被这种浓浓的母子之情所深深感动。

安娜唯一没有随爱尔特希同往的国家是印度，她对印度炎热潮湿的天气谈虎色变，担心水土不服染上疾病，反倒给儿子添加麻烦。

1971年，爱尔特希应邀去加拿大西南的卡尔加里讲学，母亲安娜照例不辞辛劳地陪伴他一道访问。一天母亲身体不适，爱尔特希急忙请当地同行帮忙，用车送她去医院就诊。医生诊断后，认为毛病不大，可能是年龄关系，在医院小住几天观察观察，谅无大碍。爱尔特希悬着的一颗心才放下。他安排好母亲,便按原定计划外出工作去了。谁知安娜的病情突然恶化,等到爱尔特希气喘吁吁地赶赴医院,院方不无歉意地告诉他,安娜患的是出血性溃疡,因为年事已高,恐怕凶多吉少,虽然医院会尽力治疗,但恐无回天之力,要他有个思想准备。爱尔特希惊呆了,他摇了摇头,简直不敢相信自己的耳朵。他心慌意乱地向医生点了点头,便一言不发地冲进了病房。

看到心爱的保罗,安娜又来了精神,她费力地握住儿子的手,轻柔地搓捏着。爱尔特希仿佛感到有一股暖流流往全身,这源自亲人之间血与血的交融,心与心的相印。爱尔特希的心里在流泪,脸上却强颜欢笑:“妈妈,你感觉怎么样?”安娜出奇的平静,没有丝毫的畏惧与不安:“保罗,妈妈感觉不好,你父亲在天国之中向我招手,恐怕我不能再陪你了。”爱尔特希解数学题从容不迫,此刻却有点语无伦次了,满腹的话语不知从何说起。

安娜停顿了片刻,低垂的眼帘慢慢睁开,目不转睛地望着保罗,嘴唇微微颤动。爱尔特希俯下头去,听见母亲吃力地、一字一顿地说道:“保罗,妈妈为你骄傲!”爱尔特希再也控制不住感情了,他哽咽着叫了一声:"妈妈……"他捧起母亲虚弱无力的双手,紧紧地贴在自己的脸颊上,泪流不止。

安娜平静地合上了双眼,走完了她91年的人生之路,永远地安睡了。

母亲去世后的很长一段时间内,爱尔特希郁闷消沉,无精打采,无法从事数学研究,只好回到布达佩斯,求助于医生。对于匈牙利科学院院士、世界知名数学家的遭遇,医师们自然深表同情,除了劝他节哀顺变之外,又给他开了一大堆抗抑郁的药。

好友图兰深知心病还需心药治,眼见爱尔特希无力自拔,为转移其注意力,就好心提醒他:"数学是座坚强的堡垒。"爱尔特希心领神会,想想也只有如此,诚挚地接受了图兰的忠告。他比过去更加忘我地投身数学,每天只睡四五个小时,其余时间最大限度地搞数学。忙了一整天,同伴们人困马乏,各自入睡了,他还要在灯下详细地做数学笔记,对一天的情况进行必要的整理。他夜以继日,呕心沥血,撰写出一篇又一篇数学论文。其实数学不仅是爱尔特希顽强抵抗悲痛的堡垒,数学更像是一个沙里淘金的筛子,淘汰劣质粗糙的念头,留下光彩夺目的思想。

然而,人终究是感情丰富的高等生物,刻骨铭心的记忆何以能消除。20 世纪 80 年代的一天,爱尔特希看上去异常烦闷,情绪低落,一位朋友关切地问他哪里不对劲,他认真地反问道:“你没有听说我母亲离去了?”在爱尔特希的语汇中,死亡表示停止数学研究,离去才表示去世。他回到匈牙利,从不住在自己的家里,以免触景生情,这套住房保留给来访者使用,而他本人则在匈牙利科学院的客房下榻。

与爱尔特希有深交的塞尔福里奇,早在 1966 年春就认识了安娜。他也像保罗一样叫她“安育卡”(Anyuka,母亲)。爱尔特希去世后,一向讨厌参加葬礼的塞尔福里奇,主动前去布达佩斯参加了规模颇大的葬礼。那个周末又举行了一次数学界的纪念仪式。星期一,几位生前好友将他的骨灰护送到犹太人公墓,跟他父母的坟墓在一起。等大家都走了以后,塞尔福里奇弯下腰,抚摸着那块已有 25 年之久的墓碑,只叫了一声“安育卡”。他说:“我知道保罗和他母亲之间的爱是多么的深。保罗和我之间的感情也很深厚。”

安娜是一位平凡的母亲,但她用伟大的母爱成就了爱尔特希——一位享誉世界的数学家。

5. 爱尔特希数

以数学家命名的数倒也不少：毕达哥拉斯数、费马数、梅森数、欧拉数、伯努利数……这些数的命名无一例外地来自于相应的数学家对具有某种性质的数本身的研究。然而，爱尔特希却别有新意。爱尔特希拥有的合作者遍及全球，有500人之外，有史以来，没有哪一位数学家的合作者如此之众。大家称他的合作者具有爱尔特希数1，这是数学界中表示与这位大师合作写过论文的人的令人垂涎的代码。如果你的爱尔特希是2，就意味着你和爱尔特希的合作者共同工作过。如果你的爱尔特希数是3，就表示你和爱尔特希数为2的人合作过。爱因斯坦的爱尔特希数为2，柯召的爱尔特希数为1。这种探究爱尔特希数的性质的文章给枯燥的数学文献加了点令人轻松的调料。

爱尔特希与图兰共建了匈牙利专攻离散数学的“无名小组”，他与这些伙伴中的很多人结下了终身的友谊。离散数学逐渐成为匈牙利的强项，大量人才出现在美国、加拿大等欧美国家，爱尔特希到处都会遇见称心如意的合作伙伴。

爱尔特希曾三次访问过美国西弗吉尼亚州的摩根城，数学家古尔德（H. W. Gould）不厌其烦地一一统计，发现西弗吉尼亚大学至少有30多人拥有爱尔特希数，其中最大者不超过7。有些数学家耐住性子检索文献，确定最大的爱尔特希数。20世纪80年代，格雷厄姆披露，业已发现的最大的爱尔特希数是12。得到这样大的数其实是很困难的，由于数学家之间的合作关系错综复杂，一个爱尔特希数为 n 的数学家，他的合作者未必拥有爱尔特希数 $n+1$，此人若与爱尔特希本人或者与爱尔特希数较小的数学家合作一次，则他的爱尔特希数就小于 $n+1$ 了。也就是说，以爱尔特希为中心指向其合作者，由合作者出发指向他们各自合作者的线路未必总是顺流而下，难免会有溯流而上的现象，实际上还可能有支流之间的连接互通。再加上500位合作者拥有成千上万的合作者，合作者的合作者拥有更多的合作者，人数之巨大，关系之复杂，可想而知统计之不易。

爱尔特希数的关系不仅是网络状的，而且是动态的。西弗吉尼亚大学数学系的古尔德在与爱尔特希合作之前，拥有爱尔特希数 2，后来合作探讨一道关于二项式系数的题目，爱尔特希给出了详细的提示，几次会面后，古尔德过关斩将，将论文发表了，他也进入了爱尔特希数 1 的行列。如今，爱尔特希已离开人世，具有爱尔特希数 1 的人不会再增多了，但数学家仍可查阅他的研究成果，研究他的数学思想，汲取力量，获得启迪，继续前进。

爱尔特希是典型的悲观主义者，刚过而立之年，就不断抱怨衰老了。与他交往近半个世纪的戈龙贝对他了解甚深，他说："多年来，爱尔特希总是嚷嚷自己老了，病了，要死了。"1983 年，为庆贺爱尔特希的 70 大寿，英国剑桥和匈牙利布达佩斯均举办国际学术研讨会，数学家云集一堂，讨论爱尔特希对数学众多分支的辉煌贡献。他却大泼冷水："应该哀悼 70 周岁生日，不应该庆贺。"

20 世纪 70 年代早期，爱尔特希开始用 P. G. O.

M.[1]代替自己的名字,它表示不幸而伟大的老人。60岁时,他成为P. G. O. M. L. D. ,这里的L. D.[2]表示活着的死者。65岁时,他授予自己P. G. O. M. L. D. A. D. ,这里的A. D.[3]表示古董。70岁时,他变成P. G. O. M. L. D. A. D. L. D. ,这个L. D.[4]表示法律上已死的人。75岁时,成为P. G. O. M. L. D. A. D. L. D. C. D. ,这里的C. D.[5]表示视为死者。他解释道:"匈牙利科学院由200人组成,一个人到75岁还待在科学院里享有充分的特权,但又不能算一个成员了,这就是我要用C. D. 的原因。当然,我大概不会面对这种非常情况,他们正筹划为我的75岁生日召开一次国际会议,这或许是对我的纪念,我太老了,身体又真的不好,我不知道我的肉体正在发生什么变化,可能是处于最后的崩溃之中。"

爱尔特希的死亡并非严格意义上的自然死亡,

---

① P. G. O. M. 是 Poor Great Old Man 的缩写。
② L. D. 是 Living Dead 的缩写。
③ A. D. 是 Archaeological Discover 的缩写。
④ L. D. 是 Legally Dead 的编写。
⑤ C. D. 是 Counts Dead 的缩写。

而是数学生命的终结。

当曾以“数学是座坚强的堡垒”等语劝告爱尔特希的图兰于1976年去世时，爱尔特希脑子里似乎又出现了SF的形象，它正在评价爱尔特希和他人合作完成的工作。在天平的一侧，SF将放上爱尔特希和已故同事合著的论文，另一侧放上他和健在的人合写的论文。爱尔特希说：“天平上有死者的一边重时，我也就必死无疑了。”踌躇片刻后，他又补充道：“这只是我讲的一个笑话。”

也许他是认真的，为了保持数学生命的青春活力，他总是精神抖擞地挑选新的合作伙伴。20世纪80年代初，他的合作者突破200人，1987年粗略统计约有250人，逝世前剧增一倍，高达500人。合作伙伴中有崭露头角的青春数学家，亦有初出茅庐的青年学者，也不乏年方弱冠甚至满脸稚气的数学才子，他对波塞的指导培养及后来的合作传为佳话。普林斯顿高等研究所的布鲁巴斯满怀深情地回忆爱尔特希对他无微不至的关怀与培养：“当他引导我进入组合学时，我还不到15岁，从此确定了我研究的方向。”

才过了40岁,爱尔特希就开始在信件里抱怨已经老了,他甚至对人说,上帝已有一只手搭在了他的肩膀上。有人问他:"保罗,如果才40岁就感觉如此之糟,当你50岁时又会如何?"他立即悲哀地回道:"更糟。"

高等学府、科研机构都设有终身职位,以确保一些数学家生活无忧。哈尔莫斯就劝说他,(至少)应该先找一份实际的正经工作。朋友劝他凭自己的出色工作和众多成果尽快找一份终身职位。他们好心地问道:"保罗,你的数学家生涯还要维持多久?"他毫不犹豫地答道:"起码40年。"为此,他甚至拒绝了圣母玛丽亚大学欲以优厚条件聘请他为终身教授的建议。

从数学研究工作的出发点看,有人毕其一生进行理论创造,而爱尔特希更多的是解决问题。几十年来,他游历世界许多高等学府、科研单位,收集问题,提出问题,分析问题,解决问题。他常常为合作者提供思路,指点迷津。合作者顺着爱尔特希的思路多半能攻城略地,有所建树。

爱尔特希具有敏锐的洞察力和超人的直觉,解题能力犹有神助。人们叹服，称其为“布达佩斯的魔术师”。

日常解数学题，高手总是从容不迫，简捷明了，常常出奇制胜，令人赏心悦目。我国数学家苏步青在德国访问时，一位颇有名望的德国数学家在电车上给苏步青出了一道题：甲、乙两人相向而行，距离为100 千米，每小时各走6 千米、4 千米，问几小时能碰面？甲带着一只狗，狗每小时走10 千米，同甲一道出发，碰到乙时，它往甲方向跑，碰到甲时，它又往乙方向跑，问两人相遇时，狗一共走了多少千米？此题难在第二问。

苏步青不愧为数坛高手，举重若轻，一下电车就获得答案。由于两人相遇需要10 小时，这样狗也就来来回回跑了10 小时，因此狗一共跑了100 千米。对方极为佩服。从此，苏步青被誉为第二个高斯。

1987 年1 月底的一天，在美国南部得克萨斯州的圣安东尼奥市，民主党圈内扶摇直上的明星市长锡西勒斯(H. Cisneros)当众宣布该日为数学日，以纪念2 575 位数学家云集该城召开美国数学会和美国数学协会的年会。会议的议事日程包括讨论是否应当接受为“星球大战”计划划拨的钱，还有其密码破译机构是美国数学家最大雇主的国家安全委员会，是否具备美国数学会社团成员的资格。但是除了为数不多的狂热者外，大多数数学家到圣安东尼奥，不是来讨论伦理和政治的，而来是来研讨数学的。

爱尔特希很少去听会议预定的发言，他宁可把自己关在旅馆的房间里，与志同道合、有共同话题的数学家一起研究数学。这一天一大早，他接管了别人的房间，6 位数学家散乱地坐在两张双人床和地板上，爱尔特希打起了“车轮大战”，和 6 个人分头研究 6 个问题。他似乎漫不经心，萎靡不振地瘫在一张椅子上，手撑着头，就像一家疗养所里的病人。每隔几分钟，他就振作一下，给某一位同事建议一条进攻的路线，然后此人就立即行动，沿其思路研究下去，其他人则耐心地等候，期待爱尔特希的灵感光顾他们的问题。有时，他也抬起头来，和他们开开玩笑。如果他不谈数学，则必谈到死，“不久我将被不治之症彻底击垮”，或者“这个会议就像生命一样即将告终，但是这次会议极其令人愉快”。没有人继续这些话题，但对死的反思，除了思考数学问题，整个上午都在进行。

有人打开电视，爱尔特希说:“电视是苏联人发明用来摧毁美国教育的。”对数学以外的世界，爱尔特希无暇顾及，他只是随口说说而已，其实电视是英国人贝尔德(J. L. Baird)发明的。新闻节目开始了，罗纳德·里根占据了整个屏幕。爱尔特希说:“艾森豪威尔(D. D. Eisenhower)是一个热情的高尔夫球手，但球艺不属最佳，那时候有人说选举个高尔夫球手当总统不错，但是为什么不选一个优秀的高尔夫球手呢? 我说选个演员当总统也可以，但是为什么不选卓别林(C. Chaplin)这样的优秀演员呢?”里根从屏幕上消失了，新闻广播转换成有关艾滋病的报道。艾滋病肆虐全球，感染者急剧增加，给人类社会带来巨大的恐怖与深重的灾难。在非洲，艾滋病正使一些村落十室九空，破败消亡。他又说:“‘老板’和‘奴隶’都告诉我，人是不大乱来的，而我从来不知道这些事。”当话题偏离数学时，即意味着爱尔特希感到厌烦了，并准备寻找新的合作者。

除了频繁不断的学术交流之外，爱尔特希还习惯通过电话交流信息，讨论数学。他的通话一般不讲究社交礼节,而是开门见山。在爱尔特希的心目中,合作者都是数学的。白天当他突然想起有数学问题要与万里之外的数学伙伴商讨时,哪怕彼地因为时差正是满天星斗,夜色沉沉,他也毫不顾忌,拨号通话。信函也是爱尔特希的重要交流工具。有一年,他发出了1 500封信,内容全都离不开数学,而且总是单刀直入主题。乌拉姆(S. M. Ulam)叙述爱尔特希来信的典型起笔是“假设 x 是这样的,这样……”或“假设有一系列数字……”霍夫曼见到的来信开头是“我在澳大利亚,明天去匈牙利。设 k 是……”而信的签名处则是爱尔特希独创的个人代码,主要是有关年龄的老生常谈,再不就是给上了年纪的朋友的充满忧郁的忠告。

尽管爱尔特希周游世界,但他始终眷恋着故乡,他一直保留着匈牙利国籍。他是匈牙利科学院院士,1973年,当匈牙利科学院筹备庆祝他60周年诞辰活动时,却发生了件不愉快的事。由于当时匈牙利与以色列还没有建交,因此匈牙利政府拒绝为以色列数学家参加大会签证。数学家毕竟不是政治家,总想把事情处理得像数学一样简捷明了,可政府并不这么认为。眼见犹太同胞被拒之门外,爱尔特希怒火中烧,断然拒绝回国参加大会,并且宣称除非匈牙利政府赔礼道歉,否则他再也不回匈牙利了。

不过,一时的气话怎能挡住友情的召唤。1976年,他接到索斯的通知,得悉好友图兰不幸身患癌症,生命垂危,来日无多。便急冲冲地回到布达佩斯。望着病榻上瘦骨嶙峋的图兰,爱尔特希的鼻子阵阵发酸。他劝慰老友保重身体,图兰淡淡一笑,很快就不知不觉地把话题转移到数学上了。夜里睡在床上,爱尔特希不由想起了与图兰几十年的无私友谊和真诚合作。他知道,不论是在20世纪30年代处于失业的状态下,还是第二次世界大战期间在劳动营中服役的艰苦环境中,图兰始终如一地从事数学研究。匈牙利的数学就是靠这样一批胸襟开阔、吃苦耐劳的有志之士取得了今日之成功。爱尔特希情不自禁地回忆起图兰亲口告诉他的一段难忘的经历。二战后苏军进驻匈牙利,苏军兵士在街上随意抓人,不少人被送往古拉格群岛,一去不返。一天,图兰在布达佩斯被一名苏联巡逻兵拦住,要求其出示证件。可是图兰刚逃过纳粹的搜捕,身上没有任何证件。情急之下,他拿出一本1935年出版的苏联数学刊物,上面有他和爱尔特希合作的一篇论文。这本杂志救了他的命。图兰感慨万分:“没想到数论还有这样的妙用。”与爱尔特希共建匈牙利离散数学辉煌的图兰,病逝于这一年的12月26日。洛杉矶加利福尼亚大学的斯特劳斯是爱尔特希的合作者,有爱尔特希-斯特劳斯猜想。他曾在普林斯顿当过爱因斯坦的数学助手,与爱尔特希很谈得来。据他披露,爱尔特希已经抛弃了自己不回故国匈牙利的誓言。爱尔特希则告诉人们,他是坚持原则的,因为他已接到匈牙利政府为前述事件的发生所表示的歉意。

6. 现代的欧拉

莎士比亚(W. Shakespeare)笔下的哈姆雷特(Hamlet)是一个顶天立地的英雄,“他是一个堂堂的男子汉,整个说起来,我再也见不到像他那样的人了。”

爱尔特希身材矮小清瘦,却是功力非凡的数坛巨人,人们异口同声地称赞他是“现代的欧拉”。

欧拉出生于瑞士小城巴塞尔,是有史以来的四大数学家之一,被誉为“数学界的莎士比亚”“数学家之英雄”。他的论著数量庞大,博大精深,历史影响深远。随手打开一本数学教科书,欧拉的大名时有所见,著名的欧拉公式为

$$e^{ix} = \cos x + i\sin x$$

在 $x=\pi$ 时,就成为 $e^{i\pi}+1=0$。此关系式揭示出数学中最为重要的五个数的内在联系,妙不可言。这五个数分别是实数、虚数的基本单位 1,i,零元素 0,以及人人皆知的重要常数(超越数、无理数)π,e。

欧拉品德高尚,提携后生。一次,他收到年仅 19 岁的拉格朗日的来信,信中论及“等周问题”,并提出了颇有新意的解法。其实,欧拉本人已潜心研究等周问题多年,他不声不响地压下自己的成果暂不发表,转身对新人的成果大加赞扬。拉格朗日才华大展,日后成为一代名家。

欧拉研究的数学领域主要是微积分、微分方程、解析几何、微分几何、数论、级数及变分法。在物理领域,他创立了分析力学、刚体力学、理论流体力学,

他研究了声的传播、光的振动。他是一个知识渊博的学者,在天文学、医学、植物学、化学、神学和东方语言学方面均有很深的造诣。他熟悉历史,通晓多种语言文字。法国著名数学家拉普拉斯(Pierre - Simon Laplace)曾多次满怀激情地对青年们说:"读读欧拉,读读欧拉,他是我们大家的老师。"

在长达 60 余年的研究生涯中,爱尔特希的研究领域跨越数论、图论、组合数学、集合论、几何、概率、分析、群论等数学分支。他著作等身,发表论文 1 500 多篇,平均每年 20 篇。

在年逾花甲,本该安度晚年的岁月里,他却是老骥伏枥,志在千里。研究热情有增无减,创造才能炉火纯青。到 1977 年为止,他共发表论文 700 多篇,到 1983 年增至 1 000 多篇,1989 年高达 1 200 多篇,1996 年去世时达 1 500 多篇。粗略统计,逝世前 20 年,发表论文 800 篇左右,平均每年 40 篇。仅 1986 年一年,他就令人不可思议地发表论文 50 篇,超过了很多优秀数学家一生的著述。1989 年,他已是 76 岁的老人了,大多数数学家到这种年纪已是力不从心,创造能力逐渐消退,可他依旧宝刀不老,壮心不已,在此后的七八年间发表论文300篇,简直让人难以置信。

有些人多少有些误解,以为论文只有短小精悍、三言两语,才能数目惊人,其实不然。比方讲,1965年他与拉多、哈杰纳尔合作创立分拆微积分的论文就长达百余页。那种篇幅十几页、数十页的论文更是为数不少。他的很多论文颇具分量,具有里程碑式的意义,至少包含一个值得注意的新结果。班可夫(Bonkoff)是一位牙医,业余研究数学,曾与爱尔特希合作发表过文章。他认为:"爱尔特希琢磨的东西太深奥,许多第一流的杂志都觉得很难处理他脑子里思考出来的东西。"

在爱尔特希心目中,数学是人类最美好的事业。他追求知识,追求真理,不计名利,不计得失。一旦发现好苗子,他就重点培养,不少人在他的精心培育扶持下脱颖而出,成为知名数学家。他的合作伙伴数以百计,其中不乏青年才俊。

欧拉未及而立之年右眼就已失明,逝世前17年双目失明,眼睛对于数学家欧拉与耳朵对于作曲家贝多芬同样重要。在厄运面前,欧拉没有颓废消沉,他抓紧失明前尚能朦胧见物的最后时光，分秒必争在黑板上奋笔疾书他发现的公式结论，或口述内容，请秘书笔录。17 年内，欧拉口述了 400 篇左右的论文和几本著作。其间，彼得堡大火殃及欧拉住宅，书籍和大量珍贵的手稿毁于一旦；朝夕相处的爱妻病故。在接连不断的不幸事故面前，欧拉顽强搏击，凭借罕见的记忆力、出色的心算能力，坚持不懈地从事数学研究，直至生命的最后一刻。

自从相依为命的老母去世后，爱尔特希全力以赴献身数学，通常每晚只睡 5 个小时，甚至更少。夜深人静，合作伙伴都已上床休息了，他还要在随身所带的日记本上一丝不苟地记数学笔记：到过何处，与哪些同行谈过话，讨论了哪些数学问题，想到了些什么结论。他靠 10～20 毫克的安非他明或利他灵、浓咖啡支撑着，从早到晚几乎不停顿地工作。他喜欢说："数学家是一台把咖啡转变成定理的机器。"据说，法国大文豪巴尔扎克经常写作通宵达旦，他有一把文坛传为佳话的咖啡壶，每当深夜写作筋疲力尽之时，就站起来煮一壶咖啡喝下。有人估计，他写那套脍炙人口的统称为《人间喜剧》的小说，大概煮过 5

万杯咖啡。

每当朋友们劝爱尔特希注意劳逸结合、有张有弛时,他总是千篇一律地回答:“在墓穴里有充裕的时间休息。”他同样是直到生命的尽头仍孜孜不倦于数学。

欧拉具有无与伦比的洞察力,能看到那些似乎毫不相关的公式之间的联系。他还具备一流的心算能力。一次,欧拉的两个学生把一个颇为复杂的收敛级数的前 17 项加起来,算到第 50 位数字时两人相差一个单位,欧拉经过心算准确无误地得到结果,真是神了。

上手快、解法巧是爱尔特希的拿手好戏。他不靠苦思冥想拼凑出一大堆方程,而是构思出简洁明快、富于启示的论证。他是个数学才子,他的机智常常延伸到他的研究范围以外的数学问题上。自 1967 年以来就和爱尔特希共事的几何学家珀迪(G. Purdr)回忆道:“1976 年,我们在得克萨斯州的农业机械学院的数学休息室里喝咖啡,黑板上有一个泛函分析问题,对这个领域爱尔特希知之甚少,我碰巧知道有两位分析学家刚给出这个问题长达30 页的解答，他们颇为自豪。爱尔特希盯着黑板问：‘那是什么？是个难题吗？’我说是的。他走到黑板前，眯缝着眼看了看简明扼要的陈述，询问了几个符号的含义，然后毫不费力地写下一个仅有两行的解答。如果那不是魔术，还有什么可称得上是魔术呢？”这同样依赖于一种居高临下、纵览全局的数学洞察力。要讲清楚这两行解答，也许还要进行相当多的推理，但这两行恰恰是一种明彻的洞见。最容易和最简单的东西往往是最难找到的。

每到一地，爱尔特希都要会见当地的数学家和数学系的学生，兴致勃勃地打听最近研究的内容，有没有值得讨论的问题。加利福尼亚大学洛杉矶分校的一位教授负责在洛杉矶接待爱尔特希，他说：“爱尔特希的工作速度快得惊人。他手里总有为数众多的性质各异的问题。同几个人待在一间屋子里，与他们中的每个人研究各不相同的问题，这对他早已习以为常。”

法国天文学家、物理学家阿拉哥（D. F. J. Aràgo）赞叹说：“计算对于欧拉好像一点儿都不费力，如同人呼吸或者雄鹰乘风飞翔一样。”其实这样的比喻用于爱尔特希的解题能力上也不为过。

在爱尔特希眼里，欧拉最值得称颂的是他毕生从事教学研究至死方休。1783 年 9 月 18 日，在计算了不久前发现的天王星轨道后，欧拉稍事休息，跟孙子子玩了玩，并呷了一口茶。他手里拿着烟斗，突然呛了致命的一口，冒出了最后几个字："我死了。"爱尔特希在一次讲座中讲了这个故事，并表示想跟欧拉这样走了。他说，"我希望在演讲中，在黑板上完成一个重要的证明之后，有人喊道：'一般情况怎样？'我面对听众，微笑着说：'我把它留给下一代'，然后就撒手而去了。"事实上，爱尔特希是在出席数学会议时去世的。

7. 数学莫扎特

"数学界的莫扎特"，谁有资格获得如此殊荣呢？保罗·爱尔特希。

莫扎特生于奥地利萨尔斯堡，父亲是出生在德国的音乐家。莫扎特与海顿、贝多芬三雄并立，均为维也纳古典乐派的杰出代表。莫扎特的创作是 17 世纪欧洲音乐成就的光辉总结。

莫扎特的音乐淳朴优美，具有明朗乐观的气质，常常被誉为“永恒的阳光”。著名作曲家柴可夫斯基评论道：“我爱莫扎特如爱一位音乐的耶稣。莫扎特的音乐充满难以企及的美，如果要举一位与耶稣并列的人，那就是莫扎特。”他的音乐充满着真挚的温暖，闪烁着自在的欢乐。

在爱尔特希的心目中，数学是科学和艺术的光辉结合。一方面在承认假设的前提下，它的结论在逻辑上不容置疑，因而是一种确定的科学。另一方面，数学有其令人神往的美。一个猜想可能是显而易见的，也可能是出乎意料的；一个结论可能是拖沓繁杂、艰深晦涩的，也可能是简洁明了、一针见血的，用爱尔特希的话来讲，它“直接来自圣经”。

“漂亮”和“深刻”是爱尔特希经常挂在嘴边的。美国南加州大学的戈龙贝敬佩地说：“他的证明总是很漂亮，使用的技巧通常比别人所掌握地更好、更高超。”在与数学界同行的合作中，他典型的角色是思路提供者。通常的情况下，爱尔特希都会以他那敏锐的直觉，指出问题的本质，给合作者拨开迷雾，理清思路,使得困惑已久的难题迎刃而解。

莫扎特的创作十分广泛,音乐的各种体裁和形式,都留下他影响深远的杰作。他生命短促,辛勤耕耘,留下大大小小的作品626件。他的最后一部交响曲——第41交响曲特别宏伟壮观,是史诗般的力作,柴可夫斯基认为是“交响音乐的奇迹之一”,常被称为“朱庇特”——古罗马神话中的众神之神。爱尔特希的研究领域众多,成果累累。他与赛尔伯格各自关于素数定理的初等证明,受到数学家的交口称赞,是数论研究中惊天动地的大事件。

哈代曾评论过普林斯顿和剑桥数学研究的不同风格:在普林斯顿,数学家们揭示出抽象规律,在各处打了一个浅洞。而剑桥的数学家们则将一个洞钻到地球中心,从而彻底解决一个问题。事实上,有些数学家擅长开天辟地,工作大刀阔斧,有些数学家则习惯精雕细刻,追求透彻完美。爱尔特希的研究大体属于剑桥型的。他到处讲一些他认为重要的数学问题的由来、发展及最新进展情况,毫无保留地给出一些新的解题线索,过一段时间,其中的许多问题就被解决了。

大名鼎鼎的莫扎特是乐坛上的伯乐。贝多芬比他小 14 岁,曾在维也纳跟莫扎特等大家学习过一段时间。初次见面时,莫扎特正与友人闲谈,对素不相识的贝多芬并未特别留意。贝多芬便在钢琴上把自己创作的一首奏鸣曲极富感情地演奏了出来。莫扎特听后大为惊讶,他把自己正在创作的一首钢琴曲的主题让贝多芬即兴演奏并发展下来。贝多芬毫不在意,信手奏来,并给予这主题以极富创造性的发展。莫扎特欣喜万分,预言有朝一日贝多芬将震惊世界。

爱尔特希同样是满腔热情地帮助指导青年人才,不少青年正是由于他的引导而步入国际数学舞台,来自匈牙利的波塞、洛瓦斯、西莫诺维茨、布鲁巴斯、佩利坎(J. Pelikán)等都是爱尔特希关注、培养的富有数学天赋的 ε。佩利坎与爱尔特希首次见面时才 15 岁,他谈及爱尔特希对年轻人的培养方式:"把一个个问题连珠炮似地砸向我们,好像我们是职业数学家似的。佩利坎日后在布达佩斯的一所大学工作,擅长图论。

在爱尔特希培养的匈牙利数学神童中,洛瓦斯无疑是成就最大的。他于 1999 年获得了沃尔夫奖。洛瓦斯 17 岁开始进行数学研究,爱尔特希还是嫌他起步晚,两人合作发表过 7 篇论文。

波塞可能是让爱尔特希比较失望的。他 14 岁时便和爱尔特希合作发表了第一篇论文,当他 15 岁时,便在图论方面完成了他最著名的工作。但 20 岁时就停止了数学证明和猜想,去当小学教师了。尽管人各有志,从事基础教育也是一种对社会有益的工作,但按照爱尔特希的术语,他已死了。爱尔特希不无惋惜地说:“他虽然活着,却无异于行尸走肉,我非常希望他能尽快地真正活过来。其实当他 16 岁那年告诉我,他宁愿做陀思妥耶夫斯基(F. Dostoyevsky)而不做爱因斯坦,我就开始隐隐有些担忧了。”

虽然在爱尔特希的培养对象中,有几个(如波塞)过早地‘夭折’了,但其他不少人日后都成长为数坛的风云人物。

据说莫扎特的《土耳其进行曲》是作曲家看到一个数学家夜以继日地运算解题,产生了灵感而作的。乐曲的主题单纯而鲜明,但从主旋律上生发的乐句,却回环往复不已,《土耳其进行曲》犹如爱尔特希几十年数学生涯的生动写照。研究数学是一种极其艰辛的劳动，有人付出了一生的心血，也许只能得到瞬间的快乐。对爱尔特希来讲，成功并不是终极目标，在无止境的追求中，他找到了自己生命的意义和人生的价值。

第七章　点线的乐章

白色的图形与黑色的图形镶嵌在一起，它们构成亲密无间的整体。它们互补互衬，互为背景。有谁能够想到这与数学定理也有密切的关系呢？

——霍夫施斯特（D. R. Hofstadter）

1. 漫游河桥图论兴

哥尼斯堡（即今日俄罗斯的加里宁格勒），历史上曾是东普鲁士的首府。哲学大师康德（I. Kant）、数坛巨星希尔伯特均出生于这个小小的古城。真可谓山不在高，有仙则名；水不在深，有龙则灵。哥尼斯堡濒临波罗的海，秀丽的普莱格尔河横贯市区，七座各具特色的桥将两岸和河中的两个岛连成一片。河心岛上有一所大学、一座教堂,还有康德的墓地和半身塑像。春暖花开冰河解冻日,或是夏日傍晚清风拂面时,人们沿着河边林荫道漫步,陶醉在大自然的绮丽风光之中。每逢周末,更有人举家出动,扶老携幼,顺着河边幽静的小道,穿过河上古色古香的桥,漫步于全城,饱览自然风光。渐渐地,人们在散步中产生了一个诱人的趣题:设计出一条路线,经过每座桥只一次而能回到出发点。

很多人一次又一次地变换路线,在散步健身、欣赏美景的同时,兴致勃勃地做着智力游戏。可是反反复复的尝试均未成功,被吊起了胃口的人们更是急不可耐地寻找问题的答案。

有人想起了赫赫有名的欧拉。1727 年,欧拉年方 20 岁,却已在数学王国纵横驰骋,有所建树,由数学名家的推荐,到彼得堡科学院担任数学讲座职务,数年后成为科学院的首席数学家。欧拉是顶尖高手,人们自然会想到他,于是在 1735 年,几名大学生写信给欧拉,谈及七桥问题,期望他能道出个中真谛。

欧拉果然名不虚传，不负众望。他经过思索，寥寥几笔，便毫不犹豫地断言：问题无解。真是运筹帷幄之中，决胜千里之外。

欧拉运用的是数学家的智慧，他透过现象看本质，发现散步问题的关键在于经过所有的桥，既不遗漏，又不重复，于是他简单地用点来表示陆地及岛屿，用线表示桥，散步问题就变成了一个简洁明了的数学问题：A，B 表示两岸，C，D 表示两个岛，从 A，B，C，D 任何一点出发，经过所有的线恰好一次，并回到起点。此类问题俗称“一笔画”。对每个点而言，进来必须出去，既要走遍又不重叠，因此连接每个点的线必须成双成对，即为偶数。显而易见，任何散步的尝试都不能成功。

这就是数学，为了研究现象的本质，“为要能够研究这些形式及其关系的纯粹情形，那么就应该完全把它们与其内容相分裂，把内容暂置不管，当作无所可否的东西。”（恩格斯《反杜林论》）

问题到此并未结束。欧拉一鼓作气，给出了这样的图形能够一笔画（并能首尾相连）的判定法则：这个图必须是连通的，并且每个点都与偶数条线相关联。

想当年，拉格朗日去世后，意大利百科全书宣称他是意大利数学家，因为拉格朗日出生于意大利西北重镇都灵，其父是驻守都灵的一名法国骑兵队长，其母是当地的名门闺秀。他求学于都灵皇家炮兵学院，19 岁被正式任命为该校数学教授。法国百科全书不甘落后，说他是法国数学家，拿破仑给他颁发过一大堆勋章，他的作品多次获法国科学院的大奖。德国数学史也再三强调他的主要科学成就完成于柏林。1766 年，柏林科学院物理数学所所长职位出现空缺，在众多名家的推举下，而立之年的拉格朗日走马上任，在柏林科学院度过了 20 个春秋。虽说科学无国界，但谁人不愿本国明星璀璨、人才辈出。

对人——数学家的归属是如此看重，对事——数学问题的由来何尝不是如此。许多图论专著、科普读物都异口同声地指出图论起源于哥尼斯堡七桥问题，我们可以在《中国大百科全书·数学卷》中找到这样的断言，读者从本书的内容中不难得出相同的看法。

同样，有许多数学书籍振振有词，声称拓扑学的产生也与哥尼斯堡七桥问题有关。拓扑学是几何学的一个重要的分支，这种几何与中学里教的平面几何、立体几何截然不同。通常的平面几何、立体几何研究点、线、面之间的位置关系以及它们的度量特征，诸如直线与圆的相交、相切、相离，三角形的全等、相似，梯形的面积等，一言以蔽之，研究在运动中图形的大小和形状都不变的几何学。拓扑学研究的是几何图形在连续变形下保持不变的性质。所谓连续变形，形象地说就是允许伸缩和扭曲等变形，但不许割断和粘合。由此可见，在拓扑学里线可以随心所欲地弯曲变形，图形的大小、形状可以发生面目全非的改变，只要不破坏连续变形的约定。

对照拓扑的基本概念，显而易见，欧拉在处理七桥问题时所形成的点、线的图形，根本没有考虑它们的大小和形状，这正是拓扑学的基本特征，因此讲拓扑学派源于此确实言之有理。

有趣的是，组合数学亦不甘寂寞。中国数学家陈景润在其《组合数学简介》一书中，就饶有兴趣地讨论了七桥问题。组合数学又称组合论，它的中心问题是讨论按一定的规则来安排一些物件。当符合要求的安排并不是显而易见时,当务之急在于弄清楚这样的安排存在与否。七桥问题中的规则就是经过每座桥只一次且能回到出发点,物件即为连接两岸和岛屿的桥。

其实,一个问题成为几门学科的源头并非怪事。世间的事物复杂多变,沿着某一个侧面发展延伸,不同的学科就自然而然地产生了。

下面我们一起欣赏匈牙利在 20 世纪 40 年代的一道数学竞赛题:证明任何一群人中,认识这群人中奇数个人的人有偶数个。人之间的认识是相互的,如果我们用点表示人,互相认识的两个人之间连成一条边,便得到一个图。此时你会恍然大悟,这不是等价于奇点个数是偶数嘛!原来数学竞赛的题目竟然是图论中定理的通俗讲法。

推而广之,可以讲在所有生活在地球上的人群中,和奇数个人握过手的人有偶数个。

由于多面体中两个面产生一条棱,于是我们又可以理直气壮地断言:任何一个多面体,有奇数条棱的面有偶数个。

又由于棱有两个端点,于是我们又得到:任何一个多面体中，由奇数条棱相交而成的顶点有偶数个。

不妨趁热打铁，请读者利用上面的规律自行解决下面的这道匈牙利的数学竞赛题：有一个参观团，它的任意四名成员中必有一名成员原先见过其他三名成员，证明任意四名成员中，总有一名成员，他原先见过参观团的所有成员。

历史上，图论曾经被好几位科学家各自独立地孕育发展过。基尔霍夫（G. R. Kirchholf）用点和线组成的图代替研究中的电网络：用边代表各类电气元件，如电阻、电容、电源等，用点表示元件之间的连接。作为物理学家的基尔霍夫驾轻就熟，像数学家一样思考问题。更进一步，为了搞清电网线路中每一条支路和环绕每一个回路的电流情形，他建立了线性方程组，发展起图论中“树”的理论。

几乎在同时，英国数学家凯莱（A. Cayley）在有机化学计算中应用了树，并形成树的概念。他在数学上研究群所产生的凯莱圈，在图论中的对应物即是树。后来数学家若尔当（M. E. C. Jordan）才作为一个纯数学的对象，独立发现了树。

英国数学家、物理学家哈密顿（W. R. Hamilton）

是历史上出名的神童。3 岁能阅读,4 岁就能计算较复杂的算术题,5 岁时通晓拉丁、希腊和希伯来文,13 岁时,一个乳臭未干的少年竟然掌握了 12 种语言。他于 1859 年发明了一种智力游戏,这种游戏用一个规则的实心十二面体,在它的 20 个顶点处标以各国名城,要求游戏者找出一条沿着各边通过每个顶点(城市)正好一次的闭回路,即"绕行世界"。用图论的术语讲,它涉及哈密顿图、哈密顿圈。传说他以 25 个金币的价格将这个设计卖给了一个玩具商,而玩具商经营此项业务却未获成功。

1936 年,匈牙利数学家柯尼希(D. König)写出了第一本图论专著。几十年来,图论领域生机盎然,发展迅速。塔特(W. T. Tutte)等发展了由惠特尼首先提出的拟阵理论,伯格(C. Berge)等发展了超图理论,爱尔特希等发展了极图理论。此外,代数图论、拓扑图论等方面都有了长足的进展。

爱尔特希在图论中的工作面广量大,不乏大手笔。除了极图理论外,他在交图、哈密顿图、图的着色、平面图、无限图、随机图等方面均有上乘之作,在与图论、组合论都密切相关的拉姆齐理论中,他更是硕果累累。他成功地解决了同国名家哈约什提出的著名图论猜想，他和雷尼发展起来的概率方法在图论研究中大显身手，频频告捷。更为难能可贵的是，他靠超人的洞察力和深厚的功底，经常提出图论方面的猜想，指明研究方向，甚至自费悬赏问题解答者，鼓励同行前行，不愧为一代宗师。

图论既然来源于实际问题，自然会有许多实际应用。心理学家提出了图的心理学解释：点代表人，边代表人际关系，比如爱、恨、交往、支配等。理论物理的研究中，不止一次地出现过图论。有人在统计力学的研究中，用点代表分子，而两个点的相连则表示存在某种物理形式的最邻近的相互作用。物理学家李政道和杨振宁则独具匠心地用点代表欧几里得空间的小立方体，其中每一个小立方体最多只能被一个分子占有，而两个点用边相连则表示两个空间都被占有。还有人用点代表物理粒子，边代表粒子碰撞后的路线。在概率论的马尔可夫链的研究中，别出心裁地出现了有向图，点代表事件，从一个点到另一个点的有向线段意味着这两个事件直接相继有正的概率。这种有向图可以用来为体育比赛安排选手的名次。而在通信网络的构造和分析、印刷集成电路的设计中又不可避免地接触图的平面性、厚度和叉数。

利用图论、组合论、量子力学,辅之计算机工具对化学结构进行研究,形成新兴边缘学科——图论化学,此学科在国际上方兴未艾。

图论在车辆运输、信件投递、婚姻匹配等类型的问题上均有所应用。

例如,有著名的婚配定理:如果一个乡村里每位姑娘恰好认识 k 位小伙子,而每位小伙子也恰好认识 k 位姑娘,那么,每位姑娘能够和她认识的一位小伙子结婚,并且每位小伙子也能和他认识的一位姑娘结婚。

用图论的语言讲:若图 G 是 $k(k>0)$ 正则偶图,则 G 有完美对集。

再变动一下,则有人员分派的匹配问题:某公司准备分派 n 个工人 $x_1, x_2, \cdots, x_n$ 做 n 件工作 $y_1, y_2, \cdots, y_n$,已知这些工人中每个人都胜任一件或几件工作,试问能不能把所有的工人都分派做一件他能应付自如的工作?

这里同样产生了偶图，$X=\{x_1,x_2,\cdots,x_n\}$，$Y=\{y_1,y_2,\cdots,y_n\}$，需要考虑的是有无完美对集。

打开报纸，我们总能看到各种各样的招聘广告，人才固然需要外引，但也需要内部合理调配，挖掘内部潜力。而当一个公司有成百上千的员工，其素质普遍较高且一专多能时，要进行配对分工，理论上讲面临的方案种数大得出奇，计算机也有些力不从心，如果没有好的算法，只得维持现状，或凭经验稍作调整。图论中应运而生的匈牙利方法能有效地处理此类问题。再深入一步，不仅要考虑工作任务的安排是否到位，还要考虑各人的特长及工作效率，因而触及成本利润、总效率，又产生了所谓的最优分派问题。对于此类问题，图论同样提供了好的算法。数学在这里找到了用武之地。

2. 极图、交图与极集

数学界公认爱尔特希在图论中的极图理论的发展上功不可没。极图理论的一种重要情形是求有 p 个点而不含禁用子图 H 的一个简单图中最多能够含有的边的数,记为 $ex(p,H)$。也就是说,含有 p 个点,边数 $\varepsilon \geqslant ex(p,H)+1$ 的任何一个简单图,必包含子图 H。楚人宋玉形容绝色佳人曰:增之一分则太长,减之一分则太短。极图理论中的 $ex(p,H)$ 无疑就是宋玉笔下的倾国倾城之女的身高,不能有丝毫的改动,若越雷池半步,便致面目全非。

图兰与爱尔特希共同创建了匈牙利离散数学学派,在极图方面尤为突出。

定理 所有有 p 个点而没有三角形的图中最多有 $\frac{p^2}{4}$ 条边,即 $ex(p,K_3)=\frac{p^2}{4}$。

图兰的工作发端于第二次世界大战的艰苦环境中。1941 年,他便讨论了以三角形作为禁用子图的情况。爱尔特希同样对极图表现出浓厚的兴趣。深更半夜,万籁俱寂,爱尔特希奋笔疾书,数学笔记上一次又一次地出现极图研究的心得成果;在与合作者的交流中,极图的话题被再三地提起,论文也随之而问世。1967 年,在一次图论讨论会议上,爱尔特希充满自信地走上了讲台,会场上响起了带有浓重匈牙利口音的英语。人们知道爱尔特希又打开了数学

“圣经”的某一章节。他如数家珍地谈到了极图，介绍了他的研究成果。在图论讨论会专辑中，爱尔特希给出下列结果

$$\mathrm{ex}(p,C_p)=1+\frac{(p-1)(p-2)}{2}$$

$$\mathrm{ex}(p,K_4-x)=\frac{p^2}{4}$$

$$\mathrm{ex}(p,K_{1,3}+x)=\frac{p^2}{4}$$

其中 C_p 表示由 p 个点构成的一个圈。简单地说，圈是从某点出发后又回到某点的若干条边首尾相连构成的一个不间断的图形，除起点、终点重叠外，其余的点全不相同。C_3 就是三角形，C_4 就是四边形。K_4-x表示完全图 K_4 中任意去掉一条边后所成的图，$K_{1,3}+x$ 则表示在爱尔特希称为樱形图的基础上，任意添加一条边所形成的图。读者不妨对 $p=4$ 的情形画图验证结论的正确性。

爱尔特希 1970 年证明：若简单图 G 不包含完全图 K_{m+1}，则 G 的度弱于某个完全 m 部图 H。若 G 具有与 H 相同的度序列，则 $G\cong H$。

这里所谓图 G 的度弱于图 H，意指图 G 与 H 点

数相同，图 G 每一点的度不超过图 H 相应点的度。而完全 m 部图指该图的点集可以分解为 m 个非空子集，使得任何一边的两个端点均不在同一个子集中，任一个点都与不在同一个子集中的所有点相连。不难看出，完全偶图就是完全二部图，完全 m 部图是完全偶图的某种推广。

爱尔特希的密友图兰已知 $\mathrm{ex}(p,K_3)=\frac{p^2}{4}$，爱尔特希则对不是偶图简单图求得 $\mathrm{ex}(p,K_3)=\frac{p^2}{4}=\frac{(p-1)^2}{4}+1$。

图论问题无穷无尽，一个问题解决了，新的问题又随之而来。在图论名家邦迪（J. A. Bondy）、默蒂（U. S. R. Murty）合著的《图论及其应用》中，经过精心挑选，列举了 50 个当时未获解决的重大图论问题，其中出自爱尔特希的就有 7 个之多，此外还有 2 个问题出现在他撰写或编辑的文献之中。他提出的问题有的已为他人攻克，他也陆续解决了别人提出的一些问题。

这里介绍爱尔特希提出的与极图理论有关的 3

个问题。

设$f(m,n)$是有n个点的不包含m圈(m圈是指含有m条边的圈,即C_m)的简单图的最大可能的边数,则用我们前面的符号表示,即为$\mathrm{ex}(n,C_m)$。

爱尔特希已经清楚:

在m是奇数且$m \leqslant \frac{n+3}{2}$时

$$\mathrm{ex}(n,C_m)=\frac{n^2}{4}$$

在$m \geqslant \frac{n+3}{2}$时

$$\mathrm{ex}(n,C_m)=\binom{n-m+2}{2}+\binom{m-1}{2}$$

这里的符号$\binom{S}{T}$表示从S个不同的元素中每次取出T个不同元素的组合数。

1963年,爱尔特希提出问题:当m为偶数且$m \leqslant \frac{m+3}{2}$时,求$\mathrm{ex}(n,C_m)$。

1974年,爱尔特希又提出:设$f(n)$是有n个点的不含有(禁用子图)3正则子图的简单图的最大可能边数，试确定 $f(n)$。

在此之前，爱尔特希与西蒙维茨于1970年获得结果：存在常数 C，使得边数 ε 和点数 n，适合关系 $\varepsilon \geqslant Cn^{\frac{8}{5}}$ 的每个简单图都包含3方体。所谓3方体，通俗地讲就是由我们习以为常的立方体的顶点和棱所构成的图。因此，3方体又称为立方体。读者恐怕已发现立方体是3正则图，因为从每个点出发的棱，不多不少全是3条。实际上，他们已知 $f(n) < Cn^{\frac{5}{3}}$。爱尔特希不满足这种形式"含混"的关系，要打破砂锅问到底。其实，他和西蒙维茨的成果本身已属不凡，再进一步谈何容易。

随着研究的深入，爱尔特希在极图理论方面愈益成熟自信，他在纸上画着算着，在脑子里思考着推敲着，新的问题接踵而至。

1975年，爱尔特希又萌发奇想：确定具有 n 个顶点而任何两个圈的长均不相等的图的最大边数。

爱尔特希研究了极大图。一个图给定其点数，又要求它满足某些给定的条件，内中边数最多的图称为极大图。

爱尔特希和加莱都是无名小组的成员。他们生不逢时，大学毕业后四处奔波，工作难觅，靠做家教糊口谋生。富裕的是精神，困顿的是金钱。然而不管身处何境，他们热爱数学，矢志不渝。

一晃几十年过去了，当年英姿勃发的青年已年近半百。1961 年，爱尔特希回到了故乡布达佩斯，他迫不及待地登门拜访了加莱。老友重逢，激动喜悦之情溢于言表，然而三句话不离本行，他们的话题逐渐转向了极大图。几次会面切磋之后，他们合作的长篇论文面世了。

1961 年，爱尔特希和加莱合作讨论了以最大对集为给定条件的极大图。

给定一个图 G，若 M 是 G 中部分（或全部）边构成的子集，如果 M 的任意两条边在 G 中均无公共端点，则称 M 为 G 的对集。边数量多的对集称为最大对集。

他们的结论是，给定两个非负整数 n,t，且 $n \geqslant 2t$，则以 n 为点数，t 为最大对集所含边数的极大图所包含的边数情况如下：

（1）当 $n=2t$ 时，边数为 $\binom{2t}{2}=\binom{n}{2}$。

这个结论显而易见，读者亦不难明白 $n<2t$ 是不可能的。

(2) 当 $n>2t$ 时，边数为 $\max\left\{\binom{2t+1}{2}, \binom{t}{2}+t(n-t)\right\}$。

其中当 $2t+1\leqslant n<\frac{5t+3}{2}$ 时，唯一的极大图是 $K_{2t+1}\cup\overline{K}_{n-2t-1}$，其边数为 $\binom{2t+1}{2}$。

当 $n>\frac{5t+3}{2}$ 时，唯一的极大图是 $K_t\cup\overline{K}_{n-2t-1}$，其边数为 $\binom{2t+1}{2}+t(n-1)$。

当 $n=\frac{5t+3}{2}$ 时，则有两个极大图 $K_{2t+1}\cup\overline{K}_{n-2t-1}$ 与 K_t+K_{n-t}，其边数为 $\binom{t}{2}+t(n-t)=t(2t+1)$。

这里 $\overline{K}_t$ 表示完全图 K_t 的补图，即具有 t 个点而没有边的图。图 $G\cup H$ 为以 G 和 H 的点集及边集的并集为点集和边集的图。$G+H$ 意义相仿，此时，G 与

H 无公共的点。

探寻各类极值问题是人类追求完美天性的自然流露。26 个英文字母同为数更少的标点符号的组合构成了人类丰富无比的书面语言。从莎士比亚的千古名句,以至街头巷尾的村言俗语。作为兴趣消遣,有人曾寻找包含 26 个字母的最短句子。

数学中更是不乏极值问题的研究。周长固定的三角形中,正三角形的面积最大;周长一定的四边形中,正方形的面积最大;周长固定的 n 边形中,正 n 边形的面积最大。周长固定的平面图形中,圆的面积独领风骚;反过来讲,面积固定的平面图形中,圆的周长最短。这就是数学中的等周问题。由平面到立体,我们不难猜测,体积固定的几何体中,球具有最小的表面积。

其实,宇宙本身就是一本用数学符号写成的大书,数学中的极值问题正是自然界的真实写照。荷叶或草上晶莹欲滴的露珠之所以能聚成水滴,是因为在表面张力的作用下,液体有力求使其表面积达到最小的趋势。正是根据液体的这一特性,很多容器制成圆球形,真是取其之长。

再来看一下交图。交图是一种抽象的图，看不见摸不着，却能用数学语言讲得明明白白，头头是道。简单地说，在交图中，用点表示集合，而两个集合的交集不空，则代表它们的点相连。

令 S 为一个集合，$S_1,S_2,\cdots,S_p$ 是 S 的不同的非空子集，它们的并集是 S。如前所述，现在要把 $S_1,S_2,\cdots,S_p$ 看成“点”，点集 $F=\{S_1,S_2,\cdots,S_p\}$。所谓点集 F 的交图，是指将 F 内的各个 S_i 当作点，当 $i\neq j$ 且 $S_i\cap S_j\neq\varnothing$ 时，点 S_i 和点 S_j 之间有边相连。如果把 F 的交图记为 $\Omega(F)$，那么对一个图 G 而言，如果存在 S 的子集构成的一个子集族 F，使得 G 与 F 的交图 $\Omega(F)$ 同构，即 $G\cong\Omega(F)$，就称图 G 是集合 S 上的一个交图。

讲到这里，恐怕有些读者早已按捺不住，疑惑重重了：点和集合相差十万八千里，何以把集合乔装打扮成点？点是什么呢？是分子、原子，抑或是电子大小的东西？显然不对，欧几里得在《几何原本》中定义点是没有部分的那种东西，意思是分割到最后不能再分的东西，然而物质的层次是没有穷尽的。我们通常认为，在几何中点无大小，线无宽度，平面无厚度。然而细细一想,没有大小的东西空空如也,何以放点?

我们的第一层意思是,数学中的若干最原始的概念实在无法给出精确的定义,要定义 A 就要用 B,要讲清 B 又要借助 C……什么都要讲清,将会出现概念套概念的无穷循环。

欧几里得几何,即我们中学里学习的平面几何、立体几何,从我们生活的现实世界里,从万事万物的几何形状中,归纳出点、线、面的定义;从人们认为不证自明、千真万确的真理(公设)出发,经过严谨有序的逻辑推理,建立起千古不朽的欧氏几何体系。后人把这种理论体系称为素朴的、实质的公理系统,表现为"对象-公理-演绎"。

少年儿童学习几何,总要不由自主地借助现实世界的直观形象,这是正常的。国际著名的数学教育家弗赖登塔尔(H. Freudenthal)在我国华东师范大学讲学时曾经说过,小孩子学习事物并不是靠背定义才理解的,主要靠概念形象。例如椅子,你要定义它非常困难,若定义为供人坐的有 4 条腿的工具,那这和凳子如何区别?定义为 3 条腿行不行?

小孩子总是要长大的，数学也总是要发展的。《几何原本》中对点、线、面的定义实际上只是人们对这些几何研究对象的直观描述，不仅含糊不清，而且在论证中不起作用。

更值得推敲的是在古人眼里神圣不可动摇的公理，比方讲“整体大于部分”，在无穷里却并非如此。又如平行公理，大意是讲过直线外一点能作且只能作一条直线平行于原直线，但是在非欧几何里，有时过直线外一点可以作多条直线“平行”于原直线。也许你说这有悖于直观认识，但直观可靠吗？太阳光平行，但太阳光交于太阳。对于现代的几何研究来说，重要的不在于对象是什么，而在于以什么为前提去展开几何理论。这里的前提实际上是一种假设，相当于欧氏几何的公理。这种理论体系被恰如其分地称之为形式抽象的公理系统，表现为“假设—演绎”。

我们的第二层意思是，现代数学在理论上已完全舍弃了某种特定对象的直观背景，尽管我们在学习研究的时候可以借助直观的启示。

这样的一番分析无非是说，集合当点并不是不可接受的奇谈怪论。

现在回到交图，其实每一个图 G 都是一个交图。事实上，对于 G 中的每一个点 V_i，取 S_i 是 $\{V_i\}$ 与以 V_i 为端点的 G 中边的并集。令 $F=\{S_1,S_2,\cdots\}$，可得交图 $\Omega(F)$。让 V_i 对应于 S_i，并建立边之间的类似对应关系，不难看出，G 与 $\Omega(F)$ 同构。

爱尔特希最早与他人合作研究图的交数。一个给定图 G 的交数 $\omega(G)$ 是构成一个集合 S 所需要最少的元素数目，该集合 S 能使得图 G 成为集合 S 上的交图。他们通力合作，得到有给定数目的点的图，其交数的最佳可能的上界。1966 年，他们的结果以论文方式公之于世。

对于任何一个有 $n\geqslant 4$ 个点的图 G，有

$$\omega(G)\leqslant\left[\frac{n^2}{4}\right]$$

1986 年 6 月，第一届日本国际图论会议隆重召开，日本国内数百名专家学者与海外 25 个国家百余名高手名流济济一堂，盛况空前。时年爱尔特希 73 岁，却依然雄风不减，宝刀不老，不但出席大会，而且作为大会特邀讲演者做了关于组合分析和图论的精

彩报告。人们敬重地望着这位数学前辈，虽然岁月的痕迹爬上了额头，但他仍然壮志凌云，思维清晰，活跃在数学研究的前沿。他归纳了关于图及一般的 K－图、施泰纳三重系极值问题的结果与猜想，其中最为主要的话题是拉姆齐数。从 20 世纪 30 年代开始，爱尔特希就钟情于拉姆齐理论，几十年中倾注了大量的心血，也取得了骄人的成果。他满怀深情地回顾半个世纪前他与无名小组成员塞克雷斯获得的关于拉姆齐数的出色成果，饶有兴趣地列举了几十年来取得的重大突破。他凭借深厚的功底、犀利的目光剖析了今后拉姆齐理论研究的困难症结所在，指出下一阶段研究的几个方向。爱尔特希在讲坛上侃侃而谈，挥洒自如，俨然是指挥千军万马作战的将军。临近报告结束，德高望重的大师亮出了悬赏 1 000美元的拉姆齐极值问题。台下的数学家们相对而视，发出了会心的微笑。爱尔特希在离散数学界又设下了一个级别颇高的奖杯，在他的引导下，人们看到了离散数学高原上一座新的等待数学家攀登征服的奇峰峻岭。

在爱尔特希的悉心指导下，15 岁不到就在组合学上脱颖而出的布鲁巴斯登上了特邀讲演的讲坛。望着年轻的后起之秀，爱尔特希宽慰地笑了。长江后浪推前浪，一代更比一代强。8 位特邀讲演者皆为图论、组合论出类拔萃之辈，他们从不同的侧面勾画出当代图论及其边缘研究的主要问题，得到的重要结果以及有关代表性的猜想，真可谓“谈笑有鸿儒，往来无白丁”。好几位一流名家在特邀讲演中提到爱尔特希的不凡贡献，听到这里，爱尔特希露出了舒心的微笑，几十年的数学研究生涯，艰难曲折，充满挑战，同行们的评价是对他工作价值的肯定和赞许。8 人中，除爱尔特希外，匈牙利数学家、拥有爱尔特希数 1 的赛姆雷德也在其内，由此可见，匈牙利的图论研究队伍实力超群。

法国数学家弗兰克尔亦是大会特邀嘉宾，他应邀做了极集理论中的例外构形型的结果的学术报告，这是图论与组合论、集合论相结合而形成的一种边缘理论。20 多年前，图兰提出了著名的图兰问题，尽管一直未获解决，但爱尔特希等人的研究产生了极值集合论这一新的领域。弗兰克尔的话题紧紧围绕极集理论，他兴趣盎然地回顾了古典的爱尔特希－柯召－拉多定理。时光如箭，白驹过隙，1960年的成果已称之为古典，数学发展可谓一日千里，然而货真价实的结论永不过时。

索斯是加莱的高足，后来嫁给了图兰，并成为爱尔特希在数学上杰出的合作者。她于1973年提出了一个极值问题，爱尔特希深知此类问题的价值所在，他开始关注并且不由自主地深陷于此。此间又遇到研究同一问题的两位数学家，经过一系列的电话、信件往来之后，1978年，人们打开伦敦数学会的会刊，三人的合作结晶《一组有限集的相交性质》映入眼帘，爱尔特希又登上了一座数学高峰。

3. 哈密顿图货郎担

继牛顿之后的英国最伟大的数学、物理学家当推哈密顿。他自幼聪明过人，尤其是掌握驾驭各种语言的能力令人惊羡不已，他的父母满心希望他将来能成为一个出色的语言学家。但在哈密顿13岁的那一年，遇到一位来自美国的计算神速的儿童，加上与手摇计算机的接触，他逐渐迷恋数学。在都柏林三一学院里，他常常一个人囊括各种学习比赛的奖状，尤其是数学和古典文学，他更是冠盖群雄。

法国数学界“三L”之一的拉普拉斯，耗费半生心血写成长达5卷的传世巨著《天体力学》，赢得“法兰西牛顿”的称号。传说拿破仑曾戏问拉普拉斯，在《天体力学》中，为何只字不提宇宙的创造者（上帝），拉普拉斯毅然对答：“陛下，我不需要这种假设。”

哈密顿在16岁时就发表论文订正了《天体力学》证明中的一处错误。21岁时，他不过是大学高年级学生，就被破格任命为三一学院的天文学教授，并担任了爱尔兰皇家天文台台长。

在科学史上，哈密顿至少有两项工作值得大书特书。其一是发展了分析力学。哈密顿首先成功地建立了光学的数学理论，此后发展了分析力学，提出科学史上极为著名的哈密顿原理，即最小作用原理。近代物理学家薛定谔（E. Schrodinger）说：“哈密顿原理是近代物理的基石。”

哈密顿在数学上的主要贡献是发明了“四元数”。为了描述绕空间一定轴转动，同时又进行伸缩运动的向量的运动状态，哈密顿设想要创设一种新的数,它要包含四个分量:两个用来固定轴,一个用来规定转动角度,第四个用来规定向量的伸长缩短。然而囿于自然数运算规律的影响,历经 15 年的顽强探索仍未成功。

有道是皇天不负有心人。一天,哈密顿步行去都柏林途经金雀花桥时,长时间的苦思冥想使他茅塞顿开、恍然大悟,放弃乘法交换律,规定若 $ij=k$ 则 $ji=-k$,四元数便瓜熟蒂落了。他当场抽出随身携带朝夕相伴的笔记本,激动万分地做下了记录,并将有关规律用小刀刻在桥的石头栏杆上。

与罗巴切夫斯基(N. I. Lobachevsky)的非欧几何一样,哈密顿的四元数是近代数学史的创新与革命。四元数的诞生打破了传统数对人们的束缚,此后各种抽象的数系如雨后春笋般地成长于数学之林。

1943 年,爱尔兰政府为了纪念四元数发现 100 周年,特别发行了印有哈密顿头像的邮票。金雀花桥上至今有爱尔兰政府树立的石碑,上面醒目地刻着:"在 1843 年 10 月 16 日当威廉罗旺·哈密顿爵士走过这里时,天才的灵感发现了四元数的乘法基本公式

$$i^2 = j^2 = k^2 = ijk = -1$$

他把这结果刻在这座桥的石栏杆上。”

数学中，一个趣题、一个游戏的研究探讨也可能形成蔚为大观的数学理论。哈密顿在给朋友的信中描述了关于12面体的一个数学游戏：在12面体的任意5个相继的顶点上插上五根大头针，形成一条路，要求扩展该路以形成一个走遍所有顶点但不重复的路。后人由此出发，孕育出图论中可行性的理论，得到许多精彩的结果，亦有重大理论问题暂付阙如，留待后人解决。

如前所述，欧拉给出了回到原处、不走重复路（图论上称之欧拉图）的充要条件。用图的语言讲，一个非空的连通图是欧拉图当且仅当没有奇点。奇点即度数为奇数的点，没有奇点就全是偶点，即每个点都与偶数条线相关联。如果从某处出发，不重复地走过各桥，不要求回到原处，这样的图被称为欧拉迹。显然，一个非空的连通图有欧拉迹当且仅当它最多只有两个奇点。

一个图 G 的哈密顿圈是指包含 G 的每个点的圈。一个图若包含哈密顿圈，则称这个图是哈密顿图。所谓哈密顿圈,套用哈密顿游戏的说法,意指从某一城市(点)出发,遍历各城恰一次,最后返回原地。七桥问题重桥(边)不重地(点),要求桥桥不漏,即边边都过;与七桥问题不同,哈密顿游览重城(点)不重路(边),只要求城城都到,走不走哪条路无关紧要。当代社会交通发达,城镇之间道路相连,真可谓条条大路通罗马,逢路必走显然费时费力。一个推销商跑遍各城经商贸易,更不容忽视总距离长短的考虑。推销商问题待后再叙。

正由于考虑问题的角度不同,因此迄今为止哈密顿图的非平凡的充要条件尚不得而知,事实上这是图论中未解决的主要问题之一。

狄拉克(P. Dirac)于1952年首开纪录,给出判断哈密顿图的充分条件:若 G 是简单图,点数 $u\geqslant 3$,最小度 $\delta\geqslant\frac{u}{2}$,则 G 是哈密顿图。

爱尔特希的合作伙伴、匈牙利神童波塞1962年仅15岁时,利用反证法给出该命题的一个证明。同时,利用类似的方法,还得到著名的波塞定理:设 G 是有 n 个点的简单图,如果对每个 k,$1\leqslant k\frac{n-1}{2}$,度不

超过 k 的点的数目小于 k,并且当 n 为奇数时,度不超过 $n\,\frac{n-1}{2}$ 的点的数目不超过 $\frac{n-1}{2}$,那么 G 为哈密顿图。

爱尔特希本人在此领域也有所建树,得到结果:若简单图 G 适合 $u\geqslant 6\delta$,且边数 $\varepsilon>\binom{u-\delta}{2}+\delta^2$,则 G 为哈密顿图。

少年得志的捷克数学家查瓦特(V. Chvátal)也是爱尔特希的合作伙伴。1970 年,他在滑铁卢大学学习期间,和爱尔特希合作得到关于哈密顿图的充分条件:若独立数小于连通度,必是哈密顿图。

现在回到推销商问题,当一个推销商面对哈密顿图式的现实地图外出经商时,他不但要跑遍图中各城,而且要精心设计路程最短的走法,换句话说,要求赋有边长的哈密顿图中总长最短的哈密顿图,俗称“货郎担问题”。也许你会设想,利用计算机的高速运算比较,可以不费吹灰之力眨眼之间寻找出最佳路线。具体地讲,假设有 p 条路线,利用计算机计算出各条路线的长度,再用计算机做比较大小的工作，保留小者，剔除大者，则最小者唾手可得。假设每比较大小一次算做计算一次，忽略计算 p 条路线的长度的工作量，计算机只不过计算 $p-1$ 次，即可结束了。

这种设想可能过于天真，因为 p 的值往往大得可怕。设共有 n 个城镇，城城之间有直达道路，货郎从某城出发，第 1 站的选法有 $n-1$ 种，第 2 站的选法有 $n-2$ 种，依此类推第 $n-1$ 站（最后一城镇）只有 1 种选法，若把同一条路往返两种走法区别开来，于是

$$p=(n-1)\cdot(n-2)\cdots 2\cdot 1=(n-1)!$$

我们已经领教过庞然大物 2^n，2^n 是 n 个 2 相乘，比起 $n!$ 来显然是小巫见大巫了。比如 $n=31$，区区 31 个城镇，计算总数 $p=30!$。30 不大，加上"！"便如同发生核聚变反应，骤增至 2.6×10^{32}，即使选用每秒钟运算 10 亿次的巨型计算机，8 亿年只不过完成千万分之一，沧海一粟。我们处于比印度舍罕王更为难堪的境地。

我们常常借助经验和数学的技巧寻找经济便捷的有效算法。至少从白雪皑皑的哈尔滨，直飞四季如春的昆明，转头西上世界屋脊的拉萨，再到东海之

滨的上海,又返东北重镇沈阳的路线是无人过问的。

当今数学界研究的热点之一就是计算复杂性问题。用 n 表示问题的规模(如“货郎担问题”中城镇的个数),$f(n)$ 表示运算的次数,则当 $f(n)$ 是指数函数时,就是复杂的,现有的计算机一般无法承受,而当 $f(n)$ 是 n 的多项式函数时,则称此算法是多项式算法,计算机有可能承受。比方讲,$n=30$,$n!\approx 2.6\times10^{32}$,$2^n\approx10^9$,而 n^2 仅为900,差距是十分明显的。目前,“货郎担问题”存不存在多项式算法仍然不得而知。

通常将多项式算法认为是有效算法,简记为P,它与图灵机有关。图灵是英国数学家,于剑桥大学毕业不久就发表了具有革命性的关于可计算性的著作。第二次世界大战期间,他设计了现代计算机的原型——图灵机。

人们用“非确定的图灵机”考虑计算复杂性问题,如有多项式的有效算法,就称为NP。由于非确定图灵机比图灵机强得多,所以P显然一定是NP,即 $P\subset NP$。数学家总喜欢追求对称和谐,问 $NP\subset P$ 是否成立?两者合起来,就是计算机科学中的一个举世瞩目的课题:P = NP?

1971 年,加拿大多伦多大学的库克(S. A. Cook)从 NP 问题中找出一类 NP 完全问题,只要证明存在一个 NP 完全问题属于 P,则有 NP = P。NP 完全问题很多,“货郎担问题”即为其中之一。

1979 年 11 月 7 日,很少过问数学的《纽约时报》以《苏联的一次发现震动了全世界》为标题,报道了苏联 25 岁的青年数学家哈奇扬(Khachiyan)找到了线性规划的有效算法。文中写道:“俄国人的发现提出了一个与用计算机求解货郎担问题有关的一类问题的方法。”实际上无异宣布 NP = P 课题已大功告成。不过线性规划问题还未被证明是 NP 完全的,因而 NP = P 仍未解决,“货郎担问题”是否 P 问题亦悬而未决。《纽约时报》把事情搞错了,事后不得不作更正。

当然哈奇扬成果本身仍是了不起的,他的椭球方法在许多问题上都可一显身手,因此荣获国际运筹学会颁发的富尔克森奖。

格雷厄姆说,数学家们虽未证实但强烈地怀疑,我们之所以不能发现有效的解法,是 NP 完全问题的本性决定的。于是便把以前想找好办法(有效算法)来求问题确切解的努力转移到容易确定的良好近似解这个更有成效的方向上来。

爱尔特希、格雷厄姆在此问题上均有出色工作，目前虽然还没有求解“货郎担问题”的有效算法，但是寻找较好近似解的工作却颇有进展。

类似于“货郎担问题”还有“中国邮递员问题”。一个邮递员每次递送邮件，要走遍他投递范围的每一条街道，要求选择一条尽可能短的工作路线。我们再一次面临哈密顿图，除了边赋以长度外，在经过每条边回到出发点的过程，允许走重复路，称为在具有非负数权的赋权连通图中找出条最优环游。1959年，在山东运用运筹学解决实践问题的热潮中，提出“中国邮递员问题”。1960年，中国数学家管梅谷发表《奇偶点图上作业法》，成功解决此类问题。

哈密顿图离不开圈、路等概念。所谓路，意指图中经过不同点、不同边的通道。首尾相连的路即为圈，故圈又被称为回路。一般而言，可证树 G 中点 u、边 ε 有 $\varepsilon = u - 1$。

爱尔特希与此有关的工作至少有以下结果。

爱尔特希曾证明：有 $n(\geqslant 6)$ 个点、$3n-5$ 条边的简单图，必定含有两个圈没有公共点。在波塞 14 岁时，爱尔特希向他介绍了这个早年的结果，没过几天，波塞便得出一个非常简单的证明。相比之下，爱尔特希原先的证明就变得复杂而逊色多了。

爱尔特希还证明：任何有 n 个点和 $n+4$ 条边的图中都含有两人没有公共边的圈。波塞同样给出过漂亮的证明，发表在两人合写的论文中。

在爱尔特希的热心关怀下，波塞迅速成才。他独立发现并证明的第一个定理是：有 $n(\geqslant 4)$ 个点、$2n-3$条边的简单图，一定含有一个圈，圈内有一条边是对角线。这个结果是最好的，无法再加以改进了。因为对于每个 n 都可以构造一个图，有 n 个点和 $2n-4$条边，但任何圈中都没有对角线。所谓对角线是连接圈中不相邻点的边。

爱尔特希和加莱合作弄清了：若 G 是简单图，并且边数 ε、点数 u 之间，有 $\varepsilon > u(k-1)$，则 G 必包含长为 k 的路。又于 1963 年与索斯一起提出猜想，认为这样的图必包含具有 k 条边的树。

1966 年，爱尔特希等提出猜想：每个 2 边连通的

简单图均为 $u-1$ 个圈的并图。

4. 四色问题终告捷

每逢学期结束，学校总要安排期终考试。尤其在实行学分制的大学里，考试日程表的编排是很有讲究的，既要做到日程安排紧凑有序，又要杜绝某学生选修的两门课程同一时间考试的情况出现。

设想 m 个学生构成点集 $X=\{x_1, x_2, \cdots, x_m\}$，$n$ 门课程构成点集 $Y=\{y_1, y_2, \cdots, y_n\}$，学生 x_i 选课程 y_j，则在 x_i, y_i 之间以线相连，这样便组成一个偶图 G。我们给 G 中的边染上各种颜色，颜色相同的边所对应的课程在同一时间考试，于是我们的问题就是选用尽可能少的颜色，使得从 X 中同一个点出发的边具有不同的颜色。这属于边着色问题。

我们仅取点集 $Y=\{y_1, y_2, \cdots, y_n\}$，若有学生同时选了 y_i 和 y_j，则在其间以边相连。于是，我们又可以讨论点的着色：将 Y 中 n 个点染上尽可能少的颜色，同一种颜色的点所代表的课程在同一时间里考试，要求有边相连的点的颜色不同。显然颜色的种数就是考试的场数。这属于点着色问题。

先介绍边着色。

如果用 k 种颜色给无环图的边染色，使 G 中没有相邻或仅有公共端点的两条边颜色相同，则称 G 是 k 边可着色的。显然，最省心的办法是一边一色，大家相安无事，即每个无环图 G 起码是 ε 边可着色的，不过这就好像篮球场上一个球员发一个篮球，各人玩各人的，未免太让人扫兴了。

类似地可以讨论点着色。

如果能用 k 种不同的颜色给图 G 的点着色，并使得任意两个有边相连的点的颜色都不相同，则称 G 是 k 点可着色的，简称 k 可着色的。使得图 G 为 k 可着色的最小值称为图 G 的色数 $\chi(G)$，如图 G 的 $\chi = s$，则称图 G 是 s 色的。

四色定理或四色问题是图论乃至数学中一个著名的问题。它的解决对着色理论、平面图理论、代数拓扑图论以及有限射影几何的发展产生了不可估量的推动作用。

通俗地讲，四色问题是指在任何一张地图上，总能用四种颜色给各个国家着色，使得邻国的颜色不同。这里的地图不包含那种稀奇的故意找别扭的“人造地图”。比方世界是一个圆，从圆的中心作n条半径，将圆分成n+1个国家，则n+1个国家均为相邻于圆心的邻国，于是要做到邻国的颜色不同，就要用n+1种颜色了。这里的邻国是有共同边界线（不是有限个点）的连通区域，满足这个条件的区域被称为“构形”，如此形成的地图被称为正规地图。在正规地图中，没有三个以上的区域相交于一点，并且没有一个区域完全包围另一区域。世界上绝大多数的地图都是正规的，不过美国西南部的犹他、科罗拉多、亚利桑那、新墨西哥四州相交于一点，不是正规的；非洲最南部的南非共和国版图则是另一种非正规地图，莱索托、斯威士兰形成了国中之国。

1852年，刚从英国伦敦大学毕业的格思里（F. Guthrie），在与兄弟的通信中提出四色问题。其弟请教他们的数学教授、伦敦数学会创始人德·摩根（A. De Morgan）。德·摩根思考无解，旋即致函哈密顿，直至哈密顿与世长辞，其间13年的不懈努力，终无进展。不过也有文献记载，哈密顿对此问题不感兴趣，束之高阁未加理睬。德·摩根是对四色问题有所贡献的第一人，他证明了平面上不会有5个彼此都相邻的区域。

1879年，英国律师肯普（A. Kempe）便在《美国数学杂志》、《伦敦数学会学报》上发表论文，给出了“证明”。虽然由于含有漏洞，终未成功，但是他的工作值得称道，因为其中包含着后人正确证明中所含有的绝大部分的基本概念，如正规地图、可约构形、不可免完备集。

1890年，29岁的希伍德（P. J. Heawood）找出了肯普证明过程中的错误，并沿用肯普的方法证明了“五色问题”，即对于地图上的国家若都是连通的区域，只需要五种颜色就可以使得任何两个相邻的区域具有不同的颜色。这就是著名的五色定理。

闵科夫斯基也曾在数学圣地格丁根涉足证明四色问题的工作。他讲课虽有些羞涩，却因深受学生欢迎被誉为“数学诗人”。一次在研究生班的拓扑课上，他提到了四色问题，声称这个定理之所以还没有得到证明，原因在于迄今为止只有一些三流的数学家进行过研究。他非常自信地边想边证起来，然而一堂课结束了未能证出，下一次课仍然如此。一连几次，毫无进展。在一个雷雨交加的早上，他幽默而激动地宣称："老天也被我的骄傲激怒了……我对四色问题的证明也是不完全的。"人们敬重他的虚怀若谷，同时也领略了四色问题的非同一般。

转眼间几十年一晃而过，数学家发展了新的技巧，检查构形的可约性，逐步证出22国直到96国以下的地图均可四色着色，但这仍无出头之日。于是又开始将可约构形分类，设想逐一计算来证明。可惜估计竟要分成上万种，其计算量之巨，远非人力能承受。计算机的问世，使证明有了转机。

20世纪70年代，哈肯开始对算法做了重要的改进。此后，同在伊利诺斯大学的阿佩尔与哈肯一起，从理论上简化问题，在计算机上试算，人机对话获取有益的信息。1976年，他们在计算机专家的配合下，吹响了冲锋号，在IBM360机旁整整用了1 200个机器小时，共对1 482种情况逐一无漏地验证了它们都是可约构形，终于证明了四色问题。这件事轰动了整个数学界。当阿佩尔和哈肯联名把他们的研究成果发表的时候，当地的邮局在所发出的邮件上都盖了"四色足够"的特制邮戳，以庆祝这一难题的解决。

1977 年，在一次世界性的数值数学与计算机会议上，有人又宣布了一个比较简单的证明，但也要用去 50 个机器小时。

四色问题是讲地图上的国家（面）是 4 可着色的，何以与点和线构成的图发生联系呢？利用对偶关系，简单地说让国家（面）对应于点，边界线对应于边，两国相邻等价于两点相连，由平面地图即可产生其几何对偶的图。于是四色问题——每个地图都是 4 面可着色的，又可以毫不费力地用图论的语言表示为每一个可平面图是 4 可着色的。就好像用简谱记的乐曲换成五线谱一样。人们在研究的过程中发现，四色问题等价于每一个哈密顿可平面图是 4 可着色的，等价于每一个三次的无桥的平面地图是 4 可着色的。着色问题既有对点的也有对边的，因此四色问题既然有点着色的等价命题，同样也就理所当然地有对边着色的等价命题，有兴趣的读者不难在有关的图论专著里找到与点着色那种对应和谐的精妙结论。

显而易见，完全图 K_n 由于点点相连，四通八达，其色点数 $x=n$。因而随着 n 的增大，完全图的色数也亦步亦趋地增大。在一个简单图中，如果有一部分点构成一个完全子图，即这些点是彼此相连的，图论中称之为团。不言而喻，当图中含有点数很大的团时，其色数必定是很大的，起码等于团的点数。

那么反过来提出问题，比如色数很大的图，都有很大的团，而团中的任意三点便构成三角形，即完全图 K_3。因此，是否可以说，色数很大的图，从中必能找出三角形？

学习过平面几何的人都知道原命题为真，逆命题未必真。正方形是平行四边形，平行四边形却未必是正方形。因此即使是看起来八九不离十的结果，数学家总要亲自验证一下，看看到底如何。

真是不看不知道，一看吓一跳。数学家证明了对于任何正整数 n，存在不包含三角形的 n 色图。而且结论的产生是构造性的，即可以一笔一画、清楚明白地告诉你如何画出这个图。

三角形又可以看成圈 C_3。假如没有 C_3，能否放松要求，不拘泥于三个点之间的环环相扣互相连接，能否找出 C_4，C_5 等呢？我们将图 G 中最短圈的长称为 G 的圈长。数学家证明了对所有的 $n\geqslant 3$，都存在圈长超过 5 的 n 色图。纵然 n 大得出奇，C_4 仍无影无踪。

于是，喜爱一般性的数学家让问题装上了想象力的翅膀：对任意的两个整数 m 和 n，是否存在一个圈长超过 m 的 n 色图？

本书的主人公爱尔特希于 1961 年运用他与雷尼发展起来的概率方法给出肯定的回答。概率方法是一种非构造性的计数论证方法。试想当色数 n 很大时，点数必然随之大量增加，因而我们面临的图所可能出现的情况，无疑是一个让人望而生畏的天文数字。爱尔特希运用概率方法经过计数讨论，给出了必然存在此类图的存在性证明。

匈牙利年青的数学家洛瓦斯于 1968 年发表论文《论有限集系的色数》，给出了构造性的证明。匈牙利为了培养数学人才，在首都布达佩斯特意为有数学才华的儿童开设了一所专门中学。波塞入学后，非常喜欢这所师资力量雄厚、数学气氛浓郁的学校，以至宁可放弃提前两年毕业进入高等学校深造的 机会。波塞进入该校不久，在与爱尔特希见面时，就乐不可支地向他们介绍了学校的方方面面，师生关系融洽自然,教学方法极富启迪。好胜争强的年轻人总喜欢跟周围的同伴一比高低,波塞也跟爱尔特希谈起班上另一些在初等数学方面出类拔萃的同学,其中就有洛瓦斯。自此洛瓦斯就在爱尔特希心中留下了深刻的印象。洛瓦斯 1971 年在布达佩斯埃特沃斯大学获得博士学位,并任埃特沃斯大学和普林斯顿大学的计算机科学教授,在图论等学科有不少令人称道的工作。

关于色数,爱尔特希还与哈杰纳尔联手推出:若 $n(n\geqslant3)$ 是图中最长的奇圈的长度,则色数 $x\leqslant n+1$。

虽然爱尔特希在此领域取得了骄人的成果,但最值得大书特书的或许是他关于匈牙利图论高手哈约什的著名猜想的工作。至今尚不知道构成 $m(m\geqslant3)$ 色图的充分必要条件但哈约什于 1961 年提出关于必要条件的猜想:m 色图必包含完全图 K_m 的一个剖分图。所谓一个图的剖分图是指在该图的边上任意添加点而形成的图。

对 $m=1,2$ 这是显然成立的,$m=3$ 的情形也不难验证。狄拉克于 1952 年解决了 $m=4$ 的情形。猜想看来似乎是可信的。

然而,1979 年卡特林(P. A. Catlin)首先提供了第一批反例,否定了哈约什猜想。这些反例惊人的简单,它们是由按循环顺序排列的一些完全图组成的。其实在此之前,加莱在与数学家的通信中也指出未必包含猜想中所要求的部分。

爱尔特希和法杰特勒维克(S. Fajtlowics)应用概率方法,得到了令人惊讶的结论,实际上证明了几乎所有的图都是反例,与猜想几乎完全相反。

数学界公认,概率对图论或组合论的杰出贡献多半是来自爱尔特希的思想。他发现了一种相当有效的"存在性证明"的新形式,即概率方法。这是他在 1947 年解答一个拉姆齐问题时首次提出的。使用概率方法可以证明某些对象的存在,只不过一时无法具体地把它们构造出来。

1989 年,为纪念爱尔特希概率方法的创造,在波兰波兹南召开的随机图论会议上举行了一次别开生面的比赛。当数学家们在跑道上赛跑时,谁也不知道到底要跑几圈。比赛前,身为嘉宾的爱尔特希掷了一个巨大的骰子定下了起始的圈数,但当选手接近终点时,他又掷一次骰子以决定再增加的圈数。

爱尔特希也过了一次充当“SF”角色的瘾。

5. 集成电路平面图

当今世界，集成电器这个名称家喻户晓、人人皆知，琳琅满目的电子产品都离不开小如人指甲的芯片，集成电路的出现促进了计算机的长足进步。想当年，世界第一台电子数字计算机 ENIAC 占地 170 平方米，用 18 000 个电子管，重达 30 吨，耗电 140 千瓦，每秒钟只能运行 5 000 次加法。从晶体管到集成电路，今天，一台普普通通的电脑，一张写字台都放得下，千百万次的运算速度早已不在话下。1981 年，为庆祝 ENIAC 诞生 35 周年，人们举行了一次别开生面的活动，让 ENIAC 这个庞然大物与一台值 500 美元的计算机进行比赛，其结果是可想而知的。尽管如此，全场仍欢呼雀跃，因为它们的差距标志着科技的突飞猛进。

集成度是集成电路水平的重要指标。最初，一块芯片上只能集成数十个电子元件，20 世纪 80 年代的超大规模集成电路，芯片上的集成元件数已突破百万大关。设计集成电路要求线路的交叉点尽可能少,最好能在一个平面上实现,即边与边只相交于代表电子元件的点,这就是平面图,在本章开始我们已做过介绍。

如果一个图能画在平面上使得它的边仅在端点处相交,则称这个图为可嵌入平面的,或称平面图的这样一种画法为该图的一个平面嵌入。

欧拉在给好友哥德巴赫(C. Goldbach)的信中,提出了凸多面体的欧拉公式,提出顶点数 V、棱数 E 和面数 F 之间具有确定的关系

$$V-E+F=2$$

其实在平面图中亦有形式相同的结论:在一个连通的平面图中

$$V-E+F=2$$

由欧拉公式可得判断平面的一种方法:对连通图而言,$E>3V-6$,此图一定不是平面图。

读者可试用反证法证明该结论。

由此,对完全图 K_5,$V=5$,$E=10$,可知 $E>3V-6$,因此 K_5 是非平面图。

而对 $K_{3,3}$,其 $V=6$,$E=9(3\times3)$,$E<3V-6$。然

而图论的研究结果已表明 $K_{3,3}$ 是非平面图。这说明，出现 $E>3V-6$，该连通图必是非平面图，反之未必。

在平面图的研究中，K_5，$K_{3,3}$ 具有基础性的作用。套用在极图中常讲的禁用子图说法，波兰数学家库拉托夫斯基(K. Kuratowski)的研究结果表明，K_5，$K_{3,3}$ 是平面图中的禁用子图。

一个图是平面图当且仅当它不包含 K_5 或 $K_{3,3}$ 的剖分图。也就是说，任何图上只要包含这两个图中的一个就不是平面图，不含有这两个图的任何图就必是平面图。

自然界的实体形形色色，外观五花八门，因此，研究的视野又自然而然地延伸至其他曲面。

显然，一个图可嵌入平面当且仅当它可嵌入球面。亚洲的地图可以画在一张纸上，也可以出现在地球仪上。

整个三维空间 R^3，其内的边可任意抬高或降低以成功躲避在曲面上狭路相逢的尴尬局面。

R^3 未免太大了，这种万无一失的保险失于平庸，好像宣布某地一个未破获的大案要犯，插翅难逃出太阳系一样。数学家已注意到：每个图都可以嵌入某个可定向的曲面。通俗地讲，每当要出现互相交叉的边时，总可以在曲面上加一个环柄，犹如茶杯把或立交桥。

这样就要引入一个图 G 的四个拓扑不变量。其一是亏格，为把图 G 嵌入球面所需要的环柄的数目。其二是厚度，构成 G 所需要的可平面图的数目。其三是糙度，G 中边不相交的不可平面子图的最多数目。最后是叉数，把 G 画在平面上时必须有的交叉点的数目。实际上，它们都从某个侧面刻画了不可平面的程度。

爱尔特希曾在此处试图叙述厚度的概念时犯了一个偶然的错误，他将此失误口头告诉了他人。人总难免要出错，足智多谋的诸葛亮也因重用言过其实的马谡而痛失街亭。数学家在研究的过程中，浮想联翩，喷薄欲出，其中自会夹杂一些不当乃至错误。大多数人经过严密的推敲，默默无言地淘汰或改正了发现的失误。爱尔特希坦诚相告，足见其心地宽广，就像他的好友格雷厄姆所讲："爱尔特希追求知识，追求理解。"他追求人类对数学的共同理解，并不计较个人在其中的得失。

关于数学研究的进程，爱尔特希曾经说过，如果一个数学家首次给出一个问题的解答是杂乱无章的话，没有人会指责他，因为他在走一条别人从来没有走过的路。

既然每个图都能有适当的可定向曲面保证其能顺利“嵌入”，爱尔特希又提出猜测：对于圆球面和其他可定向的曲面，无法嵌入此中曲面的禁用子图是有限的。关于可定向的曲面，举例来说，一个桌面可分正反，一个球面可分内外，均为可定向的曲面。

6. 图论猜想比高强

据统计，全世界的数学家每年至少发表10万到20万个数学定理，其中不乏精品佳作，它们反复被同行引用，对数学理论的发展产生了巨大的影响，但也有不少定理如过眼烟云，很快就消失在厚厚的稿纸堆里，无人问津。得出有益的结论，推证出深刻漂亮的定理是对数学的贡献；提出重大的问题，引导一大批人为此而披坚执锐、冲锋陷阵，推进数学的发展，也不失为一种贡献。

图论中有著名的乌拉姆猜想:令图 G 有 n 个点 U_i,图 H 有 n 个点 V_i,若对每个 i,子图 $G_i = G - U_i$ 与 $H_i = H - V_i$ 同构,则 G 与 H 同构。

简单地讲,它表明 G 的子图 $G - U_i$ 的总体可以给出足够多的关于本身的信息。

尽管凯莱、邦迪等图论高手在树的领域内一举攻克了此猜想,但是这个问题仍然被数学家视为难啃的骨头。

美籍波兰数学家乌拉姆(S. Ulam)是当代著名的应用数学大师,他是美国氢弹研制的功臣,是美国导弹计划的发起人之一,电子计算机专家,蒙特卡罗法的提出者之一,数理生物学的热情提倡者。

乌拉姆是爱尔特希的至交。离开普林斯顿后,爱尔特希一度失去生活来源。乌拉姆得悉好友的窘境,及时伸出了援助之手,邀请他到自己工作的威斯康星州的麦迪逊大学访问,做一次学术报告。由于手头拮据,爱尔特希希望他的报告能够收到好评。乌拉姆回忆道,他在撰写自传体著作《一个数学家的遭遇》时,爱尔特希常常闯进来,既不道明来意,又没任何寒暄,开门见山地讨论数学。他们的幽默风趣也是数学式的。有一次,爱尔特希看到了一个活泼可爱的小孩,他情不自禁地停下脚步,抚摸小孩,随口赞叹:“一个多漂亮的 ε。”小孩的妈妈,一位年轻美貌的妇女就坐在附近。乌拉姆灵机一动,“喏,你看看大写的 E 吧!”也许是爱尔特希终身未谈恋爱更未结婚成家之故,小小的玩笑竟使爱尔特希脸红了,窘极了。

1945 年冬天,乌拉姆的大脑严重发炎,“呈淡粉红色而非通常的灰色”。不得不做了脑部手术,在头盖骨上钻了一个洞以降低颅压,术后昏迷了好几天。住院几周后,终于可以出院了。当他在夫人的搀扶下走出医院时,爱尔特希不期而至,“斯坦!真高兴看到你还活着,要不然我不但要为你写讣告,还要独自完成咱们合作的论文。”爱尔特希自告奋勇地陪乌拉姆回家,十分了解爱尔特希的乌拉姆夫人,则惶恐不安,生怕把乌拉姆累坏了。果真爱尔特希在乘车回乌拉姆家的路上,不停地缠着乌拉姆讨论数学。下车伊始,刚坐定,爱尔特希又要和乌拉姆下棋,起初有些担扰的乌拉姆夫人很快就领会到爱尔特希的良苦用心——通过智力活动帮助乌拉姆恢复对数学能力的自信。乌拉姆生怕自己脑力受损,甚至担心忘记了规则。第一盘乌拉姆赢了,但又怀疑可能是爱尔特希故意让他的。爱尔特希要求再下一盘,乌拉姆虽然感到很累,却又赢了。这时,爱尔特希开口了:“让我们到此为止吧,我累了。”乌拉姆意识到爱尔特希方才的下棋是认真的,于是相信自己的脑力依然如故.

爱尔特希在乌拉姆家待了两周,从早到晚一个劲地讨论数学,乌拉姆十分喜欢这种恢复方式。乌拉姆夫人照顾两个大男人虽然很累,却对爱尔特希的真诚帮助心存感激,是爱尔特希帮助乌拉姆在数学上又站稳了脚跟。

这些年来,数学家感兴趣的等周不等式,至今只有为数不多的几类,数学家普遍在这一问题上感到难度不小,实际上仅仅它的一种非常特殊的情况,就蕴涵了爱尔特希、柯召和拉多 1961 年合作的著名论文中的最后一个未解决的问题,该问题被爱尔特希悬赏 500 美元。

爱尔特希另一个悬赏 500 美元的问题来自他法贝尔(Faber)和洛瓦斯的合作研究:设 $G_1, G_2, \cdots, G_n$

为两两无公共边的 n 阶完全图，则 $\bigcup_{i=1}^{n} G_i$ 是否具有色数 n？这里的阶指图的点数。

此外有大量与导出子图数目有关的问题。令 $i(G)$ 表示图 G 中两两不同构的导出子图的数目，为证明哈杰纳尔的一个猜想，爱尔特希和哈杰纳尔证明了：如果 G_n 是 n 阶图且 $i(G_n)=O(n^2)$，则可删去 G_n 的 $O(n)$ 个顶点，使剩下的图为完全图或空图。如果令 $t(G)$ 为 G 的平凡（导出）子图的最大阶数，则意味着当 $i(G_n)=O(n_2)$ 时，有 $t(G_n)=n-O(n)$。

爱尔特希与雷尼有一个很长时间悬而未决的趣题，可表述为：给定 $c>0$，是否存在常数 $d=d(c)>0$，使得若 $t(G_n)\leqslant c\log n$ 对 n 阶图 G_n 成立，则 $i(G_n)\geqslant e^{dn}$。

爱尔特希的一个与之相关的新得多的问题是：设 $r(G_n)$ 为 G_n 的正则导出子图的最大阶数，要求确定 $r(n)=\min r(G_n)$。可以证明 $r(G_n)\leqslant\sqrt{n}$。我们从拉姆齐定理可知，对某绝对常数 $c>0$，有 $r(n)\geqslant c\log n$。问题在于此处的上、下两界相距甚远，而且不清楚哪一个更接近 $r(n)$ 的实际值。

综观爱尔特希的一生，他留下了几百个具有吸引力的问题和猜想，它们表述起来虽平淡无奇，实质却直达事物核心，切中要害，这在人类数学史上是不多见的。从20世纪50年代开始，为激励人们解决他提出的问题，他还自费提供奖金。虽然数额有限，数学家却能以解决“爱尔特希问题”而自豪。鲜花和掌声，赞扬和敬佩，是承认和肯定，是精神的奖励，对于从事精神劳动的数学家而言，这是最好的回报。

图论里无穷无尽的猜想和问题将人们引向明天，吸引着数学弄潮儿一比高强。

第八章　再生仍故我

数学，作为人类智慧的一种表达形式，反映生动活泼的意念，深入细致的思考，以及完美和谐的愿望。它的基础是逻辑和直觉，分析和推理，共性和个性。

——库朗、罗宾斯

1. 数学是什么

数学在人类的知识体系中占据着重要的位置。古希腊哲学先圣柏拉图在其培养政治家、哲学家的学园门口赫然立牌：不懂几何者不得入内。我国古代教育有六艺之说：礼、乐、射、御、书、数，数学位居其中。隋唐盛行科举制度，设有明算（数学）科和专门学校,培养数学人才。西方文艺复兴时期,知识界确信不疑上帝是按数学方式设计了大自然。现代社会中,数学更是无处不在,巍然屹立。但是,要打破砂锅问到底:数学是什么?恐怕会让你张口结舌,难以回答,即使是数学家,也是仁者见仁,智者见智。

1941 年,库朗和罗宾斯(H. Robbins)出版了《数学是什么》,此书被誉为高级科普读物,风行世界,畅销不衰。它强调对内容本质的理解,而不拘泥于细枝末节。它从最为基本的事实出发,在不知不觉中,把人们的注意力引向当时数学若干分支的核心。无怪乎有的数学家年轻时,就因为读了此书,便与数学结下了不解之缘。

《数学是什么》内容丰富翔实,几乎涉及近代数学的各个分支,然而它仍未正面回答数学是什么。事实上,要给数学下一个言简意赅而又准确妥贴的定义绝非易事。

数学是什么?古往今来不少杰出人物留下了精辟的见解。

高斯说:“数学是科学之皇后。”考特(N. A. Court)说:“数学是人类智慧王冠上最灿烂的明珠。”

他们强调了数学的显赫地位。

马克思说:“一门科学,只有当它成功地运用数学时,才能达到真正完善的地步。”他突出了数学与科学知识密不可分。

辛格(I. M. Singer)说:“数学是观察理解世界的一种方式。”表明了数学的作用。

《古今数学思想》的作者 M. 克莱因(M. kline)则是妙笔生花:“音乐能抚慰情怀,诗歌能动人心弦,绘画使人赏心悦目,哲学使人获得智慧,科技可以改善物质生活,数学能提供以上一切。”

罗素则是“耸人听闻”:“数学是莫名其妙的科学。”罗素在数学基础问题上持逻辑主义观点:数学即逻辑。在他眼里,数学只有逻辑的形式外壳而无实际的内容。“数学是这样一门学科,在其中我们永远不会知道我们所讲的是什么,也不会知道我们所说的是不是真的。”如是看来倒也真是“不知所云、莫名其妙”了。

在爱尔特希的心目中,数学是科学和艺术的完美结合。它是一种确定的科学,它的结论在逻辑上不容置疑。数学家面对的是无限,数本身就是无穷的。为了数学的伟大利益，他一生都在“证明与猜想”。格雷厄姆进一步说，数学代表终极的结构和次序。

数学的定义应该是动态的，是文化的函数。对小学算术或许可以一言以蔽之，即有理数的四则运算。面对博大恢宏、雄伟壮观的现代数学大厦，却难以三言两语就面面俱到。古希腊时代的欧几里得几何学，把过直线外的一点能引且只能引一条平行线作为天经地义千真万确的公理。2000 多年间，欧几里得几何独霸天下，人们从中似乎领悟到宇宙结构和设计的最终真理。欧氏几何成为现实空间万古不变的数学模型。

然而俄国数学家罗巴切夫斯基却将平行公理弃之不用，别开生面地假设；过直线外一点至少可以作两条直线和已知直线不相交。高斯、波尔约几乎与他同时产生这一革命性的创见，非欧几何石破天惊，顽强地在风雨中诞生。

高斯独树一帜，提出曲面的内蕴几何思想，一个全新的空间概念浮现在人们的眼前。在此之前，曲面一直是被作为三维欧氏空间中的几何，可以集中在曲面本身上进行研究。比方讲,把一个球面看作一大圆弧,则此球面上的几何即为非欧几何。如果把球面看作三维空间中的一张曲面,则此球面上的几何就是欧氏几何,球面上两点的最短距离不再是圆弧而是连接这两点的直线段。这样,在三维空间中选取不同的距离函数,就可以得到不同的几何。

2000 多年前,几何就是欧几里得几何;2000 多年后,几何学已从一枝独秀变为万象森罗。无怪乎有人请教维布伦:"几何学是什么?"他思索片刻后一本正经地回答道:"几何学就是几何学家研究的东西。"

数学家尚且如此难以把握分寸,常人就更不容乐观了。以我国工科学生为例,他们的数学课程涉及微积分、线性代数、概率论、复变函数等内容,大体相当于 18 世纪甚至 17 世纪的水平。对现代数学知之甚少,难免误解甚多。

中国如此,外国亦然。爱尔特希的长期合作伙伴斯潘塞从小就喜爱数学,立志要当数学家。小学时,他曾经认为数学就是把越来越多的数加起来;到了中学,才逐渐发觉数学的真实内涵。他风趣地说:"我父亲是一名会计师,如果我的职业是去加一长串一长串的数字,毫无疑问,现在我会更富有。”当今美国,科技领先,教育发达,依然不乏平庸之辈,连使用乘法表都很困难,需要别人的帮助才能填报税单。他们对数学家沉醉于理性思维的王国惊诧不已,如此枯燥无味、艰深莫测的数学有何搞头?在他们眼里,数学就是令人眼花缭乱的计算。

爱尔特希的表妹弗雷多尽管与爱尔特希相识已60多年,也曾伴随他四处讲学游历,却对爱尔特希为之呕心沥血、流连忘返的数学毫无了解。爱尔特希的大作《计数的艺术》不是匈牙利文的,对弗雷多而言,无疑是天书,她弄不清这本书讲些什么,甚至说它好像是中文的。她对爱尔特希的日常起居、生活习性了如指掌,但是对他的工作、对数学却一窍不通,她甚至问其他的数学家,爱尔特希何以如此享有盛誉?然而,有一次他俩坐在一起回忆往事,兴致勃勃地交谈了半个钟头。这件事比爱尔特希的所有的数学工作留给弗雷多的印象都要难以忘怀。

恩格斯给数学下过定义:“纯数学的对象是现实世界的空间形式和数量关系。”随着数学的极速发展,现代数学愈益成为非度量、非数量的,数量只属于现代数学中一个很小的领域。现代数学是关于“模型”和“结构”的科学，是抽象形式——数学结构的总汇。从哲学的基本范畴量和质出发，量的概念相对质而言固然具有确切含义，但同时又具有无限丰富的内容，它是随着人类实践的发展而不断发展和演变的。也就是说，哲学上的量其实是一种广义的量。

中国古圣老子曰：“道可道，非常道。名可名，非常名。”作为元概念的数学，恐怕也只能给出这些概略式的定义了。

2. 数坛的怪侠

霍夫曼称保罗·爱尔特希是世界上最多产的，或许又是最怪僻的数学家。

爱尔特希没有职业，没有妻小，甚至没有一个家，四海飘游，合作伙伴安排的住所就是他的“家”。他的人生信条是“另一个房顶，另一个证明”，而不是“更多的城市，更多的女人”。他视家庭和财产是献身数学的沉重包袱，他说：“某个法兰西社会主义者曾说，私人财产是一种窃赃；我说，私人财产是累赘，毫无意思。”他还说：“我对财产实在不感兴趣，我的东西少得不能再少了。”

爱尔特希没有固定工作，无薪水收入，主要靠讲学和写作的报酬维持生计。数学已融入他的生命，成为他的生命不可或缺的一部分。对自己钟情的数学分支，他是轻车熟路、成竹在胸，基本上是即兴授课，只有寥寥几篇标准讲稿，例如《组合学中的最新问题和结论》等。每到一地，邀请他的主人们为他提供食宿乃至必要的衣物。他并不吝啬，反而出手大方甚至有点“挥金如土”。他收到哪怕是一点点报酬，总要送给亲戚、同伴或研究生。有哪位数学家一时手头拮据，他二话不说就拿出钱来，而且不止一次。一次，几位俄罗斯数学家来到匈牙利，他们身无分文，他把自己所有的钱都给了他们。他在伦敦的一个车站碰到一个乞丐找他要份茶钱，他将讲学一个月的津贴，仅留下支付自己简单生活后的钱都给了乞丐。20 世纪 80 年代一位颇有天资的年轻人想去哈佛攻读数学但差一些学费，爱尔特希立即安排与他见了面，并借给他 1 000 美元。10 年后小伙子有了还帐的能力，他问格雷厄姆如何处理，要不要付利息。爱尔特希却说，“拿这 1 000 美元去做我当年所做的事。”许多人，特别是匈牙利人都得到过他的捐助。为培养青年学子，他多次掏出自家的腰包，沃尔夫奖的 5 万美元奖金，他几乎和盘托出，捐做奖学金。爱尔特希说：“我只留了 720 美元，我记得有人说留这些钱已算是很不少了。”他曾远渡重洋，不辞辛劳地两度去印度访问讲学，两次讲演的酬金，他都倾囊而出，送给了一个素昧平生的妇女，她就是 32 岁死于肺病的传奇数学人物拉马努金的遗孀。每当他听到有益的事业，比如奋斗图存的古典音乐广播电台，方兴未艾的美国土著运动，他总是迅即支付一小笔捐款。他经常支持各种慈善单位，他还自费发放奖金给解决他公布的难题的数学家。

爱尔特希从早到晚埋头于数学，远离物质生活，不谙世俗事务。在数学上，爱尔特希具有强烈的好奇心，在他面临的每件事上，都是如此。他在数学上的成功部分得归于他乐于对基本问题进行探究，思考其他人已确信无疑的东西。他也常询问数学以外的基本问题，但永远记不住答案，因此会一次又一次地打听同一件事。他会指着一碗米饭问别人这是什么,如何煮法。好友格雷厄姆的妻子来自中国台湾,家里隔三岔五要吃米饭,爱尔特希是常客。这类问题她耳朵里已听出老茧了,只好假装不知;同桌的其他人不知底细,就会不厌其烦地向他介绍一番。然而一两顿饭后,又吃米饭了,他似乎从未见过大米似的,又提出了同样的问题。

他对于交通道路的好奇,在数学界里被传为趣闻。没人看见他坐在方向盘后开过车,他没有驾驶执照,靠着被叫作"保罗叔叔的保姆"的各地朋友开车送他来往四方,而他在车里总是不断询问到什么街,路对不对。格雷厄姆说:"这不是神经质的病态,他只是想了解情况。"有一次,他坐图兰的遗孀维拉·索斯的车,她刚学会开车,而爱尔特希还是习以为常地问东问西:"这条是什么路?""那条路叫什么?""我们不应该走那条路吗?"维拉被问得心烦意乱,把车撞到一辆车速在每小时四五十英里(1 英里 =1.6093 千米)的汽车的侧面上,把那车给撞坏了,维拉发誓再也不和爱尔特希同车外出了。

超过数学的范围,爱尔特希的刨根寻底仅限于像吃饭、开车这些必不可少的事情上，他从不在女人、艺术、小说或电影上消磨时间。和他一起的数学家邀请他抽出一点时间和他们的家人一起外出游玩，他总是无故推拖，即使去了，也是身在曹营心在汉。一次，一位数学同伴连拖带劝，把他弄到约翰逊太空中心看火箭发射。当众人翘首以待，争相目睹巨大的火箭腾空而起，如利箭直插蓝天的壮观场面时，爱尔特希毫不动情，甚至没有向上看一眼。又有一次，另一位数学家请他去看滑稽戏，借以调剂生活，放松神经，当满场观众兴高采烈地等待着一饱眼福之际，他竟然在开演前就在座位上旁若无人地睡着了。还有一个同伴，夫人是现代艺术博物馆馆长，硬把爱尔特希拖到博物馆。“我们让他看马蒂斯（H. Matisse）的画，而他对此画却无动于衷，没过几分钟，我们就结束参观，坐到雕塑公园里讨论起数学了。”1987 年，霍夫曼在《大西洋月刊》上撰文介绍爱尔特希。据他讲，从 20 世纪 40 年代开始，爱尔特希没有读过一本小说。他曾看过电影《寒冷的日子》，一部描述匈牙利人在南斯拉夫的努瓦沙德残忍地淹死数以千计的犹太人和俄国人的影片。

爱尔特希心不在焉的状态就像他的数学天赋一样富有传奇色彩。一次他去卡尔特什，竟然在一天之中两次丢失了毛衣。头一次失而复得，第二次就不知去向了。戈龙贝对此感触颇深："专心致志离不开心不在焉。跟数学没关系的事，他不打算费神去注意，结果很可能就疏忽了。"一次，他应邀去圣路易斯的华盛顿大学做学术报告，结束后校方要给他付报酬，按照惯例向他索要社会保险号码，对数学规律异常熟悉的爱尔特希却记不住自己的号码了，正如爱因斯坦在普林斯顿忘记了自己住在何处一样。非但如此，那天晚上，学校里一位系主任力劝爱尔特希到家里吃饭，因为有别的客人在座，无法讨论数学，结果爱尔特希在餐桌旁睡着了。

爱尔特希的生活空间以数学为中心，单纯而狭窄，他绝少过问凡人俗事，因而在日常生活中，往往显得怪僻，与众不同。一次，在新泽西州，爱尔特希与4 位同仁一道去一家日本餐馆吃晚饭，在他停步查看了一下外套之际，朋友便消失在视线之外，无影无踪。他只好随便找一张桌子坐下，一边啜饮着绿茶，一边茫然地四处打量。其实同伴就在他前方十几米处。他开始抱怨 SF，为什么总是给他折磨、冷遇。“SF 制造了我们来吃苦头，我们死得早些，也就可以快些脱离他的摆布了。”突然，他听到一个小男孩的长声尖叫，怒气顿时消失。“一个 ε！”他循声向小孩方向慢慢踱去，然后从破旧的灰色大衣口袋里掏出一瓶安非他明。“喂！”他把瓶子扔向空中，在落下的刹那间又抓住了它。这个 ε 一点也不觉得有趣，他的父母或许碍于礼貌，拍掌欢迎他的献技。爱尔特希又玩了好几次这套索然无味的把戏，直到格雷厄姆发觉前来请他到自己那张桌上去，方才给他解围。彬彬有礼的侍者走上前来，爱尔特希逐条询问了那份长长的菜单，点了个油炸鱿鱼球。在侍者记录别人点菜的时候，爱尔特希翻过餐具垫纸，画了一张小小的草图，似乎像一支火箭正穿过呼啦圈，同桌用餐的 4 位伙伴倾身向前以便更好地观赏世界上最多产的数学大师的手艺。“还是有许多边，它们会毁了精彩的数字 3；这条边破坏了两部分的联合体。”爱尔特希发表着议论，却闭上双眼，似乎沉入了梦乡。

据哥伦比亚大学的贝斯（L. Bers）回忆说，有两位数学家受邀与爱尔特希共进晚餐，他们先行一步来到饭店。坐定后，告诉招待，一位朋友将与他们一起用餐，等他大驾光临时，请领他来。招待询问："何以知晓哪位是你们的朋友呢？"答曰："他的表情不同寻常，你一看就知道。"果不其然，爱尔特希刚一露面，招待一眼就认出来了，必是此人，立刻把他引到餐桌前。朋友见状哈哈大笑，爱尔特希却一头雾水。

在爱尔特希的心中，数学就是一切，数学就是现实，他决不允许在数学前进的道路上出现任何障碍。在新泽西州有天用早餐的时候，突然远在加利福尼亚州的一位同事的名字涌上心头，爱尔特希记起有一个数学结果要与他一起分享。他转向电话机，立即动手拨号，东道主提醒他注意，在西海岸此时才是清晨5点。"好极了，"爱尔特希说，"那意味着他在家里。"于是，铃声响起，对方从梦中惊醒。遇到类似情况，每逢对方固执己见时，他总是胸有成竹："路易十四声称'朕即国家'，托洛茨基（Trotsky）也许会讲'我就是社会'，而我说'我就是现实'。"了解他的人谁也不和他争辩。一个朋友说："爱尔特希就像小孩那样任性，他的现实总比你的有理，他不是一个随和的房客，但是由于他的才智，我们都希望他在身边，我们全都积存了问题待他解决。”

由于他患有一种未确诊的皮肤病，容易过敏，所有的衣服，包括短袜和定做的内衣都是丝绸的，穿其他种类的纺织物会加重病症。他不喜欢别人碰他，假如你伸出手，他并不会和你握手，而是用手在你手上无力地拍一下。他的表妹弗雷多，算是同他很接近的，她说：“他讨厌我吻他，他一天要洗 50 遍手，盥洗室地上总让他弄得一塌糊涂。”

日常生活中，爱尔特希不修边幅，有时穿一身皱巴巴的套装，脚趿一双便鞋，天气暖和时，他把袜子也脱了。有一次，在加拿大落基山岩上，爱尔特希居然穿着拖鞋和格雷厄姆散步，令人哭笑不得。而当他有消遣想法时，他立即变得活跃起来，跳呀，摆手呀，无拘无束，活像个小孩儿。乌拉姆在自传里回忆，爱尔特希身材中等偏下，极度的神经质，常常“上窜下跳”。有时他突然产生了一个有意义的想法，就会一下子跳起来，挥舞双臂，然后再坐下来。

爱尔特希平日睡眠仅用四五个小时，整天搞数学，是个数学苦行僧，大家都为他的健康担忧，而他却高寿83 岁，并且终身保持旺盛的研究活力，这恐怕得益于他的“怪僻”:他远离世俗,大彻大悟,世俗社会中的勾心斗角、争权夺利、妒忌猜疑、恶语中伤,直至职称职位、住房工资,这些与他全然无关,不必提心吊胆、不必牵肠挂肚。他的头脑中只有数学,平常人的烦恼痛苦在他身上无生根立足之处,再加上他生活简朴,不嗜烟酒,并且尽可能地多走路,这一切显然都益于心泰神宁,健康长寿。

正因为数学的理论和方法往往反映出美的特征和属性,深入其中的数学家实际上享受到常人难以体验到的理性之美。在美的环境和氛围中工作的人自然心情轻松愉快。人的大脑具有不同的思维功能,左脑主管理性思维,逻辑分析、抽象概括、推理演绎均与此相关;右脑主管形象思维,包括想象、直觉、猜想、审美。人们敬佩爱尔特希七八十岁的高龄依然生气勃勃,数学创造力不减当年,应该说得益于他左、右大脑兼用,均衡运动,协调发展,从而延缓了大脑的衰老过程,并进而保证整个人身心健康。徐利治先生在一次学术报告中对此有精辟分析,并列举出诸多中外高寿的数学家,他们都是左、右脑思维特别发达而极富审美意识的人。

拉马努金，一位思路独特、才华横溢的数学怪杰。爱尔特希被人们誉为“西方的拉马努金”，足见其“怪”。

圣徒保罗，原名扫罗，皈依耶稣后改名保罗。他以极大的热忱，几乎是单枪匹马地传播基督教教义，最终成为基督教中仅次于耶稣的重要人物。西方很多人取名保罗，爱尔特希和图兰也是如此。爱尔特希称数学讲演为“布道”，布数学之“道”。

古典小说中的侠客，浪迹江湖，行踪不定；身手不凡，武艺高强；路见不平，拔刀相助；疾恶如仇，除暴安良；豪放不羁，仗义疏财。爱尔特希的行为举止颇有几分侠客风骨。他周游世界，四海为家；才思敏捷，战功显赫；不计得失，淡泊名利；手法高超，出奇制胜；心胸坦荡，提携后生。

爱尔特希是一位数学巨人，又是一名数坛怪侠。

3. 魂归巴拿赫

波兰数学家巴拿赫（S. Banach），幼年家贫。第一次世界大战时辍学，他的博士学位文凭是他得到的第一张文凭。1916 年,他在家乡克拉科夫公园里谈论勒贝格积分,被年长其一岁的斯坦因豪斯听到,两人相识。斯坦因豪斯告诉他一个苦思冥想未获解决的问题,巴拿赫不久就获得了解答,两人联合发表了第一篇论文。波兰利沃夫的泛函分析学派著称于世,巴拿赫与斯坦因豪斯是其领军人物。泛函分析中即有巴拿赫空间。

学派领袖喜欢在咖啡馆里谈论数学。当时较为富有的斯坦因豪斯、库拉托夫斯基常去较为豪华的罗马咖啡馆,巴拿赫则选择简朴的苏格兰咖啡馆。巴拿赫的数学聚会常常是高朋满座,话题不断,不知不觉早已超过了营业时间,笑容可掬的店主毫无怨言,热情有加。每次聚会时,伴随着大量啤酒的消失,往往出现了有意义的问题,巴拿赫就请侍者拿出一个专备的本子,记下问题内容及提出问题的人。巴拿赫、乌拉姆皆属抛砖引玉的高手。

第二次世界大战对于波兰无疑是一场浩劫,巴拿赫自然无法幸免,昔日的利沃夫大学理学院院长,万般无奈在德军的一个预防伤寒的研究所里喂养昆虫,度日如年。1945 年,他死于肺癌。

细心的巴拿赫夫人保存了咖啡馆里的记事本，第二次世界大战后又由斯坦因豪斯亲手认真抄写整理一遍，寄交已在美国的乌拉姆，于是便出现了蜚声世界的《苏格兰手册》。这本手册以及一次讨论会的材料，1987 年在我国翻译出版，书名为《苏格兰咖啡馆数学问题》。

爱尔特希曾悬赏 1000 美元征解手册中的一道难题，它要求把面积相等的圆盘和正方形分成有限份，使这些小块通过旋转可以两两重叠。人们开玩笑说，这是化圆为方问题。1990 年，匈牙利数学家运用集合论中的选择公理解决了难题。

实际上，逝世前十年，爱尔特希的心脏就频繁“报警”。一次与福特瑞在希腊的一家饭店用餐，他的心率突然增至每分钟 150 次。送到急诊室紧急处理，不久监视器上的心跳频率稳定在 65 了。医生为安全起见，强迫爱尔特希住进了病房。很快病床就摊满了论文，数学家从病房里进进出出。医生、护士被逼得都快发疯了，毫无办法。有一回，给他换间大病房，仍是乱七八糟。爱尔特希躺在床上，用匈牙利语、德语、英语分别与三组人交谈数学，还让医生走开，他正忙呢！他生命的最后一年在两个数学会议上，因心脏问题突然昏厥倒地，醒来时竟说，还有两个问题要讲。有次还临时替他装上了心脏起搏器，真是生命不息，数学不止。

巴拿赫是举世闻名的数学家，波兰人民引以为豪。在华沙市中心有一座美丽的建筑物——巴拿赫数学中心，在华沙近郊有巴拿赫商业中心，此外还有巴拿赫路。

1996年9月，秋高气爽，华沙的巴拿赫数学中心，世界各地的数学家相聚一堂，召开国际图研讨会。83岁高龄的爱尔特希风采依旧，活跃在会场上。不料，由于心脏病突然发作，在没有同伴知晓的情况下，竟于这年9月20日与世长辞。世界数学界损失了一位大师。去世前两天，他还做了一次精彩的演讲，完成了最后一篇独自撰写的论文，买好了去立陶宛的机票，准备参加在那里举办的数论会议。

爱尔特希曾经风趣地对朋友说："你听说过我母亲的定理吗？我母亲讲：'保罗，就连你也只能同一个时间仅在一个地方。'也许我不久将摆脱这种困境，一旦我离去，在同一时间里，我大概能在许多地方,而且可能与阿基米德、欧几里得一起搞研究。”

1997 年春,全球二百余位数学家齐聚孟菲斯大学参加美国数学会会议,校园里春暖花开,会议报告厅连窗户都没有,数学家们在灯光下交流数学,对室外的鸟语花香无动于衷。一年一次的孟菲斯会议恰逢爱尔特希的生日,去年保罗仍在,今年人去座空,数学系的通告栏里还贴着爱尔特希的讣告。1996 年,他满 83 岁时说道:“要是 38 岁,而不是 83 岁就好了。”在结束正式演讲时,他说道:“除了数学以外,任何事情都是要结束的,数学演讲也是这样。我还活着的话,我会回来的,否则我就不来了。”他的生日聚会变成了他的纪念演讲会,二百位与会者一起缅怀这位可敬可亲的老人。爱尔特希培养的数学家布鲁巴斯主持了纪念会,他介绍了重点发言人索斯。

爱尔特希生前的好友索斯,是他的重要合作者,两人共同发表了 35 篇论文。1993 年在匈牙利的一次数学会议期间,她和金芳蓉、当年无名小组的塞克雷斯、克莱因还一起庆贺了老人的八十华诞。1948 年在布达佩斯,索斯的高中数学老师加莱介绍她与爱尔特希认识。保罗去世的前一天,他俩还在一起讨论了很久，当时他正准备写一篇论文。索斯还把爱尔特希信件的复印件放到了投影仪上，众人纷纷为他那潦草的笔迹着了迷。索斯提到最近有一项研究成果肯定能让他高兴，可惜他已经看不到了。有人套用爱尔特希的术语，在下面大声喊道："'天书'里可能就有这一结果，说不定他现在正在看呢。"大家会心地点头赞许。是的，纪念爱尔特希的最好方式就是努力证明他提出的诸多猜想。最后，索斯还让意犹未尽的同行们翻阅了爱尔特希和他母亲的相册。

孟菲斯会议结束后，爱尔特希的重要合作者福特瑞借大会主要组织者之便又将留下来的人请到自己家里举行了一次"幸存者集会"。他拿出一块粉红色的旧餐布，上面有前些年与会者的签名，爱尔特希好几处潦草的签名赫然在目。餐桌旁还有一面特别大的黑旗，它作为爱尔特希生日的"提示标记"已有好几年了。当时，他坚持挂一面黑旗来庆祝自己的生日。福特瑞的夫人拗不过，只好随了他的意愿，做了一面黑旗和一块黑蛋糕。"幸存者"们望着那面黑旗还真感到分外亲切，又都十分郑重地在餐布上签上了自己的名字。他们吃着手扒猪肉、烤豆子，喝着啤酒，七嘴八舌地讲述起有关爱尔特希的故事。

这些故事大体集中于以下两点。其一，爱尔特希不分昼夜，废寝忘食地搞数学。他往往只睡三四个小时，同伴累得精疲力竭了，早上还在酣睡，他就早早地敲卧室的门催你起来搞数学，或者在厨房里弄得锅碗瓢盆震天响。一天清晨，被惊醒的同伴穿着一件浴衣，半睁半闭着眼睛，跌跌撞撞地下了楼。他的第一句话既不是“早上好！”也不是“睡得好吗？”而是“设 n 为整数，k 是……”简直让人崩溃。一天当中有短暂的就餐时间，但他会在餐布上写写画画，讨论讨论数学。

撰写过爱尔特希的长篇报道（后又出书）而荣获国家期刊奖的霍夫曼为近距离地了解他，曾在几周时间里跟随他做数学旅行，每天连续 19 个小时不睡，看着他不停地证明和猜想。年方 30 而身强力壮的霍夫曼自觉熬不过病病恙恙的 73 岁老人。

其二，不谙世事，常闹“笑话”。他不喜欢关窗闭户，晚上主人替他把楼下客房窗户打开后，便上楼休息去了。夜里狂风暴雨突至，他跑上楼叫醒主人：

“雨下到窗户里面来了，你们最好想点什么办法。”另一位数学家楼上楼下都有各自的空调。有一天，有人已睡进了爱尔特希以前来时常睡的楼下房间，于是就安排爱尔特希住到了楼上。夜里他觉得很热，就跑下楼去调节温度，然而楼下的开关是调节楼下的空调的，对楼上房间毫无帮助。于是他就不断地跑上跑下瞎折腾，次日早上发现楼下的窗户上结了霜。在婚礼上、葬礼上，他照样要拉住人谈数学，了解他的人一笑置之，不了解他的人以为他是一个不明事理的怪人。一个圣诞节前夜，单位放假，商店关门打烊，连公共汽车都不开了。爱尔特希熟识的一位数学家正衣冠楚楚地等候预定的出租车去朋友家过节，爱尔特希不请自到，竟与他讨论起了数学，一直到出租车来了，费了好大劲才止住谈话。

爱尔特希将毕生的精力都献给了数学事业，受到数学界的高度赞誉。斯潘塞认为爱尔特希的遗产中最蔚为壮观的是离散数学。第二次世界大战后，离散数学的突飞猛进，除了计算机的广泛使用外，爱尔特希的贡献无出其右。从1956年到1962年，他是匈牙利科学院通讯院士，期间又喜获匈牙利科学院柯苏斯(Kossuth)奖,1962 年成为匈牙利科学院院士。他还是美国(1979 年)、印度(1988 年)、英国(1989 年)等国的科学院院士,1973 年伦敦数学会选举他为名誉会员,1975 年他成为剑桥三一学院的访问学者。

1991 年,国际数学竞赛世界联盟创设爱尔特希国家奖,用于奖励各国在组织国家级数学竞赛、丰富数学竞赛的活动形式、促进本国数学教育改革等方面发挥了特殊作用并做出突出贡献的数学工作者。我国学者裘宗沪曾获此殊荣。

17 世纪曾同时出了两个著名的数学家族,这就是瑞士的伯努利家族和中国的梅文鼎家族,他们一东一西,遥相辉映。伯努利家族中的雅各布(Jacob Bernoulli),其数学几乎是无师自通。微分方程中众所周知的伯努利方程即源于他。概率论中的大数定理,使他的名字载入数学史册。他对对数螺线很有研究,发现此曲线经过各种变换,结果还是对数螺线,在惊叹曲线的奇妙之余,遗言将此曲线刻在墓碑上,并附颂词:“纵使变化,依然故我。”

爱尔特希的一生迷恋数学,已达忘我的境界,如果要有遗言,也许他会说:再生仍故我。

爱尔特希为自己撰写的墓志铭就是,“我终于不再愈变愈蠢了。”

4. 畴人为哪般

18 世纪末,我国出版了《畴人传》,记录从黄帝时期到清朝嘉庆四年已故的天文学家和数学家 270 余人,其中有数学著作传世的近 50 人,并在附录中列举了明末以来传入的天文学、数学书籍中涉及的 41 位西方人士。畴人的提法源于司马迁的《史记·历书》。

美国数学家罗宾斯与库朗合著《数学是什么》时,才 24 岁,是初出茅庐的博士生,几十年研究生涯的风风雨雨,把他锤炼成世界一流的统计学家。然而几十年来,罗宾斯一直为《数学是什么》的版权问题与鼎鼎大名的库朗据理力争。想当年,库朗提议让罗宾斯帮忙将一些旧时的讲稿整理出书,答应支付七八百美元的酬劳。罗宾斯深感库朗学识渊博,加之写书向大众传播数学功德无量,遂接受邀请。

不久库朗感到与罗宾斯的合作是颇有成效的，便建议合著。两年后，书印好了，但著者仅库朗一人，只是在前言中提及罗宾斯的合作。罗宾斯如梦初醒，深感不平。库朗的一些朋友为平息纷争，游说罗宾斯："在欧洲，年轻人写书而让年长者署名，这是司空见惯的，库朗也是如此，不必生气。"罗宾斯针锋相对："这是不公正的！过去我一直相信他的话，要不是合著，我不会如此尽力。"来访者日益增多，但罗宾斯坚持正当权益，最终库朗同意双方署名。

读者可在我国翻译的《数学是什么》中看到这场著作权争执的痕迹。中文版是根据牛津大学出版社1978年的版本翻译的。封面上显示是两人合著，但只有库朗一人的画像，作者简介也仅涉及库朗一人。库朗在前言中提及罗宾斯的话依然如故，而译者们则在译者序中公正地介绍了两位著者。

科学史上这种优先权的争夺事例并不少见。牛顿与胡克(R. Hooke)有发现万有引力定律的优先权之争；牛顿与莱布尼茨(G. Leibniz)则又卷入微积分的优先权之争。数学上的优先权之争也并不罕见，数学家不像其他的科学家，不能留下诸如实验结果的痕迹而证明谁做了什么。1987 年,当霍夫曼提笔撰文评价爱尔特希时,爱尔特希则正在花费很多时间,在他三位最亲密的朋友中调停一场优先权之争。爱尔特希的合作伙伴斯潘塞对此感触颇多:“当研究生时,我以为只有三流数学家才有这些争执,其实就是第一流数学家,他们在数学面前也是容易动感情的。”即使自己不能领悟 SF 的“圣经”上的东西,有人也不愿其他人捷足先登。已故的摩尔(R. L. Moore)是得克萨斯的一位优秀数学家,他直截了当地说:“要是我没想到的定理,我宁可别人也想不出。”

关于素数定理的初等证明,由于赛尔伯格的误会,他抢在爱尔特希前头独自发表论文,得到这项荣誉的绝大份额。1950 年,赛尔伯格赢得菲尔兹奖,与此工作密不可分。正由于无端陷入一场糊涂的争执,爱尔特希逢人不愿多谈论他一生这个辉煌的成功。1948 年,在普林斯顿高等研究院,爱尔特希与塞尔伯格有过短暂的会面,此后各自独立完成了素数定理的证明。但由于这个误会,此后两人从未有过合作。沃尔夫奖得主西格尔(C. L. Siegel)说:“学术界的同事们忘我地工作在一起,不抱个人野心,不凭借所居高位而只是无拘无束地研究、讨论问题该是多么可贵的幸事啊!”

客观地讲,优先权之争并非全是名利之争,有时反映出数学家希望社会公正客观、恰如其分地承认自己的劳动成果,认可自己在某一课题上的领先贡献。

我们不禁要问:数学家研究数学的动机何在?他们的价值取向何在?一类动机是谋生,作为一种职业,养家糊口。另一类动机是追逐名利。爱因斯坦曾经分析说,正如运动员喜好表现自己的技艺一样,数学为他们提供了施展特殊才能的机会。第三类动机是献身数学,追求理解,以发现创造为人生的最大乐趣,不为功名富贵所动,沉醉于数学的海洋。正如格雷厄姆所说:“爱尔特希追求知识,追求理解。确实有一股力量推动他去多解答一个问题,多攀越一道山梁。”

以数学为谋生手段至少不是“上策”。翻开数学家传记,冯·诺伊曼的父亲鉴于数学家的收入微薄,反对他攻读数学;拉格朗日先遵父意学习法律,以便日后接掌父亲手中的商业大权;爱尔特希的母亲希望儿子做医生；斯潘塞则坦承，如果选择做会计，毫无疑问，现在他会更加富有。

就名利而言，数学家很少因工作成果而获得丰厚的物质回报，除沃尔夫奖10万美元的奖金尚属不薄之外，其余诸奖真是重在精神，就金额而言，与歌星、球星收入相比，自然是云泥之别，与其他行业奖励相比恐怕也多半会“小巫见大巫”，所以他们格外看重研究成果带给他们的正当声誉。问题在于，有的人功成名就后，就高枕无忧，“刀枪入库，马放南山”，靠过去的辉煌混今日之俸禄；有的人急于求成，专在木板薄的地方钻洞，小题大作，研究成果价值甚微，很快就沉陷于故纸堆中无影无踪；甚至出现损人利己、剽窃成果的不道德行为。哈密顿本人是一个谦虚的数学家，但他承认甚至强调，喜爱名望会推动和振奋大数学家。1987年2月，爱尔特希前往美国佛罗里达州的博卡拉顿，参加在大西洋大学举行的组合数学会议，令人扫兴的是，一位组合数学家在会上面对300多位代表作了一次正式发言，他介绍了一个结果却不愿公开证明。显而易见，他运用了一种强有力的新方法，恐怕在利用它所能榨出的全部成果得到之前，他会守口如瓶、秘而不宣的。

爱尔特希是完全、彻底地献身于数学，这种人为数不多，但对数学所做的贡献却往往很大。爱尔特希的成果众多，而且推动了数学家的合作。他提携后生，设置奖金，激励年轻人攻克难关。为使青年人早日打开局面，他自觉自愿地压下自己的成果。他几乎超脱了凡人俗事，将时间最大限度地交给数学女神。1948 年生于布达佩斯的洛瓦斯是爱尔特希欣赏并培养的数学奇才，很早就拥有了爱尔特希数 1。由于他在离散数学和计算机科学方面做出了大量划时代的工作，而荣获 1999 年的沃尔夫数学奖。爱尔特希后继有人。

如果能把数学看得高于一切，就能在任何地方任何环境下对外界的变化无动于衷，平心静气地搞数学。欧拉能怀抱爱孙，听任他自己玩乐，定神做自己的数学计算。现代的欧拉——爱尔特希在会场上、餐桌旁、旅途中，都能旁若无人地思考数学问题。有时，他背靠着椅子，闭上双眼，或许是别人的言行与数学无关，不如小憩片刻，或许正在思考某个数学问题。他说："必须敞开你的大脑，一旦有了想法，你必须有能力抛弃一切,而全神贯注于这一想法。有的人只有当悄悄地回到自己的屋里时才能工作,而我无论何时何地都可以,飞机上可以,睡前也可以。”数学已渗透至他的生命之中,思考数学时就进入了最高的境界,其余的一切当然可以视而不见,听而不闻。

爱尔特希毫不顾惜身体,没日没夜地埋头于数学,很多熟悉的朋友都为他的健康担忧。格雷厄姆虽着急,但也是无能为力。爱尔特希因患白内障,急需动手术,格雷厄姆多次试图说服他安排这个势在必行的手术,爱尔特希却一拖再拖。说起原因十分简单,动个手术要耽搁 1 个星期,他连 7 天时间也不想放弃。

爱尔特希有一只眼完全看不见了,急需进行角膜移植手术,福特瑞的妻子是护士,她跟院方说,“医生也应该促进数学的进展。”让爱尔特希在等候角膜者的队列中往前挪了几步。几个月后,福特瑞接到电话,说合适的角膜捐赠人已经找到。此时爱尔特希已坐在去辛辛那提的飞机上准备去做一次演讲,好不容易说服他放弃演讲赶紧做移植手术。手术前,他问医生还能看书吗?医生说,可以啊!这正是手术的目的。可是走进手术室灯光一暗下来,他又胡搅蛮缠了,质问医生为什么关灯,做手术仅是一只眼睛,为什么不能用另一只好眼看书?医生急得不知如何是好。直到来了一位数学家在手术过程中和他谈论数学,才将持续两个小时的手术顺利做完。

格雷厄姆等好友为爱尔特希长期服用麻醉药物而忧虑不安。1979 年,格雷厄姆以 500 美元与爱尔特希打赌,要他停服安非他明 1 个月。爱尔特希被迫接受了挑战,坚持戒药 30 天。格雷厄姆喜形于色,拿出 500 美元的支票支付了爱尔特希的购物费用,爱尔特希却一肚子的不高兴:“事实证明我并不是吸毒者,不过这段时间一事无成。我早上起床,盯着一张白纸,一点思想也没有,就像一个数学的门外汉,你让数学和我隔绝了 1 个月。”他迫不及待地恢复了服药,说来也奇怪,数学成果也就源源不断地出现了。

从数学的角度看,人生在世仅仅是浩荡历史长河中极为短暂的一小段,前后两头都是无穷大。爱尔特希将生命融入了数学,他人虽已离去,却给人类留下了无比丰富的精神财富。

哈尔莫斯说:“数学的心脏是问题和解。”爱尔特希热爱数学,迷恋数学,他自己动手或与人合作解决的数学问题可谓成千上万。作为世界级的数学大师,他凭借自己深厚的功底、锐敏的直觉,经常提出一些颇具研究价值的问题。他先后提出几百个尚未解决的有奖问题,自费奖励解答者,无稳定收入的他为此支付了数千美元。

海森堡(W. K. Heisenberg)说得好:“提出正确的问题,等于解决问题的大半。”希尔伯特在第二届国际数学家大会上做了著名的23个数学问题的演说,有力地推动了20世纪数学的发展。外尔在希尔伯特去世时的悼词中,生动地比喻道:“希尔伯特就像穿杂色衣服的风笛手,他那甜美的笛声诱惑了如此众多的老鼠,跟着他跳进了数学的深河。”

风笛手的传说源自德国的小城哈姆尔。很久以前,哈姆尔闹鼠灾,全城人寝食不安。一天,来了个风笛手,自称能灭鼠消灾,市长喜出望外,答应事成之后重金酬谢。风笛手吹起了魔笛,老鼠闻声竟然不由自主地被引到河里,统统淹死了。岂料,市长摇身一变,竟然食言。风笛手淡淡一笑,又吹起了魔笛,全城 130 多个孩子统统走火入魔,排着队,在笛声的指引下,走向神秘的远方。

爱尔特希不仅是“布达佩斯的魔术师”“数学界的莫扎特”,还是一个笛声不断的风笛手。

在爱尔特希看来,数学是一种理性的文化,是一首“天上的乐曲”,他献身数学,追求理解,探求知识,自感研究中美不胜收。他一心一意地钻研数学,坚信数学对人类是必不可少的,是异常重要的,从事数学是他人生的最好选择。

爱尔特希身材矮小,却是数学巨人;他收入不丰,却慷慨解囊;他淡泊名利,却与世永存;他身体虚弱、形同枯槁,搞起数学来却是斗志昂扬、生龙活虎;他的作息时间表上没有娱乐,不追求享受,只追求“另一个房顶,另一个证明”。

爱尔特希的一生都在勤奋忘情地读一本书——数学“圣经”。春草年年,日月依旧,爱尔特希不会寂寞,他的作品、他的精神与数学同在,与天地同存。

参考资料

[1] 中国大百科全书·数学卷[M].北京:中国大百科全书出版社,1998.

[2] 日本数学会编.数学百科辞典[M].北京:科学出版社,1984.

[3] 张奠宙,赵斌.二十世纪数学史话[M].北京:知识出版社,1989.

[4] 克莱因 M.古今数学思想[M].上海:上海科学技术出版社,1981.

[5] 徐利治.数学方法论选讲[M].武汉:华中工学院出版社,1983.

[6] 袁小明.数学思想史导论[M].南宁:广西教育出版社,1991.

[7] 李心灿,黄汉平.数坛英豪[M].北京:科学普及出版社,1989.

[8] 莫由,许慎.中国现代数学史话[M].南宁:广

西教育出版社,1987.
[9] 夏基松,郑毓信. 西方数学哲学[M]. 北京:人民出版社,1986.
[10] 邓东皋,孙小礼,张祖贵. 数学与文化[M]. 北京:北京大学出版社,1990.
[11] 斯蒂恩 L A. 今日数学[M]. 上海:上海科学技术出版社,1982.
[12] 朱学志. 数学历史、思想和方法[M]. 哈尔滨:哈尔滨出版社,1990.
[13] 张奠宙,过伯祥. 数学方法论稿[M]. 上海:上海教育出版社,1996.
[14] 李心灿. 当代数学大师[M]. 北京:航空工业出版社,1994.
[15] 伊夫斯. 数学史概论[M]. 太原:山西经济出版社,1993.
[16] 解恩泽,赵树智. 数学思想方法纵横谈[M]. 北京:科学出版社,1987.
[17] 郑毓信,林曾. 数学、逻辑与哲学[M]. 武汉:湖北人民出版社,1981.
[18] 钱宝琮. 中国数学史[M]. 北京:科学出版社,

1981.
[19] KAPUR J N. 数学家谈数学本质[M]. 北京:北京大学出版社,1989.
[20] 克拉默. 大学数学[M]. 上海:复旦大学出版社,1987.
[21] 库朗,罗宾斯. 数学是什么[M]. 长沙:湖南教育出版社,1985.
[22] 贝费里奇. 科学研究的艺术[M]. 北京:科学出版社,1979.
[23] 丹齐克 T. 数,科学的语言[M]. 太原:山西经济出版社,1993.
[24] 王宪昌. 数学与人类文明[M]. 吉林:延边大学出版社,1990.
[25] 乐秀成编译. GEB——一条永恒的金带[M]. 成都:四川人民出版社,1983.
[26] 卢侃,孙建华编译. 混沌学传奇[M]. 上海:上海翻译出版公司,1991.
[27] 闵嗣鹤,严士健. 初等数论[M]. 北京:人民教育出版社,1982.
[28] 潘承洞,潘承彪. 素数定理的初等证明[M].

上海:上海科学技术出版社,1988.
[29] 邦迪,默蒂.图论及其应用[M].北京:科学出版社,1984.
[30] 哈拉里.图论[M].上海:上海科学技术出版社,1980.
[31] 李修睦.图论导引[M].武汉:华中工学院出版社,1982.
[32] 陈景润.组合数学简介[M].天津:天津科学技术出版社,1988.
[33] 上海市数学会等编.中学数学竞赛辅导讲座[M].上海:上海教育出版社,1980.
[34] 常庚哲等.高中数学竞赛辅导讲座[M].上海:上海科学技术出版社,1987.
[35] 库尔沙克.匈牙利奥林匹克数学竞赛题解[M].北京:科学普及出版社,1979.
[36] 霍夫曼 P.数字情种——埃尔德什传[M].上海:上海科学科技教育出版社,2000.
[37] HOFFMAN P.一心迷恋于数的学者[J].北京:数学译林,1990(1).
[38] KOLATA G B.数学家保罗·厄尔多斯毕生献

身于数学[J]. 上海:世界科学,1981(12).
[39] DEMBART L. 在数的天地里,他首屈一指[J]. 北京:数学译林,1983(4).
[40] HENRY W. Could 回忆 Paul Erdös(1913—1996)[J]. 大连:数学研究与评论,1997(1).
[41] BOLLOBAS B. 数学家——保罗·厄尔多斯(1913—1996)[J]. 上海:世界科学,1997(2). 北京:数学译林,1997(2).
[42] 胡作玄. 历届 Wolf 奖得主简介(1)[J]. 北京:数学译林,1997(2).
[43] HERSH R, John - Steiner V. 对匈牙利数学的一次采访[J]. 北京:数学译林,1996(1)(2).
[44] 朱见平. 数坛怪杰爱尔特希[J]. 大连:辽宁师范大学学报,1992(4).
[45] THOMASSEN C. 图论的回顾[J]. 北京:数学译林,1988(1).
[46] 秋山仁. 图论及其边缘:现状与将来的展望[J]. 北京:数学译林,1988(3).
[47] BOLLOBAS B. 图论的未来[J]. 北京:数学译林,1996(2).

[48] 蒋星耀.从鸽笼原理到拉姆齐定理[J].上海:自然杂志,1991(12).
[49] 曾泳泓,蒋曾荣.数论中的计算问题[J].上海:自然杂志,1992(4).
[50] 郑韫瑜.素数:神秘表象的背后[J].上海:自然杂志,1993(1).
[51] KOLATA G.图论结果得到证明[J].上海:世界科学,1986(7).
[52] 张忠辅.数学的陷阱:四色猜想的各种证明[J].上海:自然杂志,1991(5).
[53] 刘琨.芒鞋踏遍陇头云:访学部委员柯召[J].北京:民主与科学,1991(2).
[54] KAHANE J P.1918—1939 年波兰数学学派的影响概述[J].北京:数学译林,1993(3).
[55] ASPRAY W.普林斯顿发展成为世界数学中心的历程(1896 -1939)[J].北京:数学译林,1994(2).
[56] AREZ A. Erdös 和 Mordell 定理的简要证明[J].北京:数学译林,1994(1).
[57] ROTA G C.我希望补上的一课[J].北京:数

学译林,1997(2).
[58] HONSBERGER R. Louis Posa[J]. 北京:数学译林,1980(3).
[59] 孙琦. 参加西部数论会议归来[J]. 上海:自然杂志,1990(4).
[60] GRIFFIFHS P A. 数学:从伙计到伙伴[J]. 北京:数学译林,1994(3).
[61] 刘钝,苏淳. 彼得堡数学学派的奠基人:纪念п·л·切比雪夫逝世九十周年[J]. 北京:自然辩证法通讯,1984(6).
[62] 胡作玄. 计算机对数学的影响[J]. 太原:科学技术与辩证法,1992(6).
[63] 张奠宙. 四色问题解决了吗[J]. 上海:科学,1988(1).
[64] HERSH R. 复兴数学哲学的一些建议[J]. 北京:数学译林,1981(1).
[65] 一松信. 国际数学奥林匹克的历史[J]. 北京:数学译林,1988(2).
[66] PAGE W H. Robbins 访问记[J]. 北京:数学译林,1988(2).

[67] 杜瑞芝.数学史辞典新编[M].济南:山东教育出版社,2017.

[68] SPENCER J. Uncle Paul[J]. Notices of the AMS, 1998(1).

[69] BABAI L. Paul Erdös Just Left Town[J]. Notices of the AMS, 1998(1).

后　记

在我研读数学史的过程中，发觉西方数学家常常发自内心地感受到数学之美：爱尔特希开口闭口“漂亮”“美好”，他认为数学是科学和艺术的完美结合；古希腊人为庆贺勾股定理的发现举行了盛大的百牛宴；在柏拉图的理念世界里，数学的美是高层次的观念。

我国学生往往体察不到数学美，不少人对数学“积怨”颇深。

张奠宙教授曾语重心长地指出：“数学界长期被一个悖论困扰着。一方面，数学被公认是最基本、最重要、最有用的学科，因而是学的时间最长、考试次数最多的学科。另一方面，数学又是社会上最少了解、最多误解、最被忽视的学科……在一次调查中，70%的人说‘不喜欢数学乃至厌恶数学’，80%的人说‘数学除了加、减、乘、除之外没啥用处’。”仅仅将此归咎于升学考试、题海战术的负面效应恐怕是不够的，追根溯源，我国的文化积淀中缺少数学美。古代中国的皇帝是"天子"，因此编订历法是皇家自身的大事，严禁私人染指。数学家为皇家编制历法，成则皇恩浩荡，败则丢官下牢，整日诚惶诚恐，如履薄冰，如此这般，快乐美感从何而来！

《数学家传奇丛书》主编杜瑞芝教授给我来信，邀我编写爱尔特希分册。我曾在有关刊物上发表过评价爱尔特希的译文、论文，多少有些资料的积累、研究的心得。爱尔特希沉醉于数学，忘情于数学，著作等身，声名显赫，他的传奇生涯、感人事迹一直深深地吸引着我。经过必要的信函往来后，我就动笔开始写作了。

1997 年 9 月份完成了初稿，主编认真审阅后，提出了修改意见。经过两个月的工作，二稿业已脱手，与初稿相比，在编写体例上做了较大改动。

我于 1968 年从南京大学毕业后，整整 10 年和数学无缘。20 世纪 70 年代末，到了知天命的人生阶段，奋起直追，虽已陆续发表论文十几篇，写书却是头一回。尽管追寻美好人生足迹的本身是美好的，尽管付出的努力是艰辛的，但写作本身也许永远是遗憾的劳动。限于水平，书中的不足乃至失误在所难免，敬请专家和读者指正。

本书取名《数坛怪侠——爱尔特希》，所谓“怪”无非是奇怪、怪僻之意。细细剖析，爱尔特希之怪，大致有三：

其一，大家往东，他偏向西。别人在餐桌旁举杯叙旧，口尝佳肴，他却无精打采，进入梦乡；别人饶有兴致地观赏戏剧电影，他却低头沉思数字图形，如此等等，不一而足。这种与众不同，是他献身数学、忘情于数学的自然流露。爱尔特希在数学的天地里，仿佛与笔下的数和形浑然一体，物我两忘；仿佛置身于宁静的田园山庄，“明月松间照，清泉石上流”；又仿佛登临名山大川，“气蒸云梦泽，波撼岳阳城”。一切的一切是如此的美好，其他的都无关紧要了。

其二，不屑功名富贵，不谙人情世故。依他的家境学历、才能人品，和绝大多数颇有名望的科学家一样，成家立业，过上至少中产阶级的生活显然是不在话下的。然而他没有职业，没有妻小，没有嗜好，甚至没有一个家。讲学著述的酬劳，甚至沃尔夫奖的5万美元，他慷慨地救人于危难，悬赏于解题。格雷厄姆说：“他对任何事情都竭尽绵力。”他视私人财产是累赘，毫无意义。他从不追求物质享受，无暇顾及婚姻家庭，绝少过问凡人俗事。这一切都源于他对理性的数学之美的执着追求。

其实匈牙利数学家群体中，终生独身的并非爱尔特希一人，费耶尔、F. 里斯、M. 里斯、哈尔、D. 柯尼希等，均不约而同地选择了独身道路。F. 里斯甚至期望他的助教卡尔曼也把一切都献给数学，不要结婚成家。

其三，可以谅解的无知，可以理解的怪僻。他整天埋头于数学，远离世俗，从小衣来伸手，饭来张口，因此缺乏起码的生活自理能力，不会用洗衣机，不知道米饭出自何处。每到一处，全靠主人为他当“保姆”，替他料理生活，整理房间，查询电话号码，驾车送他会友谈数学，甚至帮他清洗衣物。我们并不提倡像他这样的生活方式，但是这种情况的出现仍然是由于爱尔特希始终如一的人生使命，对美妙的数学问题和新奇的数学技巧的永无止境的追求。他并不像剥削阶级那样，不劳而获坐享其成。数学家们欢迎他的光临，心甘情愿地照料他的饮食起居，是因为他们在与爱尔特希的数学交流与合作中常常获益匪浅。这是一种双方认可的“等价交换”。其实，在真正献身于科学的学者身上，这种爱尔特希式的奇闻逸事不胜枚举。这是否可以讲“圣人如孩”呢?

本书得以问世，首先要感谢张奠宙教授。自1988年去华东师范大学进修一年，张奠宙教授的渊博知识，不凡见识，言传身教，提携后生给我留下了深刻难忘的印象。十几年来，张奠宙教授在许多方面给了我很多具体的帮助，直至在我写书的过程中，他看到有关的资料主动复印寄来。佟文廷教授、罗定军教授是我的母校——南京大学的老师，在我的学习研究上同样给过无微不至的关心。佟文廷教授在患有足疾行走不便难以外出复印资料的情况下，为及时提供资料，连夜奋笔手抄，令人感动不已。朱梧槚教授、杜瑞芝教授、肖奚安教授、过伯祥副教授等良师益友也在多方面给予过指导和帮助。借此机会，一并表示深深的谢意。

在本书的写作过程中，得到作者所在单位(南通职业大学)的领导的关怀与理解，不少同志放弃休息为我寻找资料，打印书稿，在此对他们表示深切的感谢。

朱见平

1997年

于南通职业大学

刘培杰数学工作室
已出版(即将出版)图书目录——初等数学

书　名	出版时间	定　价	编号
新编中学数学解题方法全书(高中版)上卷	2007－09	38.00	7
新编中学数学解题方法全书(高中版)中卷	2007－09	48.00	8
新编中学数学解题方法全书(高中版)下卷(一)	2007－09	42.00	17
新编中学数学解题方法全书(高中版)下卷(二)	2007－09	38.00	18
新编中学数学解题方法全书(高中版)下卷(三)	2010－06	58.00	73
新编中学数学解题方法全书(初中版)上卷	2008－01	28.00	29
新编中学数学解题方法全书(初中版)中卷	2010－07	38.00	75
新编中学数学解题方法全书(高考复习卷)	2010－01	48.00	67
新编中学数学解题方法全书(高考真题卷)	2010－01	38.00	62
新编中学数学解题方法全书(高考精华卷)	2011－03	68.00	118
新编平面解析几何解题方法全书(专题讲座卷)	2010－01	18.00	61
新编中学数学解题方法全书(自主招生卷)	2013－08	88.00	261
数学奥林匹克与数学文化(第一辑)	2006－05	48.00	4
数学奥林匹克与数学文化(第二辑)(竞赛卷)	2008－01	48.00	19
数学奥林匹克与数学文化(第二辑)(文化卷)	2008－07	58.00	36′
数学奥林匹克与数学文化(第三辑)(竞赛卷)	2010－01	48.00	59
数学奥林匹克与数学文化(第四辑)(竞赛卷)	2011－08	58.00	87
数学奥林匹克与数学文化(第五辑)	2015－06	98.00	370
世界著名平面几何经典著作钩沉——几何作图专题卷(上)	2009－06	48.00	49
世界著名平面几何经典著作钩沉——几何作图专题卷(下)	2011－01	88.00	80
世界著名平面几何经典著作钩沉(民国平面几何老课本)	2011－03	38.00	113
世界著名平面几何经典著作钩沉(建国初期平面三角老课本)	2015－08	38.00	507
世界著名解析几何经典著作钩沉——平面解析几何卷	2014－01	38.00	264
世界著名数论经典著作钩沉(算术卷)	2012－01	28.00	125
世界著名数学经典著作钩沉——立体几何卷	2011－02	28.00	88
世界著名三角学经典著作钩沉(平面三角卷Ⅰ)	2010－06	28.00	69
世界著名三角学经典著作钩沉(平面三角卷Ⅱ)	2011－01	38.00	78
世界著名初等数论经典著作钩沉(理论和实用算术卷)	2011－07	38.00	126
发展你的空间想象力	2017－06	38.00	785
走向国际数学奥林匹克的平面几何试题诠释(上、下)(第1版)	2007－01	68.00	11,12
走向国际数学奥林匹克的平面几何试题诠释(上、下)(第2版)	2010－02	98.00	63,64
平面几何证明方法全书	2007－08	35.00	1
平面几何证明方法全书习题解答(第1版)	2005－10	18.00	2
平面几何证明方法全书习题解答(第2版)	2006－12	18.00	10
平面几何天天练上卷·基础篇(直线型)	2013－01	58.00	208
平面几何天天练中卷·基础篇(涉及圆)	2013－01	28.00	234
平面几何天天练下卷·提高篇	2013－01	58.00	237
平面几何专题研究	2013－07	98.00	258

刘培杰数学工作室
已出版(即将出版)图书目录——初等数学

书　　名	出版时间	定　价	编号
最新世界各国数学奥林匹克中的平面几何试题	2007－09	38.00	14
数学竞赛平面几何典型题及新颖解	2010－07	48.00	74
初等数学复习及研究(平面几何)	2008－09	58.00	38
初等数学复习及研究(立体几何)	2010－06	38.00	71
初等数学复习及研究(平面几何)习题解答	2009－01	48.00	42
几何学教程(平面几何卷)	2011－03	68.00	90
几何学教程(立体几何卷)	2011－07	68.00	130
几何变换与几何证题	2010－06	88.00	70
计算方法与几何证题	2011－06	28.00	129
立体几何技巧与方法	2014－04	88.00	293
几何瑰宝——平面几何 500 名题暨 1000 条定理(上、下)	2010－07	138.00	76,77
三角形的解法与应用	2012－07	18.00	183
近代的三角形几何学	2012－07	48.00	184
一般折线几何学	2015－08	48.00	503
三角形的五心	2009－06	28.00	51
三角形的六心及其应用	2015－10	68.00	542
三角形趣谈	2012－08	28.00	212
解三角形	2014－01	28.00	265
三角学专门教程	2014－09	28.00	387
图天下几何新题试卷.初中(第 2 版)	2017－11	58.00	855
圆锥曲线习题集(上册)	2013－06	68.00	255
圆锥曲线习题集(中册)	2015－01	78.00	434
圆锥曲线习题集(下册・第 1 卷)	2016－10	78.00	683
圆锥曲线习题集(下册・第 2 卷)	2018－01	98.00	853
论九点圆	2015－05	88.00	645
近代欧氏几何学	2012－03	48.00	162
罗巴切夫斯基几何学及几何基础概要	2012－07	28.00	188
罗巴切夫斯基几何学初步	2015－06	28.00	474
用三角、解析几何、复数、向量计算解数学竞赛几何题	2015－03	48.00	455
美国中学几何教程	2015－04	88.00	458
三线坐标与三角形特征点	2015－04	98.00	460
平面解析几何方法与研究(第 1 卷)	2015－05	18.00	471
平面解析几何方法与研究(第 2 卷)	2015－06	18.00	472
平面解析几何方法与研究(第 3 卷)	2015－07	18.00	473
解析几何研究	2015－01	38.00	425
解析几何学教程.上	2016－01	38.00	574
解析几何学教程.下	2016－01	38.00	575
几何学基础	2016－01	58.00	581
初等几何研究	2015－02	58.00	444
十九和二十世纪欧氏几何学中的片段	2017－01	58.00	696
平面几何中考.高考.奥数一本通	2017－07	28.00	820
几何学简史	2017－08	28.00	833
四面体	2018－01	48.00	880

刘培杰数学工作室
已出版(即将出版)图书目录——初等数学

书名	出版时间	定价	编号
俄罗斯平面几何问题集	2009－08	88.00	55
俄罗斯立体几何问题集	2014－03	58.00	283
俄罗斯几何大师——沙雷金论数学及其他	2014－01	48.00	271
来自俄罗斯的5000道几何习题及解答	2011－03	58.00	89
俄罗斯初等数学问题集	2012－05	38.00	177
俄罗斯函数问题集	2011－03	38.00	103
俄罗斯组合分析问题集	2011－01	48.00	79
俄罗斯初等数学万题选——三角卷	2012－11	38.00	222
俄罗斯初等数学万题选——代数卷	2013－08	68.00	225
俄罗斯初等数学万题选——几何卷	2014－01	68.00	226
463个俄罗斯几何老问题	2012－01	28.00	152
谈谈素数	2011－03	18.00	91
平方和	2011－03	18.00	92
整数论	2011－05	38.00	120
从整数谈起	2015－10	28.00	538
数与多项式	2016－01	38.00	558
谈谈不定方程	2011－05	28.00	119
解析不等式新论	2009－06	68.00	48
建立不等式的方法	2011－03	98.00	104
数学奥林匹克不等式研究	2009－08	68.00	56
不等式研究(第二辑)	2012－02	68.00	153
不等式的秘密(第一卷)	2012－02	28.00	154
不等式的秘密(第一卷)(第2版)	2014－02	38.00	286
不等式的秘密(第二卷)	2014－01	38.00	268
初等不等式的证明方法	2010－06	38.00	123
初等不等式的证明方法(第二版)	2014－11	38.00	407
不等式·理论·方法(基础卷)	2015－07	38.00	496
不等式·理论·方法(经典不等式卷)	2015－07	38.00	497
不等式·理论·方法(特殊类型不等式卷)	2015－07	48.00	498
不等式探究	2016－03	38.00	582
不等式探秘	2017－01	88.00	689
四面体不等式	2017－01	68.00	715
数学奥林匹克中常见重要不等式	2017－09	38.00	845
同余理论	2012－05	38.00	163
[x]与{x}	2015－04	48.00	476
极值与最值.上卷	2015－06	28.00	486
极值与最值.中卷	2015－06	38.00	487
极值与最值.下卷	2015－06	28.00	488
整数的性质	2012－11	38.00	192
完全平方数及其应用	2015－08	78.00	506
多项式理论	2015－10	88.00	541
奇数、偶数、奇偶分析法	2018－01	98.00	876

刘培杰数学工作室
已出版(即将出版)图书目录——初等数学

书　　名	出版时间	定　价	编号
历届美国中学生数学竞赛试题及解答(第一卷)1950－1954	2014－07	18.00	277
历届美国中学生数学竞赛试题及解答(第二卷)1955－1959	2014－04	18.00	278
历届美国中学生数学竞赛试题及解答(第三卷)1960－1964	2014－06	18.00	279
历届美国中学生数学竞赛试题及解答(第四卷)1965－1969	2014－04	28.00	280
历届美国中学生数学竞赛试题及解答(第五卷)1970－1972	2014－06	18.00	281
历届美国中学生数学竞赛试题及解答(第六卷)1973－1980	2017－07	18.00	768
历届美国中学生数学竞赛试题及解答(第七卷)1981－1986	2015－01	18.00	424
历届美国中学生数学竞赛试题及解答(第八卷)1987－1990	2017－05	18.00	769

历届 IMO 试题集(1959—2005)	2006－05	58.00	5
历届 CMO 试题集	2008－09	28.00	40
历届中国数学奥林匹克试题集(第 2 版)	2017－03	38.00	757
历届加拿大数学奥林匹克试题集	2012－08	38.00	215
历届美国数学奥林匹克试题集:多解推广加强	2012－08	38.00	209
历届美国数学奥林匹克试题集:多解推广加强(第 2 版)	2016－03	48.00	592
历届波兰数学竞赛试题集.第 1 卷,1949～1963	2015－03	18.00	453
历届波兰数学竞赛试题集.第 2 卷,1964～1976	2015－03	18.00	454
历届巴尔干数学奥林匹克试题集	2015－05	38.00	466
保加利亚数学奥林匹克	2014－10	38.00	393
圣彼得堡数学奥林匹克试题集	2015－01	38.00	429
匈牙利奥林匹克数学竞赛题解.第 1 卷	2016－05	28.00	593
匈牙利奥林匹克数学竞赛题解.第 2 卷	2016－05	28.00	594
历届美国数学邀请赛试题集(第 2 版)	2017－10	78.00	851
全国高中数学竞赛试题及解答.第 1 卷	2014－07	38.00	331
普林斯顿大学数学竞赛	2016－06	38.00	669
亚太地区数学奥林匹克竞赛题	2015－07	18.00	492
日本历届(初级)广中杯数学竞赛试题及解答.第 1 卷(2000～2007)	2016－05	28.00	641
日本历届(初级)广中杯数学竞赛试题及解答.第 2 卷(2008～2015)	2016－05	38.00	642
360 个数学竞赛问题	2016－08	58.00	677
奥数最佳实战题.上卷	2017－06	38.00	760
奥数最佳实战题.下卷	2017－05	58.00	761
哈尔滨市早期中学数学竞赛试题汇编	2016－07	28.00	672
全国高中数学联赛试题及解答:1981—2015	2016－08	98.00	676
20 世纪 50 年代全国部分城市数学竞赛试题汇编	2017－07	28.00	797
高中数学竞赛培训教程:整除与同余以及不定方程	2018－01	88.00	869

高考数学临门一脚(含密押三套卷)(理科版)	2017－01	45.00	743
高考数学临门一脚(含密押三套卷)(文科版)	2017－01	45.00	744
新课标高考数学题型全归纳(文科版)	2015－05	72.00	467
新课标高考数学题型全归纳(理科版)	2015－05	82.00	468
洞穿高考数学解答题核心考点(理科版)	2015－11	49.80	550
洞穿高考数学解答题核心考点(文科版)	2015－11	46.80	551

刘培杰数学工作室
已出版(即将出版)图书目录——初等数学

书　名	出版时间	定　价	编号
高考数学题型全归纳:文科版.上	2016－05	53.00	663
高考数学题型全归纳:文科版.下	2016－05	53.00	664
高考数学题型全归纳:理科版.上	2016－05	58.00	665
高考数学题型全归纳:理科版.下	2016－05	58.00	666
王连笑教你怎样学数学:高考选择题解题策略与客观题实用训练	2014－01	48.00	262
王连笑教你怎样学数学:高考数学高层次讲座	2015－02	48.00	432
高考数学的理论与实践	2009－08	38.00	53
高考数学核心题型解题方法与技巧	2010－01	28.00	86
高考思维新平台	2014－03	38.00	259
30分钟拿下高考数学选择题、填空题(理科版)	2016－10	39.80	720
30分钟拿下高考数学选择题、填空题(文科版)	2016－10	39.80	721
高考数学压轴题解题诀窍(上)(第2版)	2018－01	58.00	874
高考数学压轴题解题诀窍(下)(第2版)	2018－01	48.00	875
北京市五区文科数学三年高考模拟题详解:2013～2015	2015－08	48.00	500
北京市五区理科数学三年高考模拟题详解:2013～2015	2015－09	68.00	505
向量法巧解数学高考题	2009－08	28.00	54
高考数学万能解题法(第2版)	即将出版	38.00	691
高考物理万能解题法(第2版)	即将出版	38.00	692
高考化学万能解题法(第2版)	即将出版	28.00	693
高考生物万能解题法(第2版)	即将出版	28.00	694
高考数学解题金典(第2版)	2017－01	78.00	716
高考物理解题金典(第2版)	即将出版	68.00	717
高考化学解题金典(第2版)	即将出版	58.00	718
我一定要赚分:高中物理	2016－01	38.00	580
数学高考参考	2016－01	78.00	589
2011～2015年全国及各省市高考数学文科精品试题审题要津与解法研究	2015－10	68.00	539
2011～2015年全国及各省市高考数学理科精品试题审题要津与解法研究	2015－10	88.00	540
最新全国及各省市高考数学试卷解法研究及点拨评析	2009－02	38.00	41
2011年全国及各省市高考数学试题审题要津与解法研究	2011－10	48.00	139
2013年全国及各省市高考数学试题解析与点评	2014－01	48.00	282
全国及各省市高考数学试题审题要津与解法研究	2015－02	48.00	450
新课标高考数学——五年试题分章详解(2007～2011)(上、下)	2011－10	78.00	140,141
全国中考数学压轴题审题要津与解法研究	2013－04	78.00	248
新编全国及各省市中考数学压轴题审题要津与解法研究	2014－05	58.00	342
全国及各省市5年中考数学压轴题审题要津与解法研究(2015版)	2015－04	58.00	462
中考数学专题总复习	2007－04	28.00	6
中考数学较难题、难题常考题型解题方法与技巧.上	2016－01	48.00	584
中考数学较难题、难题常考题型解题方法与技巧.下	2016－01	58.00	585
中考数学较难题常考题型解题方法与技巧	2016－09	48.00	681
中考数学难题常考题型解题方法与技巧	2016－09	48.00	682

刘培杰数学工作室
已出版(即将出版)图书目录——初等数学

书　　名	出版时间	定　价	编号
中考数学选择填空压轴好题妙解 365	2017－05	38.00	759
中考数学小压轴汇编初讲	2017－07	48.00	788
中考数学大压轴专题微言	2017－09	48.00	846
北京中考数学压轴题解题方法突破(第 3 版)	2017－11	48.00	854
助你高考成功的数学解题智慧:知识是智慧的基础	2016－01	58.00	596
助你高考成功的数学解题智慧:错误是智慧的试金石	2016－04	58.00	643
助你高考成功的数学解题智慧:方法是智慧的推手	2016－04	68.00	657
高考数学奇思妙解	2016－04	38.00	610
高考数学解题策略	2016－05	48.00	670
数学解题泄天机(第 2 版)	2017－10	48.00	850
高考物理压轴题全解	2017－04	48.00	746
高中物理经典问题 25 讲	2017－05	28.00	764
高中物理教学讲义	2018－01	48.00	871
2016 年高考文科数学真题研究	2017－04	58.00	754
2016 年高考理科数学真题研究	2017－04	78.00	755
初中数学、高中数学脱节知识补缺教材	2017－06	48.00	766
高考数学小题抢分必练	2017－10	48.00	834
高考数学核心素养解读	2017－09	38.00	839
高考数学客观题解题方法和技巧	2017－10	38.00	847
十年高考数学精品试题审题要津与解法研究.上卷	2018－01	68.00	872
十年高考数学精品试题审题要津与解法研究.下卷	2018－01	58.00	873
中国历届高考数学试题及解答.1949－1979	2018－01	38.00	877

新编 640 个世界著名数学智力趣题	2014－01	88.00	242
500 个最新世界著名数学智力趣题	2008－06	48.00	3
400 个最新世界著名数学最值问题	2008－09	48.00	36
500 个世界著名数学征解问题	2009－06	48.00	52
400 个中国最佳初等数学征解老问题	2010－01	48.00	60
500 个俄罗斯数学经典老题	2011－01	28.00	81
1000 个国外中学物理好题	2012－04	48.00	174
300 个日本高考数学题	2012－05	38.00	142
700 个早期日本高考数学试题	2017－02	88.00	752
500 个前苏联早期高考数学试题及解答	2012－05	28.00	185
546 个早期俄罗斯大学生数学竞赛题	2014－03	38.00	285
548 个来自美苏的数学好问题	2014－11	28.00	396
20 所苏联著名大学早期入学试题	2015－02	18.00	452
161 道德国工科大学生必做的微分方程习题	2015－05	28.00	469
500 个德国工科大学生必做的高数习题	2015－06	28.00	478
360 个数学竞赛问题	2016－08	58.00	677
德国讲义日本考题.微积分卷	2015－04	48.00	456
德国讲义日本考题.微分方程卷	2015－04	38.00	457
二十世纪中叶中、英、美、日、法、俄高考数学试题精选	2017－06	38.00	783

刘培杰数学工作室
已出版(即将出版)图书目录——初等数学

书　名	出版时间	定　价	编号
中国初等数学研究　2009 卷(第 1 辑)	2009－05	20.00	45
中国初等数学研究　2010 卷(第 2 辑)	2010－05	30.00	68
中国初等数学研究　2011 卷(第 3 辑)	2011－07	60.00	127
中国初等数学研究　2012 卷(第 4 辑)	2012－07	48.00	190
中国初等数学研究　2014 卷(第 5 辑)	2014－02	48.00	288
中国初等数学研究　2015 卷(第 6 辑)	2015－06	68.00	493
中国初等数学研究　2016 卷(第 7 辑)	2016－04	68.00	609
中国初等数学研究　2017 卷(第 8 辑)	2017－01	98.00	712
几何变换(Ⅰ)	2014－07	28.00	353
几何变换(Ⅱ)	2015－06	28.00	354
几何变换(Ⅲ)	2015－01	38.00	355
几何变换(Ⅳ)	2015－12	38.00	356
初等数论难题集(第一卷)	2009－05	68.00	44
初等数论难题集(第二卷)(上、下)	2011－02	128.00	82,83
数论概貌	2011－03	18.00	93
代数数论(第二版)	2013－08	58.00	94
代数多项式	2014－06	38.00	289
初等数论的知识与问题	2011－02	28.00	95
超越数论基础	2011－03	28.00	96
数论初等教程	2011－03	28.00	97
数论基础	2011－03	18.00	98
数论基础与维诺格拉多夫	2014－03	18.00	292
解析数论基础	2012－08	28.00	216
解析数论基础(第二版)	2014－01	48.00	287
解析数论问题集(第二版)(原版引进)	2014－05	88.00	343
解析数论问题集(第二版)(中译本)	2016－04	88.00	607
解析数论基础(潘承洞,潘承彪著)	2016－07	98.00	673
解析数论导引	2016－07	58.00	674
数论入门	2011－03	38.00	99
代数数论入门	2015－03	38.00	448
数论开篇	2012－07	28.00	194
解析数论引论	2011－03	48.00	100
Barban Davenport Halberstam 均值和	2009－01	40.00	33
基础数论	2011－03	28.00	101
初等数论 100 例	2011－05	18.00	122
初等数论经典例题	2012－07	18.00	204
最新世界各国数学奥林匹克中的初等数论试题(上、下)	2012－01	138.00	144,145
初等数论(Ⅰ)	2012－01	18.00	156
初等数论(Ⅱ)	2012－01	18.00	157
初等数论(Ⅲ)	2012－01	28.00	158

刘培杰数学工作室
已出版(即将出版)图书目录——初等数学

书名	出版时间	定价	编号
平面几何与数论中未解决的新老问题	2013-01	68.00	229
代数数论简史	2014-11	28.00	408
代数数论	2015-09	88.00	532
代数、数论及分析习题集	2016-11	98.00	695
数论导引提要及习题解答	2016-01	48.00	559
素数定理的初等证明.第2版	2016-09	48.00	686
数论中的模函数与狄利克雷级数(第二版)	2017-11	78.00	837
数论:数学导引	2018-01	68.00	849
数学眼光透视(第2版)	2017-06	78.00	732
数学思想领悟(第2版)	2018-01	68.00	733
数学应用展观(第2版)	2017-08	68.00	737
数学建模导引	2008-01	28.00	23
数学方法溯源	2008-01	38.00	27
数学史话览胜(第2版)	2017-01	48.00	736
数学思维技术	2013-09	38.00	260
数学解题引论	2017-05	48.00	735
数学竞赛采风	2018-01	68.00	739
从毕达哥拉斯到怀尔斯	2007-10	48.00	9
从迪利克雷到维斯卡尔迪	2008-01	48.00	21
从哥德巴赫到陈景润	2008-05	98.00	35
从庞加莱到佩雷尔曼	2011-08	138.00	136
博弈论精粹	2008-03	58.00	30
博弈论精粹.第二版(精装)	2015-01	88.00	461
数学 我爱你	2008-01	28.00	20
精神的圣徒 别样的人生——60位中国数学家成长的历程	2008-09	48.00	39
数学史概论	2009-06	78.00	50
数学史概论(精装)	2013-03	158.00	272
数学史选讲	2016-01	48.00	544
斐波那契数列	2010-02	28.00	65
数学拼盘和斐波那契魔方	2010-07	38.00	72
斐波那契数列欣赏	2011-01	28.00	160
数学的创造	2011-02	48.00	85
数学美与创造力	2016-01	48.00	595
数海拾贝	2016-01	48.00	590
数学中的美	2011-02	38.00	84
数论中的美学	2014-12	38.00	351

刘培杰数学工作室
已出版(即将出版)图书目录——初等数学

书　名	出版时间	定　价	编号
数学王者　科学巨人——高斯	2015－01	28.00	428
振兴祖国数学的圆梦之旅:中国初等数学研究史话	2015－06	98.00	490
二十世纪中国数学史料研究	2015－10	48.00	536
数字谜、数阵图与棋盘覆盖	2016－01	58.00	298
时间的形状	2016－01	38.00	556
数学发现的艺术:数学探索中的合情推理	2016－07	58.00	671
活跃在数学中的参数	2016－07	48.00	675
数学解题——靠数学思想给力(上)	2011－07	38.00	131
数学解题——靠数学思想给力(中)	2011－07	48.00	132
数学解题——靠数学思想给力(下)	2011－07	38.00	133
我怎样解题	2013－01	48.00	227
数学解题中的物理方法	2011－06	28.00	114
数学解题的特殊方法	2011－06	48.00	115
中学数学计算技巧	2012－01	48.00	116
中学数学证明方法	2012－01	58.00	117
数学趣题巧解	2012－03	28.00	128
高中数学教学通鉴	2015－05	58.00	479
和高中生漫谈:数学与哲学的故事	2014－08	28.00	369
算术问题集	2017－03	38.00	789
自主招生考试中的参数方程问题	2015－01	28.00	435
自主招生考试中的极坐标问题	2015－04	28.00	463
近年全国重点大学自主招生数学试题全解及研究.华约卷	2015－02	38.00	441
近年全国重点大学自主招生数学试题全解及研究.北约卷	2016－05	38.00	619
自主招生数学解证宝典	2015－09	48.00	535
格点和面积	2012－07	18.00	191
射影几何趣谈	2012－04	28.00	175
斯潘纳尔引理——从一道加拿大数学奥林匹克试题谈起	2014－01	28.00	228
李普希兹条件——从几道近年高考数学试题谈起	2012－10	18.00	221
拉格朗日中值定理——从一道北京高考试题的解法谈起	2015－10	18.00	197
闵科夫斯基定理——从一道清华大学自主招生试题谈起	2014－01	28.00	198
哈尔测度——从一道冬令营试题的背景谈起	2012－08	28.00	202
切比雪夫逼近问题——从一道中国台北数学奥林匹克试题谈起	2013－04	38.00	238
伯恩斯坦多项式与贝齐尔曲面——从一道全国高中数学联赛试题谈起	2013－03	38.00	236
卡塔兰猜想——从一道普特南竞赛试题谈起	2013－06	18.00	256
麦卡锡函数和阿克曼函数——从一道前南斯拉夫数学奥林匹克试题谈起	2012－08	18.00	201
贝蒂定理与拉姆贝克莫斯尔定理——从一个拣石子游戏谈起	2012－08	18.00	217
皮亚诺曲线和豪斯道夫分球定理——从无限集谈起	2012－08	18.00	211
平面凸图形与凸多面体	2012－10	28.00	218
斯坦因豪斯问题——从一道二十五省市自治区中学数学竞赛试题谈起	2012－07	18.00	196

刘培杰数学工作室
已出版(即将出版)图书目录——初等数学

书　　名	出版时间	定　价	编号
纽结理论中的亚历山大多项式与琼斯多项式——从一道北京市高一数学竞赛试题谈起	2012－07	28.00	195
原则与策略——从波利亚"解题表"谈起	2013－04	38.00	244
转化与化归——从三大尺规作图不能问题谈起	2012－08	28.00	214
代数几何中的贝祖定理(第一版)——从一道IMO试题的解法谈起	2013－08	18.00	193
成功连贯理论与约当块理论——从一道比利时数学竞赛试题谈起	2012－04	18.00	180
素数判定与大数分解	2014－08	18.00	199
置换多项式及其应用	2012－10	18.00	220
椭圆函数与模函数——从一道美国加州大学洛杉矶分校(UCLA)博士资格考题谈起	2012－10	28.00	219
差分方程的拉格朗日方法——从一道2011年全国高考理科试题的解法谈起	2012－08	28.00	200
力学在几何中的一些应用	2013－01	38.00	240
高斯散度定理、斯托克斯定理和平面格林定理——从一道国际大学生数学竞赛试题谈起	即将出版		
康托洛维奇不等式——从一道全国高中联赛试题谈起	2013－03	28.00	337
西格尔引理——从一道第18届IMO试题的解法谈起	即将出版		
罗斯定理——从一道前苏联数学竞赛试题谈起	即将出版		
拉克斯定理和阿廷定理——从一道IMO试题的解法谈起	2014－01	58.00	246
毕卡大定理——从一道美国大学数学竞赛试题谈起	2014－07	18.00	350
贝齐尔曲线——从一道全国高中联赛试题谈起	即将出版		
拉格朗日乘子定理——从一道2005年全国高中联赛试题的高等数学解法谈起	2015－05	28.00	480
雅可比定理——从一道日本数学奥林匹克试题谈起	2013－04	48.00	249
李天岩一约克定理——从一道波兰数学竞赛试题谈起	2014－06	28.00	349
整系数多项式因式分解的一般方法——从克朗耐克算法谈起	即将出版		
布劳维不动点定理——从一道前苏联数学奥林匹克试题谈起	2014－01	38.00	273
伯恩赛德定理——从一道英国数学奥林匹克试题谈起	即将出版		
布查特一莫斯特定理——从一道上海市初中竞赛试题谈起	即将出版		
数论中的同余数问题——从一道普特南竞赛试题谈起	即将出版		
范·德蒙行列式——从一道美国数学奥林匹克试题谈起	即将出版		
中国剩余定理:总数法构建中国历史年表	2015－01	28.00	430
牛顿程序与方程求根——从一道全国高考试题解法谈起	即将出版		
库默尔定理——从一道IMO预选试题谈起	即将出版		
卢丁定理——从一道冬令营试题的解法谈起	即将出版		
沃斯滕霍姆定理——从一道IMO预选试题谈起	即将出版		
卡尔松不等式——从一道莫斯科数学奥林匹克试题谈起	即将出版		
信息论中的香农熵——从一道近年高考压轴题谈起	即将出版		
约当不等式——从一道希望杯竞赛试题谈起	即将出版		
拉比诺维奇定理	即将出版		
刘维尔定理——从一道《美国数学月刊》征解问题的解法谈起	即将出版		
卡塔兰恒等式与级数求和——从一道IMO试题的解法谈起	即将出版		
勒让德猜想与素数分布——从一道爱尔兰竞赛试题谈起	即将出版		
天平称重与信息论——从一道基辅市数学奥林匹克试题谈起	即将出版		
哈密尔顿一凯莱定理:从一道高中数学联赛试题的解法谈起	2014－09	18.00	376
艾思特曼定理——从一道CMO试题的解法谈起	即将出版		

刘培杰数学工作室
已出版(即将出版)图书目录——初等数学

书　　名	出版时间	定　价	编号
一个爱尔特希问题——从一道西德数学奥林匹克试题谈起	即将出版		
有限群中的爱丁格尔问题——从一道北京市初中二年级数学竞赛试题谈起	即将出版		
贝克码与编码理论——从一道全国高中联赛试题谈起	即将出版		
帕斯卡三角形	2014－03	18.00	294
蒲丰投针问题——从 2009 年清华大学的一道自主招生试题谈起	2014－01	38.00	295
斯图姆定理——从一道"华约"自主招生试题的解法谈起	2014－01	18.00	296
许瓦兹引理——从一道加利福尼亚大学伯克利分校数学系博士生试题谈起	2014－08	18.00	297
拉姆塞定理——从王诗宬院士的一个问题谈起	2016－04	48.00	299
坐标法	2013－12	28.00	332
数论三角形	2014－04	38.00	341
毕克定理	2014－07	18.00	352
数林掠影	2014－09	48.00	389
我们周围的概率	2014－10	38.00	390
凸函数最值定理:从一道华约自主招生题的解法谈起	2014－10	28.00	391
易学与数学奥林匹克	2014－10	38.00	392
生物数学趣谈	2015－01	18.00	409
反演	2015－01	28.00	420
因式分解与圆锥曲线	2015－01	18.00	426
轨迹	2015－01	28.00	427
面积原理:从常庚哲命的一道 CMO 试题的积分解法谈起	2015－01	48.00	431
形形色色的不动点定理:从一道 28 届 IMO 试题谈起	2015－01	38.00	439
柯西函数方程:从一道上海交大自主招生的试题谈起	2015－02	28.00	440
三角恒等式	2015－02	28.00	442
无理性判定:从一道 2014 年"北约"自主招生试题谈起	2015－01	38.00	443
数学归纳法	2015－03	18.00	451
极端原理与解题	2015－04	28.00	464
法雷级数	2014－08	18.00	367
摆线族	2015－01	38.00	438
函数方程及其解法	2015－05	38.00	470
含参数的方程和不等式	2012－09	28.00	213
希尔伯特第十问题	2016－01	38.00	543
无穷小量的求和	2016－01	28.00	545
切比雪夫多项式:从一道清华大学金秋营试题谈起	2016－01	38.00	583
泽肯多夫定理	2016－03	38.00	599
代数等式证题法	2016－01	28.00	600
三角等式证题法	2016－01	28.00	601
吴大任教授藏书中的一个因式分解公式:从一道美国数学邀请赛试题的解法谈起	2016－06	28.00	656
易卦——类万物的数学模型	2017－08	68.00	838
"不可思议"的数与数系可持续发展	2018－01	38.00	878
最短线	2018－01	38.00	879

幻方和魔方(第一卷)	2012－05	68.00	173
尘封的经典——初等数学经典文献选读(第一卷)	2012－07	48.00	205
尘封的经典——初等数学经典文献选读(第二卷)	2012－07	38.00	206

初级方程式论	2011－03	28.00	106
初等数学研究(Ⅰ)	2008－09	68.00	37
初等数学研究(Ⅱ)(上、下)	2009－05	118.00	46,47

刘培杰数学工作室
已出版(即将出版)图书目录——初等数学

书名	出版时间	定价	编号
趣味初等方程妙题集锦	2014-09	48.00	388
趣味初等数论选美与欣赏	2015-02	48.00	445
耕读笔记(上卷):一位农民数学爱好者的初数探索	2015-04	28.00	459
耕读笔记(中卷):一位农民数学爱好者的初数探索	2015-05	28.00	483
耕读笔记(下卷):一位农民数学爱好者的初数探索	2015-05	28.00	484
几何不等式研究与欣赏.上卷	2016-01	88.00	547
几何不等式研究与欣赏.下卷	2016-01	48.00	552
初等数列研究与欣赏·上	2016-01	48.00	570
初等数列研究与欣赏·下	2016-01	48.00	571
趣味初等函数研究与欣赏.上	2016-09	48.00	684
趣味初等函数研究与欣赏.下	即将出版		685
火柴游戏	2016-05	38.00	612
智力解谜.第1卷	2017-07	38.00	613
智力解谜.第2卷	2017-07	38.00	614
故事智力	2016-07	48.00	615
名人们喜欢的智力问题	即将出版		616
数学大师的发现、创造与失误	2018-01	48.00	617
异曲同工	即将出版		618
数学的味道	2018-01	58.00	798
数贝偶拾——高考数学题研究	2014-04	28.00	274
数贝偶拾——初等数学研究	2014-04	38.00	275
数贝偶拾——奥数题研究	2014-04	48.00	276
钱昌本教你快乐学数学(上)	2011-12	48.00	155
钱昌本教你快乐学数学(下)	2012-03	58.00	171
集合、函数与方程	2014-01	28.00	300
数列与不等式	2014-01	38.00	301
三角与平面向量	2014-01	28.00	302
平面解析几何	2014-01	38.00	303
立体几何与组合	2014-01	28.00	304
极限与导数、数学归纳法	2014-01	38.00	305
趣味数学	2014-03	28.00	306
教材教法	2014-04	68.00	307
自主招生	2014-05	58.00	308
高考压轴题(上)	2015-01	48.00	309
高考压轴题(下)	2014-10	68.00	310
从费马到怀尔斯——费马大定理的历史	2013-10	198.00	Ⅰ
从庞加莱到佩雷尔曼——庞加莱猜想的历史	2013-10	298.00	Ⅱ
从切比雪夫到爱尔特希(上)——素数定理的初等证明	2013-07	48.00	Ⅲ
从切比雪夫到爱尔特希(下)——素数定理100年	2012-12	98.00	Ⅲ
从高斯到盖尔方特——二次域的高斯猜想	2013-10	198.00	Ⅳ
从库默尔到朗兰兹——朗兰兹猜想的历史	2014-01	98.00	Ⅴ
从比勃巴赫到德布朗斯——比勃巴赫猜想的历史	2014-02	298.00	Ⅵ
从麦比乌斯到陈省身——麦比乌斯变换与麦比乌斯带	2014-02	298.00	Ⅶ
从布尔到豪斯道夫——布尔方程与格论漫谈	2013-10	198.00	Ⅷ
从开普勒到阿诺德——三体问题的历史	2014-05	298.00	Ⅸ
从华林到华罗庚——华林问题的历史	2013-10	298.00	Ⅹ

刘培杰数学工作室
已出版(即将出版)图书目录——初等数学

书　名	出版时间	定　价	编号
美国高中数学竞赛五十讲.第1卷(英文)	2014－08	28.00	357
美国高中数学竞赛五十讲.第2卷(英文)	2014－08	28.00	358
美国高中数学竞赛五十讲.第3卷(英文)	2014－09	28.00	359
美国高中数学竞赛五十讲.第4卷(英文)	2014－09	28.00	360
美国高中数学竞赛五十讲.第5卷(英文)	2014－10	28.00	361
美国高中数学竞赛五十讲.第6卷(英文)	2014－11	28.00	362
美国高中数学竞赛五十讲.第7卷(英文)	2014－12	28.00	363
美国高中数学竞赛五十讲.第8卷(英文)	2015－01	28.00	364
美国高中数学竞赛五十讲.第9卷(英文)	2015－01	28.00	365
美国高中数学竞赛五十讲.第10卷(英文)	2015－02	38.00	366

三角函数	2014－01	38.00	311
不等式	2014－01	38.00	312
数列	2014－01	38.00	313
方程	2014－01	28.00	314
排列和组合	2014－01	28.00	315
极限与导数	2014－01	28.00	316
向量	2014－09	38.00	317
复数及其应用	2014－08	28.00	318
函数	2014－01	38.00	319
集合	即将出版		320
直线与平面	2014－01	28.00	321
立体几何	2014－04	28.00	322
解三角形	即将出版		323
直线与圆	2014－01	28.00	324
圆锥曲线	2014－01	38.00	325
解题通法(一)	2014－07	38.00	326
解题通法(二)	2014－07	38.00	327
解题通法(三)	2014－05	38.00	328
概率与统计	2014－01	28.00	329
信息迁移与算法	即将出版		330

IMO 50年.第1卷(1959－1963)	2014－11	28.00	377
IMO 50年.第2卷(1964－1968)	2014－11	28.00	378
IMO 50年.第3卷(1969－1973)	2014－09	28.00	379
IMO 50年.第4卷(1974－1978)	2016－04	38.00	380
IMO 50年.第5卷(1979－1984)	2015－04	38.00	381
IMO 50年.第6卷(1985－1989)	2015－04	58.00	382
IMO 50年.第7卷(1990－1994)	2016－01	48.00	383
IMO 50年.第8卷(1995－1999)	2016－06	38.00	384
IMO 50年.第9卷(2000－2004)	2015－04	58.00	385
IMO 50年.第10卷(2005－2009)	2016－01	48.00	386
IMO 50年.第11卷(2010－2015)	2017－03	48.00	646

刘培杰数学工作室
已出版(即将出版)图书目录——初等数学

书　　名	出版时间	定　价	编号
方程(第2版)	2017—04	38.00	624
三角函数(第2版)	2017—04	38.00	626
向量(第2版)	即将出版		627
立体几何(第2版)	2016—04	38.00	629
直线与圆(第2版)	2016—11	38.00	631
圆锥曲线(第2版)	2016—09	48.00	632
极限与导数(第2版)	2016—04	38.00	635
历届美国大学生数学竞赛试题集.第一卷(1938—1949)	2015—01	28.00	397
历届美国大学生数学竞赛试题集.第二卷(1950—1959)	2015—01	28.00	398
历届美国大学生数学竞赛试题集.第三卷(1960—1969)	2015—01	28.00	399
历届美国大学生数学竞赛试题集.第四卷(1970—1979)	2015—01	18.00	400
历届美国大学生数学竞赛试题集.第五卷(1980—1989)	2015—01	28.00	401
历届美国大学生数学竞赛试题集.第六卷(1990—1999)	2015—01	28.00	402
历届美国大学生数学竞赛试题集.第七卷(2000—2009)	2015—08	18.00	403
历届美国大学生数学竞赛试题集.第八卷(2010—2012)	2015—01	18.00	404
新课标高考数学创新题解题诀窍:总论	2014—09	28.00	372
新课标高考数学创新题解题诀窍:必修1～5分册	2014—08	38.00	373
新课标高考数学创新题解题诀窍:选修2—1,2—2,1—1,1—2分册	2014—09	38.00	374
新课标高考数学创新题解题诀窍:选修2—3,4—4,4—5分册	2014—09	18.00	375
全国重点大学自主招生英文数学试题全攻略:词汇卷	2015—07	48.00	410
全国重点大学自主招生英文数学试题全攻略:概念卷	2015—01	28.00	411
全国重点大学自主招生英文数学试题全攻略:文章选读卷(上)	2016—09	38.00	412
全国重点大学自主招生英文数学试题全攻略:文章选读卷(下)	2017—01	58.00	413
全国重点大学自主招生英文数学试题全攻略:试题卷	2015—07	38.00	414
全国重点大学自主招生英文数学试题全攻略:名著欣赏卷	2017—03	48.00	415
劳埃德数学趣题大全.题目卷.1:英文	2016—01	18.00	516
劳埃德数学趣题大全.题目卷.2:英文	2016—01	18.00	517
劳埃德数学趣题大全.题目卷.3:英文	2016—01	18.00	518
劳埃德数学趣题大全.题目卷.4:英文	2016—01	18.00	519
劳埃德数学趣题大全.题目卷.5:英文	2016—01	18.00	520
劳埃德数学趣题大全.答案卷:英文	2016—01	18.00	521
李成章教练奥数笔记.第1卷	2016—01	48.00	522
李成章教练奥数笔记.第2卷	2016—01	48.00	523
李成章教练奥数笔记.第3卷	2016—01	38.00	524
李成章教练奥数笔记.第4卷	2016—01	38.00	525
李成章教练奥数笔记.第5卷	2016—01	38.00	526
李成章教练奥数笔记.第6卷	2016—01	38.00	527
李成章教练奥数笔记.第7卷	2016—01	38.00	528
李成章教练奥数笔记.第8卷	2016—01	48.00	529
李成章教练奥数笔记.第9卷	2016—01	28.00	530

刘培杰数学工作室
已出版(即将出版)图书目录——初等数学

书　名	出版时间	定　价	编号
第19～23届"希望杯"全国数学邀请赛试题审题要津详细评注(初一版)	2014－03	28.00	333
第19～23届"希望杯"全国数学邀请赛试题审题要津详细评注(初二、初三版)	2014－03	38.00	334
第19～23届"希望杯"全国数学邀请赛试题审题要津详细评注(高一版)	2014－03	28.00	335
第19～23届"希望杯"全国数学邀请赛试题审题要津详细评注(高二版)	2014－03	38.00	336
第19～25届"希望杯"全国数学邀请赛试题审题要津详细评注(初一版)	2015－01	38.00	416
第19～25届"希望杯"全国数学邀请赛试题审题要津详细评注(初二、初三版)	2015－01	58.00	417
第19～25届"希望杯"全国数学邀请赛试题审题要津详细评注(高一版)	2015－01	48.00	418
第19～25届"希望杯"全国数学邀请赛试题审题要津详细评注(高二版)	2015－01	48.00	419
物理奥林匹克竞赛大题典——力学卷	2014－11	48.00	405
物理奥林匹克竞赛大题典——热学卷	2014－04	28.00	339
物理奥林匹克竞赛大题典——电磁学卷	2015－07	48.00	406
物理奥林匹克竞赛大题典——光学与近代物理卷	2014－06	28.00	345
历届中国东南地区数学奥林匹克试题集(2004～2012)	2014－06	18.00	346
历届中国西部地区数学奥林匹克试题集(2001～2012)	2014－07	18.00	347
历届中国女子数学奥林匹克试题集(2002～2012)	2014－08	18.00	348
数学奥林匹克在中国	2014－06	98.00	344
数学奥林匹克问题集	2014－01	38.00	267
数学奥林匹克不等式散论	2010－06	38.00	124
数学奥林匹克不等式欣赏	2011－09	38.00	138
数学奥林匹克超级题库(初中卷上)	2010－01	58.00	66
数学奥林匹克不等式证明方法和技巧(上、下)	2011－08	158.00	134,135
他们学什么:原民主德国中学数学课本	2016－09	38.00	658
他们学什么:英国中学数学课本	2016－09	38.00	659
他们学什么:法国中学数学课本.1	2016－09	38.00	660
他们学什么:法国中学数学课本.2	2016－09	28.00	661
他们学什么:法国中学数学课本.3	2016－09	38.00	662
他们学什么:苏联中学数学课本	2016－09	28.00	679
高中数学题典——集合与简易逻·函数	2016－07	48.00	647
高中数学题典——导数	2016－07	48.00	648
高中数学题典——三角函数·平面向量	2016－07	48.00	649
高中数学题典——数列	2016－07	58.00	650
高中数学题典——不等式·推理与证明	2016－07	38.00	651
高中数学题典——立体几何	2016－07	48.00	652
高中数学题典——平面解析几何	2016－07	78.00	653
高中数学题典——计数原理·统计·概率·复数	2016－07	48.00	654
高中数学题典——算法·平面几何·初等数论·组合数学·其他	2016－07	68.00	655

刘培杰数学工作室
已出版(即将出版)图书目录——初等数学

书　名	出版时间	定　价	编号
台湾地区奥林匹克数学竞赛试题.小学一年级	2017－03	38.00	722
台湾地区奥林匹克数学竞赛试题.小学二年级	2017－03	38.00	723
台湾地区奥林匹克数学竞赛试题.小学三年级	2017－03	38.00	724
台湾地区奥林匹克数学竞赛试题.小学四年级	2017－03	38.00	725
台湾地区奥林匹克数学竞赛试题.小学五年级	2017－03	38.00	726
台湾地区奥林匹克数学竞赛试题.小学六年级	2017－03	38.00	727
台湾地区奥林匹克数学竞赛试题.初中一年级	2017－03	38.00	728
台湾地区奥林匹克数学竞赛试题.初中二年级	2017－03	38.00	729
台湾地区奥林匹克数学竞赛试题.初中三年级	2017－03	28.00	730
不等式证题法	2017－04	28.00	747
平面几何培优教程	即将出版		748
奥数鼎级培优教程.高一分册	即将出版		749
奥数鼎级培优教程.高二分册	即将出版		750
高中数学竞赛冲刺宝典	即将出版		751
初中尖子生数学超级题典.实数	2017－07	58.00	792
初中尖子生数学超级题典.式、方程与不等式	2017－08	58.00	793
初中尖子生数学超级题典.圆、面积	2017－08	38.00	794
初中尖子生数学超级题典.函数、逻辑推理	2017－08	48.00	795
初中尖子生数学超级题典.角、线段、三角形与多边形	2017－07	58.00	796
数学王子——高斯	2018－01	48.00	858
坎坷奇星——阿贝尔	2018－01	48.00	859
闪烁奇星——伽罗瓦	2018－01	58.00	860
无穷统帅——康托尔	2018－01	48.00	861
科学公主——柯瓦列夫斯卡娅	2018－01	48.00	862
抽象代数之母——埃米·诺特	2018－01	48.00	863
电脑先驱——图灵	2018－01	58.00	864
昔日神童——维纳	2018－01	48.00	865
数坛怪侠——爱尔特希	2018－01	68.00	866

联系地址：哈尔滨市南岗区复华四道街 10 号　哈尔滨工业大学出版社刘培杰数学工作室
网　　址：http://lpj.hit.edu.cn/
邮　　编：150006
联系电话：0451－86281378　　13904613167
E-mail：lpj1378@163.com